JN046048

躍動するゲイ・ムーブメント

歴史を語るトリックスターたち

石田 仁―編著
斉藤 巧弥・鹿野 由行・三橋 順子―著

明石書店

序

本書は、3名のゲイ男性（男性同性愛者）に対して行ったインタビューの口述内容と、その解説を収めた本です。

戦後日本社会の中では、男性が一貫して、経済的に有利な立場を保ってきました。現在、男女の賃金格差は縮まりつつありますが、それでもいまだに大きなへだたりがあり、社会のジェンダー構造を規定しています。ゲイ男性は男性ジェンダーに属することから、レズビアン（女性同性愛者）に比べると大きな可処分所得を得てきたと予想されます。高度経済成長期の1971年にゲイ向け雑誌が登場、70年代の終わりには5誌体制となり、それが90年代まで続いたのがその証左でしょう。それらの雑誌では、通信欄（文通欄）、バーやハッテン旅館（匿名で性交渉が可能な旅館）の広告などが掲載されました。時代が下るとクラブイベントの告知も始まります。これらによって男性同士の出会いがうながされました。地方都市にあるバーや海外のゲイタウンも、特集され盛んに伝えられました。ゲイ男性は、週末に街に繰りだし、時に出張や旅行にはげむ、消費行動を伴った〝移動するジェンダー〟だったのです。

「だったのです」と書いたのは、すでに不況が長期化し、かつてのような派手な行動が控えられるようになったからだと筆者が思うためですが、しかしゲイ男性のそうした経済的側面・文化的側面については、研究が進んでいません。加えて雑誌が退潮し、インターネットが主たる情報源となってから20年ほどが経過しています。インターネット以前のあり方は古い人々の記憶から徐々に遠ざかり、インターネット以後の状況は不透明で分かりづらくなっています。

こうした後追いの難しさは、それぞれのシーンを作ったゲイ男性への聞き取り調査が不足しているところにもあるのでしょう。確かに、社会運動団体のメンバーや著名なゲイ当事者が書いたり語ったりした書物は断続的に出版されてきました。最近では東北地方在住の性的マイノリティの活動を記録し分析する取り組みも出てきました[1]。しかし、ゲイ男性の経済的・文化的な規模の大きさからすると、そうした重要な知見はまだ圧倒的に足りない状況にあります。

加えて、ゲイ解放運動（ゲイ・リベレーション、ゲイリブ）とゲイ男性の経済・文化の関係性も日本ではいまだ十分に明らかではありません。読者の皆様は、「ゲイリブ」と「ゲイ・ビジネス」「ゲイ・カルチャー」の関係を「遠い」と考えているでしょうか。あるいは「近い」と考えるのでしょうか（「分からない」という人も当然いるでしょう）。それは「遠かった」ものが「近く」なっていったのでしょうか？　どのような理由から、そのように言えるのでしょうか？

私たちは、公益財団法人トヨタ財団の研究助成で性的マイノリティの口述資料を残す共同研究[2]をすることになった時、この難題――日本のゲイ男性の運動と経済と文化の関連性――に迫り、これまで見えづらかった歴史的な営みを少しでも明らかにしたいと考えました。このため、このテーマにふさわしい3名、南定四郎（みなみていしろう）さん、マーガレット（小倉東（おぐらとう））さん、ケンタさんを対象者として選定し、インタビューをしました。南定四郎さんはゲイ雑誌『アドン』を立ち上げ、「ＩＧＡ（国際ゲイ協会）日本サポートグループ」を作った方です。マーガレット（小倉東）さんはドラァグクイーンとして長く活躍し、ゲイ雑誌『バディ』のスーパーバイザーなどを務めた方です。ケンタさんは札幌でゲイリブの団体に参加し、その後ゲイバーを開店し、クラブイベントを立ち上げ、札幌の性的マイノリティのパレードの運営にも継続的に関わってきた方です。

もちろん日本には他にも、ゲイの運動やビジネス、文化の面で功績を残した方はたくさんいます。対象者を選定するにあたっては、まとまった自叙伝や聞き取りの書物がまだ出ていない人を優先したものの、西日本で活動をしてきた人々が一人も入っていないことに不満を覚える方もきっといることでしょう。そうした偏りを本書はすべて解消したものではありませんが、たとえば他の地域と、たとえば女性の活動と、レズビアンの活動と、あるいはトランスジェンダーの活動などと比較して議論頂くことも、本書の活用方法の一つとして願っています。

1　東郷（1966, 2002）、アカー（1992）、伏見（2002）、伊藤（1993）、井田（1994）、大塚（1995, 2009）、大石（1995）、矢島編（1997）、Summerhawk et al. eds.（1998）、長谷川（2005）、McLelland et al. eds.（2007）、田亀（2017）、杉浦・前川（2022）。

2　（公財）トヨタ財団研究助成２０１８研究助成プログラム「性的マイノリティ運動の口述資料のアーカイブ化に向けた実践的研究」（D18-R-0156）。研究代表者・鶴田幸恵／千葉大学（当時）。本助成金によって、調査の旅費等を賄うことができました。トヨタ財団および共同研究のメンバーに感謝します。なお、インタビューはその実施に先立ち、北海道大学もしくは千葉大学の倫理審査を経ています。

3名の生年には、南さん（1931年生）、マーガレットさん（61年生）、ケンタさん（76年生）と開きがあるため、歴史が追えるように、その順に章を配置しました。それぞれの軌跡を辿ると、「ゲイリブ」と「ゲイ・ビジネス」「ゲイ・カルチャー」の関係は、決して遠いわけではなかったことが分かると思います。

口述の章は、インタビューで得られた録音データをそのまま載せたのではなく、読みやすさを考慮し、テーマ別に順番を入れ替えるとともに、重複した内容の語りや、削除が妥当と考えた箇所をカットしています。〔　〕の中は研究者による補足です。また、対象者が過去に残した記述と今回の語りとの間に齟齬があった場合は、確認の上、修正を施した箇所もあります。

本書は、3名のどなたの語りからでも自由に読み進められるようになっていますが、用語は原則としてその初出に脚注のかたちで説明を付しました。途中から読まれる方は、特に索引をご活用ください。また、巻末には3名の年譜を掲載しております。読者の皆様の人生や活動と対比させながら読んで頂くと、一層立体的に理解できるものと思われます。

執筆者を代表して　石田　仁

躍動するゲイ・ムーブメント◇目　次

*本書には、ゲイシーンにおいて慣用的に使われてきた言葉を採録し、口述や解説などの特定の文脈の中でその言葉を有意味に再配置するという目的もあることから、現在では通常、差別的・侮蔑的とみなされる語（たとえば「ホモ」「おかま」「オカマ」「精神異常」など）について、カギ括弧をつけずに記した箇所があることを申し添えます。

第Ⅰ部

南 定四郎さん

みなみ ていしろう 1931 年 12 月 23 日，樺太にて生誕。13 歳の時に母の郷里・秋田に引き揚げる。貧窮の生活を送る中，本を愛し，演劇に関心を持つ。高卒後，県内で就職。21 歳で上京。仕事をしながら大学の夜間部に入学する。テレビ局の音響効果団に勤めている時にゲイバーに初めて足を踏み入れる。その後，演劇の雑誌編集者をはじめ，様々な職場で働く。60 年安保闘争にも参加。64 年に結婚（1 女 1 男をもうけるも 90 年に離婚）。72 年，ゲイを対象としたタブロイド紙の『アドニスボーイ』を新宿二丁目で創刊。74 年に雑誌『アドン』を創刊。77 年にはゲイのライフスタイル誌『MLMW』を創刊。84 年 2 月，IGA（国際ゲイ協会）情報局長のビル・シュアーが来日し投宿。活動のあり方に影響を受ける。IGA 日本サポートグループ設立。80 年代半ばからゲイの国際会議に出席し，その様子を『アドン』で伝える。国内ではエイズ電話相談，レズビアン／ゲイに関する映画祭・パレード・劇団を立ち上げる。90 年代後半，ゲイ解放運動の一線から身を引いたあとは，編集の経験を活かし地域紙・団体機関紙の作成に携わる。2010 年からパートナーの郷里である沖縄県に移住。2023 年 1 月現在，満 91 歳。

語り手――南定四郎さん
聞き手――石田 仁・三橋順子
脚　注――三橋順子
構　成――石田 仁
扉写真――PHOTOGRAPHED BY LESLIE KEE

第1章　南定四郎さん口述

——南定四郎さんへのインタビューは、２０１９年秋に沖縄のご自宅で行いました。なお、インタビューに先立って、南さんがエイズ&ソサエティ研究会議[1]の研究会（２０１６年８月30日）で語られた際の発表レジュメ「私の自叙伝」（南2016）やご著書『同性愛を生きる』（南2014）を拝見しています。また、22年春に補足インタビューと新宿の巡見を行い、雑誌編集室のあった場所や、新宿のゲイバーの位置を確認しました。

仕事仲間から新宿のゲイバー「イプセン」を教えられる

——南さんが、東京の方面に出てきて、男色酒場と言ったらいいのか、今で言うゲイバーを初めて知ったあ

1　**エイズ&ソサエティ研究会議**　ＨＩＶ陽性者・学者・医療福祉従事者・記者などが、ＨＩＶ感染に関わる差別・偏見と闘い、感染拡大防止を目的に共通の目的を持つ当事者として調査研究、情報交換・交流を行うために設立された研究会。90年発足。２０１６年８月研究会の当日の司会は永易至文さん。

たりの話をして頂けますか？

東京に出てくる前の仕事は、地方検察庁でした。そこをやめる頃は鑑識課に回されてたんですよね。鑑識課っていうのは指紋を取るんですよ。相手の指を摑むでしょ。指の具合で肉体のあり方がずいぶん分かるんだよね。中には「こいついいな」って思うのはいたよね。

――その後に首都圏にお仕事を見つけ、東京にお住まいになりますね。

私が東京に出てきたときに住んでいたのは、高校時代の同級生のお母さんが経営していた下宿屋でした。その高校の同級生というのは、秋田から早稲田実業に転校していたんですよ。早稲田大学へはエレベーターで上がっていくというので、呑気なもんだなって言ってたんだけど、父親が突然亡くなってしまい学校なんかに行ってられないということになった。お父さんは政治家だったんですけど、お母さんが子どもたちを養わなくちゃいけないということで下宿屋を経営してて、私が東京に来ることを連絡したら、ぜひうちの下宿人になってくれと、それでなったんです。

同級生の父親の知り合いで佐々木孝丸という人がいたんです。この人は有名な人でね、メーデーのときによく歌われる「万国の労働者団結せよ」ってインターナショナルの歌を翻訳した人なんですよ。で、私の同級生の父親ってのは、社会党左派の政調副会長だった。そういう関係で左翼系の人たちの方面に顔が広かったんだね。その佐々木孝丸さんというのは、当時、新国劇がＴＢＳで連続ドラマをやっていた時に演出をしていた人なんですね。

人手不足だったので、私の友人はそこに演出助手として就職していました。その後、新しくニッポン放送ができるとき〔１９５４年〕に友人は移籍して、そこのプロデューサーになったんですよ。その時私は勤め先をやめてちょうどぶらぶらしてた時だったのです。私に、音響効果の人手が足りないのでどうせ遊んでるんだったら来ない？　と誘ってきて行ったところ、その日からすぐスタジオで仕事をと。

——お仕事はどんな様子でしたか。

ニッポン放送のアルバイトというのは、音響効果団の仕事なんですね。当時は連続ドラマが非常に流行った時代で、スポンサーがすぐ付くわけ。一週間に連続のドラマが何本も制作されたんですよね。それらのドラマの音響効果を担当していたんです。

その仕事場は私と同じ年齢の人たちが多かったですね。北海道のＮＨＫ札幌の放送局で音響効果の仕事をした人が、独立して東京にやってきて、ニッポン放送に自分で売り込んだんですね。その人は、まだ30代前だったと思いますがリーダーになって若い人たちを集めていたんですよ。

仕事は夜中に終わり、当時、めいめいにタクシーの交通費を渡されてました。同じ方向に帰る仲間で集まって、タクシーを1台雇って新宿で降りて、残った金で酒を飲むという、その繰り返しをしていたんですよ。中に一人、物知りがいて、ある日は新宿駅のだいぶ手前で車を停めて「ここで降りるから」と言うんだ。どっか寄るんだと思ったら、路地を入っていって立ち止まって「あそこ（『イプセン』）がそうだからね、覚えておきなさい」と言うんだ。最初は何が「そう」か分かんなかった。ところが帰り際に「銀座にある『ブランスウィック』[2]はとても高いところで行ったらやたら金をつかうばっかりだけど、

2　**ブランスウィック**　戦後、銀座にあったゲイ喫茶＆バー。店主はケリー（日本人）。１９４６年2月、新橋駅北口の闇市「新生マーケット」で開業。店名はアメリカのジャズ・レコード会社に由来。その後、銀座五丁目

ここは大丈夫だから、今度は一人で来なさいよ」と。ああ、「ブランスウィック」と同じ系統なんだなと。そこはゲイバーとして有名でしたからね。

――それは南さんがゲイだってことを分かってて教えてくれたのですか。

僕は何も言わなかった。おそらくね、私の態度、しぐさ、それらが彼らにはピンと来たんですね。なぜならば、そのころはラジオドラマに出演するのは有名な俳優だけど、そのほかは研修生が多いんですよ。新劇の研修生の中にゲイが多かったんです。その音響効果をやるやつらはそういう世界と接触していたからでしょうね。研修生のしぐさと同じだからお前もそうだな、と。

仲間の中に一人、本物のゲイが混ざっていました。あとから彼に誘われてね。「今日はどう？　暇？」って言うから「うん。暇。何もないよ」って言ったら彼は「じゃあ俺と一緒に帰ろうよ」って言って、いつもと全然別の方向に車で行って、一晩宿に泊まったことがあります。

そういうふうなことで初めて行ったのは「イプセン」なんです。「イプセン」に一人で行くようになった。その当時は一人お客が来るとわあっとゲイボーイが4、5人取り巻くの。私を囲んで「私も一杯頂くわ」なんて言って注文するのは高いお酒なわけね（笑）

――それを5杯分とかの？

そうそう。5杯分になっちゃう（笑）「イプセン」は高いなと思っていて、どこかないかなと思って聞いたら歌舞伎町に1軒あると。「アドニス」というお店だから行ってみたら？　と言われた。

――1955年頃、新宿に3軒ですね。

3軒。「アドニス」と「夜曲」それと「イプセン」。

「アドニス」でKくんと知り合う

「アドニス」[3]に行ったらそこは店が1階だったですね。ドアを開けたらね。カウンターがあって。暗いんですよ。当時のゲイバーっていうのはね。電気は手元に明かりが来るだけで顔があんまり見えないっていう感じね。そして、お客が入ってくると一斉にパッとドアのほうを見るわけ。それで値踏みをするわけですよね。それでこっちはね。ちょっと恐ろしくなっちゃう。そこにそのまま立ち止まっていたらね。「あ、どうぞ。2階へ」ってカウンターのマスターが言う。

ああ、2階もあるんだなと思ってトントンと上がっていったら2階はガラ空きでテーブル席でね。あぁ、しょうがねえなと思ってそこで待ってたらボーイが上がってきてね。「何します？」って言うからビールって言ったらビールを運んできた。私はもともと無口なほうだから自分からはものをしゃべらない。向こうが「今何をやってるの？」とかそんなような話で、そのうち「踊りましょうよ」と言うのでSP盤ですね。当時もうSP盤があったから。SP盤をかけてレコードを鳴らすわけね。あれはね。三

(尾張町、松坂屋デパートの裏手）に移転。男性同性愛者が集まる喫茶店として知られるようになる。1階は普通の喫茶店、2階が同性愛者の社交場になっていた。1951年頃、若き日の丸山明宏（後の美輪明宏）がボーイとして働き始め、常連客の三島由紀夫と知り合う。三島由紀夫の小説『禁色』（1954年）に出てくるゲイバー「ルドン」のモデルとされる。

3　**アドニス**　新宿歌舞伎町・旧「青線」新天地（後の柳街）にあったゲイバー。店主は不詳。1952～53年頃の開業か。新宿のゲイバーとしては「夜曲」「イプセン」に次ぐ古参。閉店時期は不明だが、1970年の住宅地図には存在する。

人娘がいた。美空ひばり……

――江利チエミ、雪村いづみ。

雪村いづみ。雪村いづみのね。なんとかの高原とかっていう流行っていた歌があってね。それが1曲終わるとね。またパッと針をかけて何回も踊っているわけ。ただそれだけなんです、相手は。そのビールの1本もなくなっちゃったし、まあこれで帰ろうと思って。帰ろうとしたらさ、「さっきの、あのビールは下からのプレゼントなので、帰るとき一言お礼を言って。その人は階段を下りたところに座ってるから。その人しかいないから」って言われた。下りていったらそこにいました。詰め襟の学生服を着た男です。ありがとうございました。ふんふんなんて言ってね。「じゃあ帰るんだったら私も帰るから。一緒に出ましょうか」って言われ、彼と一緒に外へ出た。

外へ出たら彼はね、「ちょっとこのへん、歌舞伎町をうろうろしませんか？」と言うので当時コマ劇場という劇場の前が深夜になると大変盛んになってね。もう終電がないから人がそこにたむろしてるんです。いろんな人がね。それでね「ちょっとここで待ってて」って花壇のところで私は待たされていたら、5分か10分で彼は戻ってきたのね。戻ってきたら「自衛隊から休暇で出てきて朝の始発電車までぶらついている2人がいるから、我々2人と合同して旅館へ行かない？」って言うからさ。どんなんだろう？と思って付いていった。そしたらゴールデン街に旅館があったわけ。そこへ入ってね。1部屋に、布団が2枚1組になって敷いてあって。「どうぞ。ここ」って言われて。

それでさ。その自衛隊帰りが立ってるわけだよね。「どっちを選びますか？」って言われた。ガッチリしたのと、やせ細ったのがいた。私はやせ細ったほうが趣味だからこっちのほうがいいって指定したら、学生服のその彼がね、じゃあ君はこの人と一緒に寝なさいっていうようなことになってさ。それで私が寝ていると、あとからその子が入ってきました。それで朝までぐっすり眠っていて私は何もしないで、もう朝目が覚めたらいなかったのね。

――本当に始発で帰ったのかな？（笑）

いない。その自衛隊の人たちはもう2人ともいないわけ。それで友人は非常に楽しかったって言うんだよね。「もう上から下から舐め回しました」とかなんとか言って（笑）　私はなんにもしないでただ眠っただけだった。そんなことがあってお友達になって。彼はいろいろなことを誘いに来たわけね。「昼がちょっと暇だから銀座へ遊びに行かない？」なんて誘われたこともあった。

私はまだそんなに一人で遊びに行くなんてことは全くしたこともなかったから、銀座の昼間はどんななんだろう？　なんて付いていったら銀座の路地裏のバーだった。階段を上がっていった狭いところにある店で、中へ入ったらカウンターで洗い物をしているオジさんがいて「あ、そこへどうぞ」なんて窓際のソファー席に案内されて、2人並んで座っていたのね。そしたら友達は「ちょっとトイレに行く」と言って立ち上がった。それっきり戻ってこないんですよ。どうしたんだろうな？　と思っていたら、オジさんが仕事が終わったらしくて「申し訳ないね。あんた一人になって」なんて言ってそばへ寄ってきて「コーヒーでも飲む？」なんて言ってね。コーヒー淹れて持ってきたんですよ。それでなんか知らないけど向こうが何か話しかけてくるのに答える程度のことだったんですけれども、こっちが話題を持っていかないからあんまり話は弾まない。

しかし時々ジー…っていうような音がするんですよね。なんだろうな、この音って。ちょうど私がいるところは日が当たってて、そのオジさん側は暗い。その人が何か用事があって立ち上がったときにひょっとあたりを見渡してみたら、壁の扉の上に穴が開いてるんだ。あ、きっとあそこにカメラが仕込まれている！　私を撮ってるんじゃないかと。

急に恐ろしくなっちゃって帰ります！　ってそのまま帰ってきたんですよ。走ってね。追ってはこなかった。まあそんなようなことがあってね。結局、彼が私を連れて歩くというのは、彼にはそういうようなお得意さんが何人かいて、若い子を連れてきなさいよって言われているわけだ。連れていって、そこで彼がいなくなると後はどうなる？　ということなんですね。あるいはそういうふうなことをやって小遣い稼ぎにしていたかもしれない。そんなようなことなんですよね。

それで、あるときね。築地に割烹料亭があるんだけれども、そこにちょっと知り合いが来ているから行ってみないって切りだされ、割烹料亭で泊まることになった。築地の明石町〔中央区〕にあるといったら立派なものですからね。ああ、そういうところに一度行ってみたいな、料理もうまそうだなと思ってさ、行ったのね。そしたら、八畳くらいの部屋が2部屋あって手前の廊下のところでそいつが「今日は友達を連れてきました」って言って、私も「どうぞ、よろしく」なんて挨拶をした。先方が「先にお風呂へ行ってきなさい」なんて言うから、お風呂へ入っていたらさ、湯船の中で彼が寄ってきてね、「今晩、あの人と寝てくれない？」って言うわけだ。え！　そんな約束も何にもないのに！　と思ってさ。もうビックリしちゃってね。すぐそのあと、体も拭かずに外へ出て服を引っ掛けるようにして走って逃げて玄関まで来たら、女中、仲居さんたちがビックリして「どうしました⁉」ってみんな大勢集まってきて。なんかもう大変だけど、とにかく外へ走り出て。そのまま走って逃げてきたんです。その後どうなったかは分からないけれども。

――その友人はやり手だったんですね。

その前に彼からいろいろ聞かされた話によると、彼、Kくんは四国の出身なんです。夏休みになると四国へ帰っていくわけだ。そのとき必ず二等車に乗るって言うわけですよ。切符は三等だけど二等車に乗ると。二等車に乗るとね。お金持ちの人がそばへ寄ってくると。「どこまで行くの？」と聞いてくるから四国まで行くという話をしていると大阪駅へ着くまでにいい仲になって。

もし途中で車掌が来たら、その人が払ってくれるし、〔改札を〕出る時は三等の切符で出られる。そのオジさんが「今晩、俺がご馳走してやるから大阪へ泊まっていけよ」って言ってきて、泊まっていくと大変いい思いをしたと。そんな話をよくしていたから。そのためにだなと思って。

――ご馳走してもらって性的にもいい思いをして。そんなに確率的にいるもんなんですね。

外れたことがない、休みのたびに片道切符でタダ旅行しているみたいなものだと言ってました。

――少し話を戻しますが、「アドニス」の場所は、区役所通りを上がっていって右側になりますか？　柳街ですか？

そう。上がっていってっていうかね。新宿駅のほうから行くと右側です。柳街ですね。当時、都電がありました。都電があってね。車庫に入る道があってね。こっちに線路が行く[4]とちょうどこのへんにあ

4　**都電引き込み線**　新宿区役所通りと靖国通りの交差点の東脇から新田裏交差点（現：新宿六丁目交差点）に至る都電13系統の回送・留置線。現在は遊歩道「四季の路」になっている。13系統は新田裏から専用軌道を

図表1-1　「アドニス」までの略図

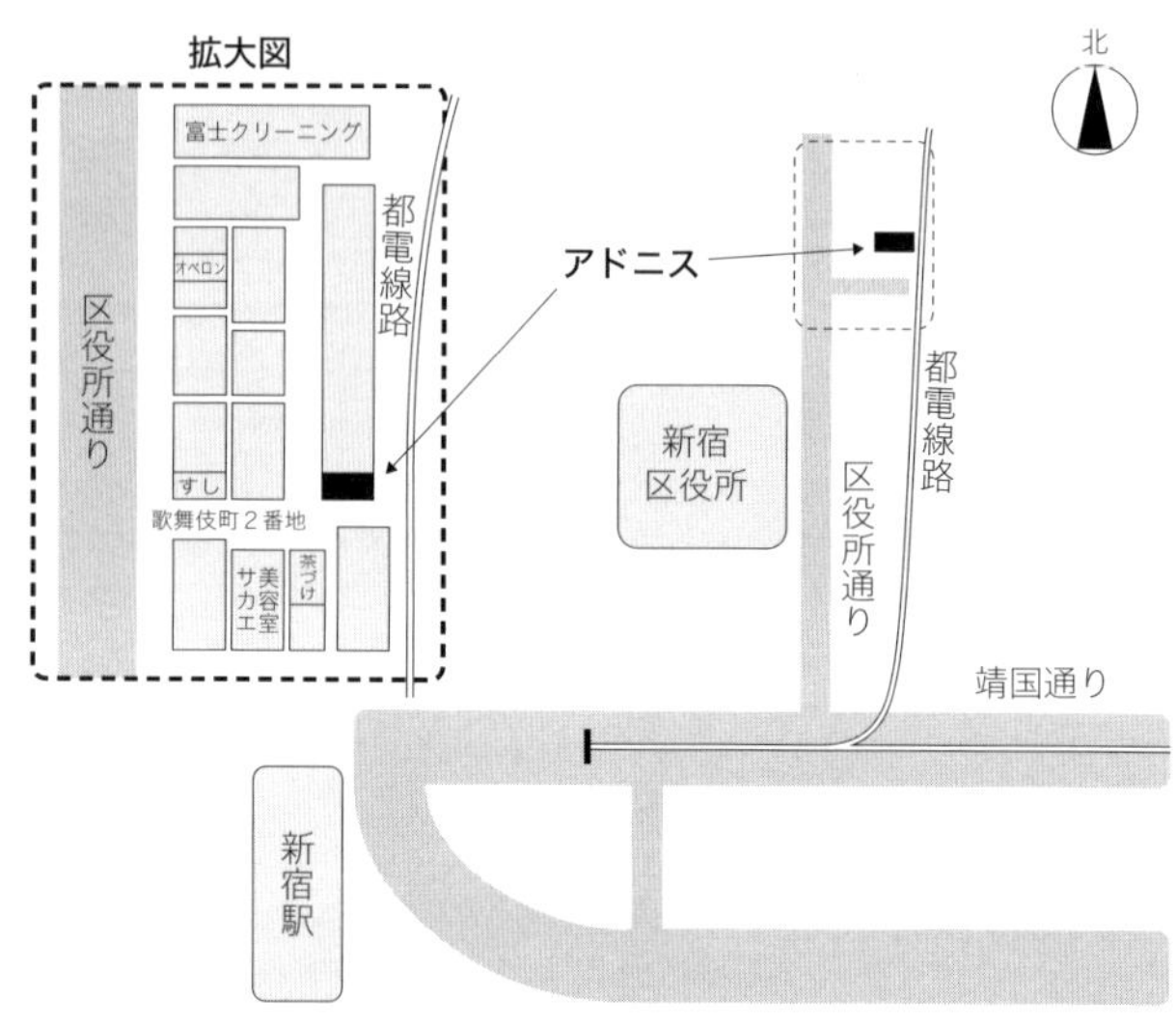

出所：広域図は南氏作成，破線部拡大図は 1965 年住宅地図を参照。

りました（**図表1－1**）。常に電車の音が聞こえました。

——音が聞こえました？　ああやっぱり。それでコマのほうへ行ったりしたということですね？

——「イプセン」や「アドニス」でボーイさんはショーをしていたりしました？〔石田〕

いや、何もしてない。

——じゃあ女性の格好もしてない？〔石田〕

してない。男の格好です。

——「イプセン」は男の格好（美青年系）で、女装している人がいいという客が来たときに、わざわざ千鳥街へ連れていったという話があります。〔三橋〕

——なるほど。「アドニス」や「イプセン」のお店の広さはどの程度でしたか？〔石田〕

えーとね。「イプセン」だと、八畳間が４部屋くらいですね。全部テーブル席だったんですよ。一段上がったところにテーブル席もあって「あそこには早稲田の教授が来るんだ」なんて言ってた（**図表1-2**）。そこが指定の席なのか、お金払えそうなのをそこへ上げるのか分からないけど。

――カウンターではなかった？

カウンターではない。

――一番のお馴染みは「アドニス」だったんですか？

「イプセン」はなんていったって高いから。

――「イプセン」は高い（笑）結構〔そういった〕証言がありますね。

それでね。「アドニス」は行けば一人で十分なんですよね。誰も寄ってこないから。

――いわゆるボーイさんが自分の売上げ持っていけるように寄ってこないっていうことですね。

寄ってこないですね。

――ボーイさんはハンサムだったんですか？

あのね。ハンサムだったと思うんですけど私の好みは田舎風が好みだったから。

通り、靖国通りを横切って紀伊國屋書店西側の路地を抜けて、新宿通りの角筈停留所に至っていたが、1953年以降、新田裏から明治通りを経て三光町交差点（現：新宿五丁目交差点）を右折して靖国通りに入り、歌舞伎町の南側の「新宿駅前」停留所に至るルートに変更された。それに伴い、旧線となった専用軌道の一部が大久保車庫への回送線、留置線として利用されるようになった。この線路を挟んで東側に「花園小町」（後の「花園街」）、「花園歓楽街」（後の「ゴールデン街」）、西側に「新天地」（後の「柳街」）、「歌舞伎新町」があった（いずれも「青線」＝黙認されない買売春地区）。

図表1-2　「イプセン」の内部

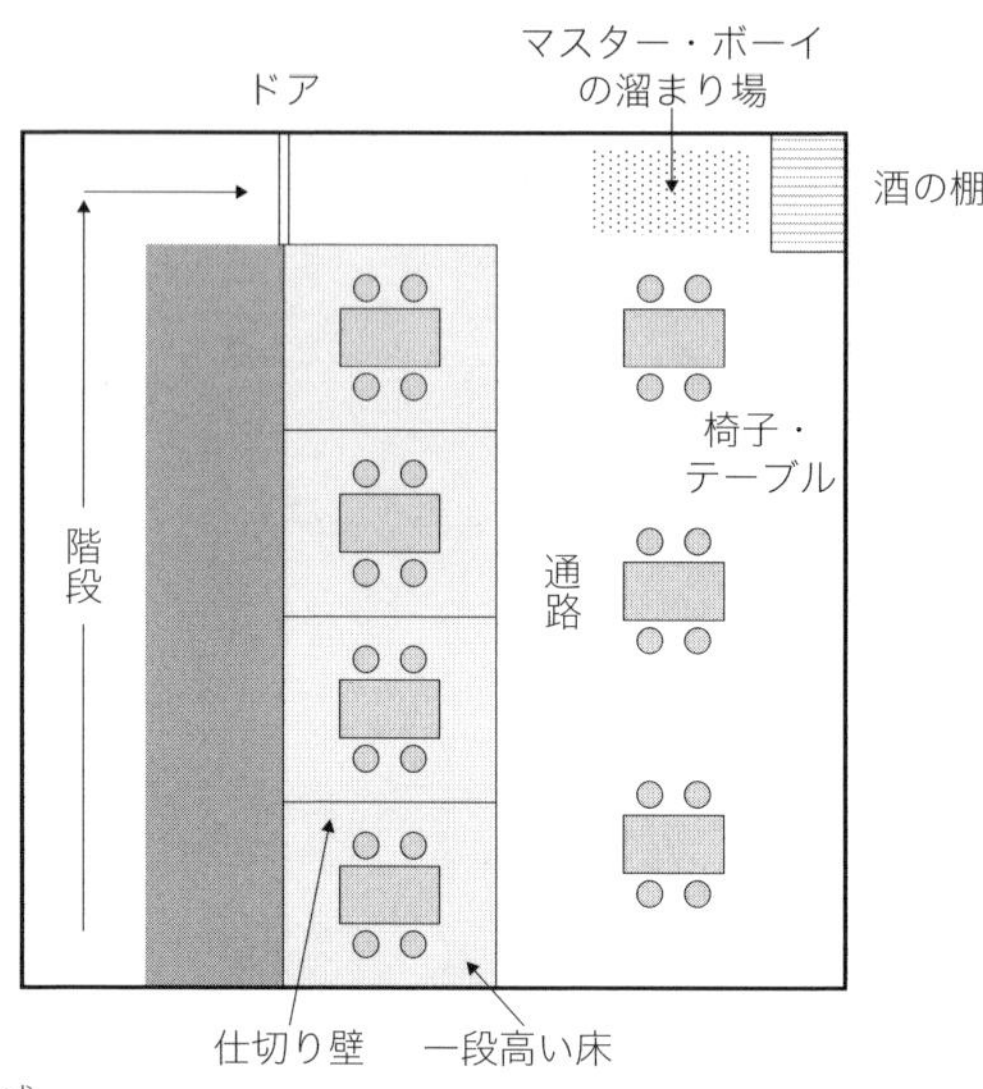

出所：南氏作成。

ところがそこにいたんです。「イプセン」に。田舎風の好みのがね。あまりお客さんが付かない子だった。それで私はその子を指名したんですよね。そしたら行くとすぐ彼が来てさ。「他の子も呼んでいい？」って言うから。ああ、まあそうすれば彼も株が上がるだろうと思っていいよって言うと「おう！」ってすぐズルズルって。

——ああ、そうか。一人指名しても結局、回すと来ちゃうんだ。なるほど。

後日行ったら店の人が「あ、あの子はねえ。実は子ども持ちなんですよ」って言うんだよね。それで子どもがまだ小さかったからお母さんが働くわけにいかずあの子がこうして働いていた。昼間は他の仕事をして夜はここで働いてたんで、もう子どもがお母さんの手を離れたから夜の仕事をしなくてもよくなって来なくなったって言うんだ。

――ということはノンケ〔異性愛者〕なんですか？

ノンケだったの。一度帰りに「今晩、僕と飲みに行かない？」って誘ったら「いいですよ」って言われた。それで閉店になるのを待っていたんですね。だからその日は結構お金がかかったんだよ。何杯も飲むことになるから（笑）　私はそのとき井の頭線の明大前〔杉並区〕にいたので、新宿から京王線で。そこで降りて。さて、どこへ泊まろうかと思ったらまあ昼間からよく目につく旅館があったんですよね。泊めてくれって言ったら「ああ、いいですよ」って言うから、それで2人して泊まったんだけれども、あれですね。向こう〔旅館〕は男2人っていうのは別々だと思ってるからね。2組布団を敷くわけね。1つずつに寝たんです。こっちは受け身のほうだから全然手を出さない。だから結局向こうも何もしないで。そのまま朝になって。それで電車に乗って彼は帰っていった（笑）

――じゃあ南さんは自分からセックスをするっていうのはなく、結構奥手だったんですね。

初めての性的体験、肉体的接触

――それは何かご自身の自己評価と関連しているんですか？

いや、それはあまり関係していませんね。私のそういう性的体験、肉体的接触は中学2年のとき。終戦の1年前くらいですね。その中学2年のときにね、勤労動員で山を掘るという仕事をさせられたんです。山があってその崖を掘ってそこに飛行機を格納するという。ちょうど海辺に向かったかたちで飛行機をそこからパッと出発させる。そこに動員されて我々はその穴を掘る土を運ぶ仕事だったんですね。モッコ担ぎと言って2人1組でやらされていた。

昼休みになると、みんな弁当を食べて1時間休むでしょ。私は友達がいないから1人でみんなと離れて弁当を食べて。寝っ転がっているわけだ。そしたらある時ね。遠くから4、5人の同級生の集団が走ってきてね。「解剖だー！」って叫んだんです。「解剖ごっこ」っていう遊びなんですね。私めがけてそれが来たなと思った。これは大変だ！　と思って逃げたものの、逃げながら捕まればいいなと思ったんですね。それで草にちょっと足が絡まったのをいい機会にね。ゴロッと倒れたふりをして。そこへ寝ていたらわっと来てさ。それでたちまちズボンを剝ぎ取られてパンツ1枚になった。そしたらね。「あ、勃起してる！」なんて言うやつがいてさ。触ってみたりなんかしてね。ただそれだけで声を上げてサーッとみんな行っちゃったんです。なんだー。つまんない。もっとやってくれればいいのに。と思ってね（笑）それがいわゆる性的初体験なんですね。だからその気持ちがとても忘れられなくて。誰かに何かやってもらいたいという欲望が非常に強くなったんですね。

——引き揚げって大変ですね。先日、宗谷岬に行ったのですが、「晴れたら見えますよ」って言われました。

ああ、あそこいらは樺太まで8時間ですからね。私が生まれたのは樺太を魚の形にたとえると尾びれの真ん中。大泊町（おおどまりちょう）（現：ロシア・サハリン州コルサコフ）だからね。

——真ん中。あの一番凹んでいるところですね。

「アドニス」から「夜曲」に鞍替えする

——それにしても「アドニス」でおごりのビールを出してくるKくんは、学生にしてはずいぶん遊び慣れていますね。連れだって遊び回ったのはどのくらいの期間だったたんですか。

半年ぐらいですね。

——それがなくなったのはどうしてですか。

さっきの築地明石町のその事件ですよ。彼は僕にもう利用価値がないと思ったんでしょう（笑）だから訪ねてこなくなっちゃった。それでも彼の下宿先が分かっていたから下宿へ行った。けれど呼び出しても「ちょっと待ってください」と奥へ入ったのちに「今日はいません」って言われるんだよね。いるんだけど、いませんって言われた。

——Kくんは、年上のゲイに顔を立てつつ南さんを利用していたところがあったのかもしれませんね。Kくんと遊ばなくなった後に南さんは？

「アドニス」は行かず、ひとりで「夜曲」というところに通いましたよ。

——「夜曲」の佐藤さんでしたっけ？　マスター。

ええ。その人が殺された事件があってね。事件の直後ですよ。「夜曲」に行き始めたのは。

——じゃあ、マスターが殺された後もどなたか次の方が引き継がれたっていうことですか。なんとなく殺人

5　**夜曲殺人事件**　1962年9月6日、新宿駅東口「二幸」（現：アルタ）裏にあったゲイバー「夜曲（やきょく）」のマスター佐藤静夫（62歳）が元ボーイ（27歳）に殺害された事件。佐藤は女形出身で、戦前には大久保（現在の新宿文化センターの近く）に店を持っていたらしい。「夜曲」の新宿駅東口での創業は1948年頃と推定され、「イプセン」「アドニス」と並ぶ、新宿のゲイバーの草分け的な有名店だった。捜査の過程で顧客名簿が警察に渡ったこともあり、当時の男性同性愛者に大きな衝撃を与えた事件。事件後、経営者が変わり継続したが、閉店時期は不詳。

事件で終わっちゃったのかと思ってました。

いや、ずっと経営していましたよ。

――「アドニス」のあとに「たぶー」ができるみたいですけど、そこは行ったことあります？

そこは行ったことありませんね。その後はいろいろあっていったんバーから足が遠のくんです。

――お話になることがおつらくなければ、ぜひお聞かせください。

ニッポン放送のあとに演劇出版社、東京建設従業員組合、転々と仕事を変えていくのです。

東京建設従業員組合での選挙運動

――「私の自叙伝」には、東京建設従業員組合にお勤めの頃にノイローゼになったとありますね。35歳前後のことですね。そうなるには何かきっかけがあったんですか？

それはこういうことですよ。建設業の最も大きな団体が東京土建という組合で、各区に支部がある。この東京土建に入りたくない土建屋さんや建築屋さんたちが入ってくるのが東京建設従業員組合ですね。共産党の支持母体なわけ。何が良くて入ってくるかというと、日雇い労働者の健康保険の取扱所になってる。そういう大工さん、左官屋さんというのは健康保険がない。この組合に入ればその健康保険を使えるわけ。そうした人たちからひと月に1回集金をして、その保険証の裏にハンコを押してもらわなきゃいけないんですね、保健所か職安みたいなところにまとめて持っていって。

その仕事をやるのに私が入ったわけ。入ったというか、最初は…やっぱり失業してブラブラしてるときに、「こういう組合があって、保険証を回収するのに人手が足りないんだ。手伝ってくれれば給料払うらしいよ」と言うんで行ってみたら、「やってくれるなら是非やってください」って、自転車で駆け回るわけ。日中。そうすると大工さんや左官屋さんのおばさんがうちにいるでしょ。その人たちから保険料を回収して、保険証を回収してきて、同時に機関紙を配って組合の宣伝をして…というような仕事をやっていた。結局今度は臨時でなくて正規の職員になってくださいと言われたので、そこから月給になったわけ。それで一応生活も安定するようになったのね。

そしたら…、選挙のときが大変なんですよ。票を集めなくちゃいけないから。職員が全部、回ってるところに行って票を集める。その票集めなんですけど、それがもう…。東京都知事、美濃部さん[6]の選挙の時。ものすごく熾烈な戦いで、票がどうなるか分からない危険な状態になったのね。そんな時、夜中の1時2時にアパートのドアがノックされるわけ。ドンドン…って。何ですか？　って言うと「今から票集めに行ってくれ」と。「こんな夜中に行ったたって向こうは寝てるんだから集まらない」って言ったら「そんなことない。あなたが今決起することが大事なんだ」って（笑）しょうがない、「はいはい」って言って。それで翌日の朝起きたときに何軒かに電話して、「お願いしますよ」って。向こうが空返事で「はいはい」って言ったらそれは1票にして、それで「はい、〇票」って出すわけ。そのような選挙運動

6　**美濃部亮吉（みのべりょうきち　1904～1984年）**　東京生まれ。マルクス経済学者、東京都知事（第6・7・8代、1967～79年）、参議院議員（1980～84年）。父は天皇機関説で知られる憲法学者の美濃部達吉。1967年、東京都知事選挙に社会党・共産党推薦で立候補し、自民党推薦の保守系候補などを破り初当選、東京都初の「革新知事」となり、3期務めた。老人福祉の拡充、公共サービスの無料化、公営ギャンブル廃止などの政策で支持を集めたが、都財政の悪化を招いた。

をものすごくやらされた。そういう大変なストレスがあった。

美濃部さんは当選したわけ。当選した時の記者会見が二丁目のラシントンパレスというホテルの大広間でやった。私はちょうど通りかかって、記者会見を覗いたのね。そしたら煌々とライトに照らされて、美濃部さんは足を組んで、例の調子でおしゃべりを始めてるわけ。それで癪に触ってね…。俺たちが夜中の1時2時に駆け回って票を集めて当選したのにいい気なもんだと思って。今度は腸が煮えくり返って。もうそうなると組合事務所へ行きたくなくなっちゃったのね。

演劇の学校巡業と「横領」事件

選挙運動のおかげで行きたくなくなり無断で休んじゃった。その時私の友人が劇団を経営してたからその劇団に行って。——前に誘われていたんですよ。「劇団の経営部がいないから、あんたやってくれないか」と。行ったら「ああ、いいところに来てくれた」と言うんで、そこの劇団の経営を任されて。私は秋田出身だから、高校時代の同級生はそこで学校の先生をやってるわけ。もうその頃には教頭や視覚の責任者になってる人もいるんですね。誰がどこの学校にいるか、名簿を手に入れて営業をしに歩いたら10か所ルートができた。10か所の学校巡りをやることができて、生徒一人あたり200円取ると…そうすると1000人いれば相当な数ですよね。

——当時、そのくらいの生徒はいくらでもいますからね。今と違って。

そうそう。10か所ルートを作ったし、もう組合なんかいいと思って行かないでしょ。だけど帰りが大変なんですよ。亀戸の駅〔江東区〕を降りて家に帰るまでに誰かに見つかるんじゃないかと。だから、駅からパーッと走ってタクシーに乗ってサッと帰るっていうことを繰り返してたのね。そんなようなことで、ある意味ではストレスがものすごい溜まってて、やめたということですね。こっちから「やめる」と言わずに、自然退職みたいなもので、来なくなったからやめたということだよね。

——じゃあ、その巡回演劇というのは、建設従業員組合とかぶってるんですね。

おしまいの頃とね。その10か所をまとめたお金っていうのを、私の友人の主催者に全部納めたわけ。私はずいぶん苦労してそれをやった仕事だったから、何か私にも支払いがあって然るべきだと思ってた。けれど一銭もないわけ。それでその劇団の若いやつに聞いたら、「何だか知らないけど、みんなで宴会して飲んだり食ったりした」と。俺を呼びもしないで飲んだり食ったりして、なおかつ邪魔者みたいな扱いをするからとんでもないと思って、そこの会計帳を持ってうちに帰ってきちゃった。それで行かなくなったのね。

彼らは資金を信用金庫から借りていたんですよ。収益金をそっちのほうにも回したと思うけど、全部は回してないと思うね。それで、信用金庫から貸したお金の催促が来たわけ。そしたら「帳簿持ってるやつが逃げちゃって分かんない、お金はない」って返事をしたんだって。そしたら告訴になって、検察庁に呼ばれて取り調べられて、結局は22日間、最長の勾留期間ですね。22日間留められた。で、最後の時に検察官が、「もうあんたもこのくらいで年貢を納めなさい。示談にしなさい。月賦で払ってもいいんだから、示談にすれば罪はなくなるんだから」と。それで示談に持っていって、彼らとは縁を切って。その前に勤めていた従業員組合のところに行って「お金がないから貸してください」って借りた。そこへは毎月払うようになって、なんとか難を逃れたということです。

――従業員組合のほうが人情があって、劇団員のほうがとんでもないっていう。

――でも、それは南さんが着服したわけでもないお金を、横領の濡れ衣を着せられてるということですよね。

そう。横領。

――だいぶ納得いかない出来事だと思いますけど…。

ところが…、警官が調べに行くでしょ。そうすると劇団員はみんな口を揃えて同じことを言う。私一人が反対意見を言うだけで…。だから、検察官も調べてる間に、これはそうだなと思ったんでしょう。だから示談に持っていきなさいと言うわけね。

――ノイローゼで会社に出られなくなってのときだと思うので、相当この時期はおつらかったんじゃないですか？　前に南さんから頂いた『留置場学入門』。

つらかったですよ。そうそう、それがその時の22日間の記録です。

――出版をしようと思ったきっかけは何かあるんですか？

きっかけは何もないですね。22日間留められてる間に、ただここで寝起きをしてたんじゃこっちが損だなと。これをしっかり記憶して、帰ったら本にしようと思ったんですよ。それで記憶をものすごく一生懸命やって、帰ったらすぐにメモをして、原稿を作って。私の原稿だけじゃ足りないから図書館に行って…。名を成した人で牢屋に入った人が何人もいて、その人たちの手記があるわけだよね。引用して、こういう人もいるという傍証をつけ、1冊の本ができたんですよ。

それで、何軒かの出版社に目次を書いて出したんですよ。「こういう本を書きましたから出版してください」と。明石書店にも出した。明石書店は断ってきたんだよね。それで…、小さな出版社〔虎見書房〕

でしたね。そこから手紙が来たんですよ。一度会いたいと。行ったら、「これをうちで本にしたいから、どうですか？」って。そこに頼んで出版となったんです。

——じゃあ、出版社に売り込んだというかたちですか？　知り合いやコネがあったわけじゃないのですね。ご本名で出されてますよね。[7]そのことも、私はちょっと驚いているんですけれども。あの本を出したことは、南さんの人生の中ではどんな位置を占めてますか？

著作をするということは、こういう方法でできるんだなということに自信を持ちましたよね。

——このとき、横領の濡れ衣をかぶせられ…っていう体験が、そのあとのパレードのお金の件で「許せない」という感情につながっていたりはするんでしょうか？

あまり直接つながりはないと思いますね。そのときには何も意識してなかったから。

Kくんと再会し、『アドニスボーイ』創刊へ

——「イプセン」や「アドニス」に行かれてて、そのあと「夜曲」というお話でしたが。そのあと少し間が空くということですね。

そのころいわゆるゲイシーンとは全く縁がなかったです。どこにも行ってません。再び行きだすのは『薔薇族』[8]以降です。『薔薇族』ができて、編集部に顔を出していたら伊藤文學さんがね、二丁目ってあ

7　著者「山内昇」は南さんの本名である。南定四郎＝山内昇であることは堀川（2016: 54）で既出。
8　『薔薇族』は1971年7月創刊のゲイ雑誌。商業的なゲイ雑誌の最初。発行元は第二書房、発行人は同性愛者

るんだけど行くって聞いてきた。行きますって言ったら、彼が案内してくれた。

――それが「ぱる」ですか？

そうそう。

――のちに「クロノス」を出すクロちゃんが看板だったお店ですね。「ぱる」に行くきっかけは伊藤さんだったんですね。南さんのご著作『同性愛を生きる』の歴史的な記述のところに、二丁目のゲイバーの人出がすごく、立錐の余地がないとありましたが、これは？

「ぱる」のことです。それから今は全く連絡をとってないけどね、Kくんとはそのころ再会するんですよ。このバーで。

――その時、Kくんに対する昔のわだかまりみたいなものはありましたか？

全然なかったですね。向こうは僕をよく覚えているわけね。しかし、体格も変わってるし年齢も違ってるから、私は最初全然判らなかった。Kくん…Kさんと「今何してるの？」という話になって、「自動車新聞社というところで新聞記者をやっているけれども、いずれ独立したいと思って編集室のアパートを借りたんだ。これから新しく業界紙の新聞を出そうと思うので、その仕事を始めようと思う」という話をした。そうしたら是非その編集室を見たいと言うので、翌日の午後来たんですよ。見回して、「なるほど。ここで仕事をするんだな」ということを彼は分かったわけ。そしてその次の日、「私たちが資金を出すから、そこで新聞を発行しませんか？」という話になった。

――そのときに南さんが持ってた事務所はどこなんですか？

渋谷区の、新宿からすぐ。新宿から中央線で坂を下りるところがありませんか？

——成子坂。

成子坂！　…成子坂のちょっと先。成子坂まではまだ新宿だと思うけど、少し先〔を南に行って〕、川〔現在は暗渠〕を渡ると渋谷区になるんですよ。

——それでＫさんから「我々の新聞を出しませんか？」という話があって、事務所を新宿二丁目に移転するということですか？

そうそう。そうしたら「蘭屋[10]」さんが事務所をうちで提供するからって言う。今の事務所は家賃を払

ではなく異性愛者の伊藤文學（１９３２年〜　）。当初は隔月刊だったが、通巻19号（１９７４年8月号）から月刊となった。基本内容は、ヌードグラビア、成人向け漫画、官能小説を中心としたポルノ雑誌だが、同性愛やＡＩＤＳについて論説やサブカルチャー系のコラム、さらには文通欄も充実していた。表紙イラストは内藤ルネ。誌名は、伊藤によると「ギリシャ神話か何かで『薔薇の下で男同士が契りを結ぶ』という話に由来」とのことだが、実際には『薔薇族』創刊以前に、三島由紀夫の裸体写真集『薔薇刑』（１９６３年）、１９６４年創刊の会員制ゲイ雑誌『薔薇』（１９６４〜１９６７年（推定））、ピーター主演の映画『薔薇の葬列』（１９６８年）など、男性同性愛を薔薇で象徴するイメージはあった。２００４年9月の11月号をもって休刊。以後、復刊と休刊を繰り返し、２０１１年7月、伊藤が編集長を勇退。

9　**ぱる**　１９６０年代後半には渋谷区桜丘町に、67年には新宿二丁目に存在したゲイバー。渋谷店から移籍したスタッフのクロちゃん（黒野利昭氏）の話術が新宿店で人気を博すも、マスター松田氏との関係が悪化（高橋編2003: 8-13）。79年に独立して「クロノス」を開く。

10　**蘭屋（らんや）**　新宿にあったゲイバー。店主は前田光安（１９２４〜１９９７年）。１９５１年西銀座で喫茶店を創業、夜間はゲイバーを営業。１９５４年、新宿に移転（千鳥街）、中央通り（三越裏）と移り、１９５８年、新宿三丁目・要通りの西側の路地に落ち着く。前田は１９７０年、新宿のゲイバーの協同組合「東京睦友

図表1-3　アテネ上野店 広告

写真と8MM（ホモ、SM）.下着と女装セット

㋑青い麦　褌と祭装束の美青年にからむ学生、全裸からみに、シャワーの下でのからみ①カラー写真8枚1000円②W8ミリ45米3000円③同カラー45米9000円

㋥白い血の悦楽（ホモ）美少年と運動選手大学生、マンションの一室で全裸のからみあい①カラー写真11枚1300円②W8ミリ60米3800円③同集約編22米1600円④同カラー60米13000円⑤同カラー集約編22米4900円

㋭栗の花の匂い（ホモ）愛咬写真
①カラー日本青年からみ8枚②カラー日本青年SM8枚③日本学生12枚④日本青年14枚⑤外国ヤング15枚⑥新カラー日本青年北欧ポルノ型からみ8枚⑦続新カラー日本青年8枚⑧新カラー日本青年SM8枚⑨外人からみカラー8枚　以上各1000円

注文は記号で、送金は現金書留、カワセ（郵送料サービス）着払希望は郵送料として200円（切手可）前送下さい。切手代用は一割増。当店のみ販売の品を主に他オール大人のオモチャを集めその種類日本一　価格は最低これも日本一特に異色セックス用品と下着コーナーの充実ぶりこれ又日本一

8ミリ・テープ・カセット・カーステレオ・映写機・写真・本・SEXオモチャ・ダッチワイフ・男女貞操帯・皮・生ゴム・医具アヌス・フェチ・ホモ・SM器具衣装・SX下着・かつら・化粧品
⊙カタログ百円（切手可）⊙男性相互交際会会員二千人余人日本一要項百円（切手可）⊙全国ホモ地図700円　公園・バー・映画館・其の他二千ヵ所詳細解説　男性写真モデル希望、写真送れ

上野広小路
松坂屋
至神田
至上野
オカチ町駅

〒110　東京都台東区上野
3－1　☎831－8
営業時間午前11時～午後10時年中無休

アテネ上野店

出所：『アドニスボーイ』創刊号，1972年12月。

わなきゃいけないでしょ？　そっちはタダだから、じゃあ引っ越しますって、すぐに。

――「アテネ上野店」がポルノ関係を扱ってて、Kさんも…。

ポルノショップね。「パラダイス北欧」[11]「クライマックス」[12]などがあった。

――「パラダイス北欧」。じゃあ、そういう販路で商売をしたかったということですね。当時『薔薇族』は出てたんですけど、自社広告以外は載せてなかったんですよね。

そう、載ってなかった。「蘭屋」はね。ゲイ向けのタブロイド紙『アドニスボーイ』を作ったときにKさんが集めてくれた株主の一人だったのね。それからもう一人は「アテネ上野店」（図表1-3）の店主が株主。Kさん・前田（光安）さん・アテネ上野店の店主、この3人で30万円ずつ出して、私が10万円出して100万円の株式会社を作ろうという話になった。10万円のお金がないと私が言ったら、1か月タダで編集の仕事を働いてくれれば、それを出したことにするからってなって、「蘭屋」さんとも知り合いになった。株主を集めたときに1年後にこれを倍にして返しますという約束をしたんだ。だから1年間で12

回『アドニスボーイ』を発行して、倍にして返したんですね。それで私はようやく独立して、株主が一人になった。それで雑誌を作るということになりました。

——100万円の元手を200万円にするってすごいことですよね。

でもね。この広告がどんどん入ってくるから。

——「蘭屋」さんが提供した事務所って、その前はどういった部屋だったんですか。

その『アドニスボーイ』の事務所というのは、「蘭屋」さんで働いている人たちを泊めるために借りたアパートだったんですね。2部屋空いてるから使っていいよって言うんで1つは編集室にして、1つは撮影室、スタジオにしたんですよ。だから紙面に載っているこれらはみんな、そこで撮った写真です。その2部屋をタダで貸してくれていたので。

——そのアパートはどこらへんにあったんですか。

新宿二丁目に不動通りがあるでしょ？　仲通りの手前に梅寿司があるでしょ？　ちょうどこのへん。

飲食店組合」を設立し代表となる。面倒見が良く、後進の人々が現在の二丁目「ゲイタウン」エリアに出店するのを積極的に推進した。

11　**パラダイス北欧**　新宿駅南口にあるゲイ系のアダルトショップ。店名はフリー・セックスのイメージのスウェーデンからか。住所は、渋谷区代々木2-13-3。現在の店名は「アンジェロ」。

12　**クライマックス**　新宿歌舞伎町にあったゲイ系のアダルトショップ。住所は、新宿区歌舞伎町19プロムナード東宝内。

交差点になりますよね？　仲通りから1本入ったところね。[13]

——この「アドニス通信社」の「二丁目58」っていうのがそれですよね？

それ！　そう。それです。さらに昔、そこは「ぼんち」[14]って言った。

——ああー。やっぱり。

そこは昔、青線だったから女を売ってたのね。で、その2階でセックスしてたわけだ。下にちょっとカウンターがあって、そこでちょっと飲ませてね。だから階段が2つあるんですよ。表から行くのとカウンターのほうから行くのとね。それで、もう当時は青線が全然寂れちゃって商売にならないから。おそらく安く買ったんでしょう。「蘭屋」が〔ここを〕従業員寮にして、従業員を泊めさせようとしたところ、たった一人しかそうする人はおらず、部屋はガラガラだった。そんなところにいると、常に監視されているようで従業員は嫌だから（笑）、めいめいが部屋を借りていた。

——「ぼんち」の店主つぼゐひでをさんとは？

つぼゐさんには会ったことないです。

——時期はズレている感じですね？

ここはつぼゐさんがやっていたという話は聞きましたが、本人とは会ったことはないです。

——アイソトープの裏の通りですね。

「たかぐら」という焼き鳥屋さんが下ですね。

——あれは焼き鳥屋なんですか？　1階がたかぐら。だから住宅地図には「たかぐら」って出てくるの。前田さんが経営していた系列の？

そうそう。前田さんは奄美大島の出身で、そこの焼き鳥屋さんを任されたのは奄美大島から出てきた青年でね。その人はノンケだったけど。

——じゃあ1階は焼き鳥屋でその上が従業員寮。

買ったんですよ。階段下の左側が普通のバーだったけれども、経営している人を追い出しちゃって、自分で「たもつ」というゲイバーを開いてね。そこのマスターがものすごくいい男で、お客さんいっぱい来ましたよ。確かノンケだったけど。九州の温泉で映画祭をやるところあるでしょ？

——湯布院。

あそこだと思うんだけれど、あそこの山の上に、ショーを見せる観光ホテルがあったんだって。結構お客さんが来たらしいですよ。でね。そのショーガールを連れてきたマネージャーがいて、そのマネージャーが夜に大衆風呂に入ったわけね。前田さんもそこへ入っていったらね。もう実に顔といい体つきといい理想的な男性だったって言うんだよね。絶対にこれはカウンターの中に立たせればお客が来ると。そして彼にね、「今あんた、いくらの契約でここへ来てるの？」って聞いたら〇〇円だったと。「その倍

13　巡見の結果、実際は、花園通りから2本南のさくら通り、現・渡辺ビルあたりにあったと思われる。

14　**ぼんち**　1960年代、旧「青線」新宿二丁目（「赤線」の南側）の一角にあったゲイバー。店主は、つぼみひでを。1963年以前の開店で、現在の「新宿二丁目・ゲイタウン」エリアで、最も早くに開店したゲイバーである可能性が高い。住所は新宿区新宿二丁目58番地。女装秘密結社「富貴クラブ」の入会仲介（一次面接？）場所になっていた。二丁目の本店（美青年系）のほかに歌舞伎町に支店（女装系、川木純子ママ）があった。二丁目の本店は1967年末〜1968年春頃に閉店。

出すからうちへ来て」って言ったらすぐにOKしたって。でも彼はバーの経営も何も知らないんだ。二丁目なんかにも全然来たことない人だから。それでね。私が上〔の階〕で編集室やってたでしょ？　だからね。最初の頃は「この人は何も訳分からないから。夜、あんた8時過ぎにお店へ出てきて手伝ってやって」って。それで、お客さんのいろんな注文やそういうのをよく翻訳して彼に伝えてやってくれって言うんだ。

――言葉や専門用語が分からないから。

そうそう。その人を2か月くらい手助けしていましたよ。そのうちその必要がなくなったんですけれども、よく相談に来ていましたよ、私のところへ。どうしたらゲイになれますか？　って（笑）

――ああ。それは難しいなあ。さっきのお話で「階段が2つある」ってすごく納得しました。赤線や青線的な構造[15]というか。出口と入口を別にして、階段も2つあって、お客さんが鉢合わせしないようになっている。

そうそう。

――最初の編集室は前田さんの口利きで。そのあと天香ビルに移ったんでしたっけ？

第一天香ビル。仲通りから米屋を入ったところにね。その斜め向かい。『アドニスボーイ』は1号から12号まで「たかぐら」の2階です。その後のゲイ雑誌『アドン』から移ったんです。

――で、その第一天香が積極的にゲイバーを入れていったっていう。

それはそのあとね。第一天香ビルは最初からそうじゃないですよ。第一天香ビルは、単に3階までゲイバーに貸していて、ゲイバーがそこで営業をしていました。私は4階に住んでいたからね。4階からは一般の住居があったんですね。かなりあとですけれども第二天香ビル、第三天香ビルと作って、そのビル全体をゲイバーにしたという。新宿通りの世界堂（文具店）があるあたりに東映の映画館があったんですよ。その隣に信用金庫があった。私もそこからお金を借りたことがあります。信用金庫に資金を提供させたんですよ。それでビルの建築を始めたのね。

――伊勢丹第三別館あたりですね。

――そこから融資を受けて。その融資を出す側の人は分かっているんですよね？　訳知りだったと。

訳知り。で、ここは将来発展すると言うんで今投資すれば儲かるということだね。だけど、そこへ持っていったというのが大変な才能ですよね。

『アドニスボーイ』の部数とモデル

――『アドニスボーイ』って、だいたい何部くらい刷ってたんですか？

どのくらいだったかなぁ…1万はいかないね、5千かな。

――結構刷ってますね。通信販売は？

刷ってますよ。最初の頃はそれを郵送しないで、風呂敷に包んで配って歩いたんですね。配達したも

15　**青線的な構造**　「青線」とは、1946～1958年、買売春行為が警察によって黙認された特殊飲食店街（「赤線」）に対して、買売春行為が警察によって黙認されず、摘発の対象だった飲食店。新宿二丁目は仲通り西側の北半部が「赤線」指定地だったが、「たかぐら」があるエリアは「青線」だった。

のでした。通信販売はなかった。お店で全部売り切ったから。

——そうなんですね。5千ってすごいですよね。〔石田〕

——同じような販路で、女装雑誌『くぃーん』[16]が全盛期（1980年代後半）に3千部売ってましたから売れると思います。ゲイの人のほうがずっと多いから。〔三橋〕

——すごい、いい時代ですよね。

いい時代だったですよ。

——『アドニスボーイ』の広告の版下はどうされてたんですか？ 外に投げたり…。

いやいや、これは自分たちでやったの。向こうが描いてくるのは手書きのものだからね。何も加工してないですね。こっちで文字とデザインしたのね。

——アドンに写植機があって…ということですか。事務所で写真を焼けたんですか。

写植機はありました。写真を焼くっていうのは現像するんだからね。現像して乾燥させるだけですからね。現像したら台所で洗えばいいし。

——カラーだとなかなか難しいですよね。外に出してたんですか？

カラーはネガで外に出してね。白黒は焼いていた。

——『アドニスボーイ』はお一人で作っていたんですか？ 途中で誰か、お手伝いに入ったりとかは？ この内容を月刊ですよね？ ものすごく大変だと思うんですが。

手伝いは入りません。大変だったですよ。写真も全部やらなくちゃいけないからね。

——ご自身でお撮りになっているんですか？ モデルになってくれる人もよく出ましたよね。

幸い出たね。ゲイバーで声かけたりね。

――じゃあノンケではない？

そうです。この場合はノンケじゃないですね。二丁目で集めた人ばっかり。

『アドニスボーイ』の面々

――南さん、編集の技術というかそういうのはどこで？

演劇出版社、それから自動車新聞社でも雑誌のほうをやっていましたからね。『自動車機械工具』という雑誌を一人で編集していましたから。取材をしてね。それはもう実に楽々とできたんですよ。一か月に一週間働けばできるような本だった。

――『アドニスボーイ』の場合はさっきお一人でとおっしゃってましたけど、第12号に、「編集部は次のスタッフで構成されています」ってあり、人名が並んでいますよね。

編集部に遊びに来たりはしてたけどね、実際はスタッフじゃなくて、一人で作ってたよ。

――『アドニスボーイ』は取材で札幌に行ったり愛媛に行ったりしていますよね。

全部一人で行ってました。

16　『くいーん』　アマチュア女装交際誌。日本初の女装専門誌として1980年6月に創刊。発行元は商業女装クラブ「エリザベス会館」の経営母体である「アント商事」。2004年2月号（142号）まで23年8か月の長きにわたって刊行され、日本の女装文化の拡大とレベルアップに大きな役割を果たした。

――すごいですね。ちょっと下世話な話なんですが、いい思いとかしなかったですか？

いや、それは全然なかったですね。雑誌の編集者ということは、いつプライバシーを暴露されるか分からないということだから、みんな警戒して。ただ、飲み会なんかだとそばへ来て飲んだりするけれども、それ以上は進まなかった。札幌でもそうでした。身の上相談も何人も来たけどね。

――人となりやエピソードで覚えてることはありますか？　たとえばこの川木淳さんって……。

この人はファッションライター。

――川木淳って、『ぼんち』支店のママの川木純子の男バージョンでしょう。「川木」なんてそんなにある名字でもないから……。〔三橋〕

そうかもしれないよ。

――『風俗奇譚』[17]などでは、男名前の川木「純」で載っていて、女装のときは「純子」。後に歌舞伎町二丁目の和風ニューハーフショーパブ『狸御殿』のママになる人です。二丁目のゲイバー「洋チャンち」のマスターと長年親交があって、洋ちゃんから直接伺った話では、川木さんは「狸御殿」を閉めた後、シンガポールに移住したのだけど、晩年はうつがひどくなって最期はご自分のマンションから投身自殺したそうです。洋ちゃんがシンガポールまで行って、お骨を日本に持って帰った。私は洋ちゃんの遺品整理を依頼されたのだけど、その中に川木さんの手紙が3通残っていて、心を許す親しい友達だったことが分かります。だけど最後の手紙は明らかに不安神経症的でしたね。〔三橋〕

――中山晋作さんはいかがですか？

中山晋作さんっていうのは、「ぱる」で知り合ったね。『全国プレイゾーンマップ』[18]の元の白地図（後述）を持ってきたのも彼だった。その地図使わせてってていたら、いいよって言って、このマップができあがった。彼は全く編集にタッチしないでアイディアだけ言う人なの。それから文句をつけたりする人。ご意見番。それであるとき若い連中がね、「どうしてあんたは何もしないの？」って言ったら、「いや、私は指示を出すのが仕事です」と答えた。本人は何も悪気があって物を言っているわけではなくて、正論があってしゃべる人なんだけども、なんかね、棘の刺さる感じの物の言いようでしたよ。有名私立を出て、オカミのような会社を一生勤め上げた人だからね、ある意味ではオカミだったね。役人的な物の言い方だった。そのように気難しい人で、私にもずいぶん文句をつけた。ＩＧＡ[19]〔日本〕の時もいた。

――『アドニスボーイ』時代から、ＩＧＡの頃までずっといて、南さんが中山さんを切らなかったのは理由があるんですか。

17 『風俗奇譚』（ふうぞくきたん）　１９６０～70年代に刊行された性風俗雑誌。発行元は文献資料刊行会、発行人は高倉一。１９６０年1月創刊。月刊176冊、臨時増刊40冊、画報19冊を刊行、１９７４年11月、誌名を『ＳＭファンタジア』に変更（１９７５年9月終刊）。内容は、ＳＭ、ゲイ、女装を中心に、レズビアン、各種フェティシズムに及び、総合変態雑誌の観があった。

18 『全国プレイゾーンマップ』　『アドン』版元の砦出版が年に1回刊行していたイエローページ。全国のバーや出会いスポットなどの情報が掲載された。後発の競合誌に『男街マップ』（海鳴館）がある。

19 ＩＧＡ（International Gay Association）　１９７８年8月8日、イングランドで、14か国17団体の代表により発足。１９８６年に名称をInternational Lesbian and Gay Association（ILGA）に変更。現在、６００以上のレズビアン、ゲイ、トランスジェンダー、インターセックス関連団体が参加する国際的な協会として、ＬＧＢＴＩの人権擁護のための各種活動を行っている。

年齢的に段階を踏んだメンバー構成じゃなかったんですね。つまり私が一番年寄りで、ガクンと、子どもか孫みたいな人たちが来ていたから。私と違う意見であったとしても、この中間が必要だなと。だから切らなかった。月給を払っているわけでもないし。

——この12号の記事では南さんが41歳、中山さんが37歳で、4つ違いなんですけど、このくらいの差ですかね。土日とかに来ていた感じですか、それとも毎日。

いや土日も来ないですよ。

——IGAの活動の時も、そんな感じですか。そんなに頻繁ではない、と。

そうそうそう。

——それを見て、若い世代は何か思ったのか。

だからアカー[20]というのができたのは、まさにそれに対する反発ですよ。

——そうつながってくるんですね。坂定男さんというのは?

この人は完全なカメラマンですね。素人じゃなくて、プロのカメラマンだったんです。だけど、男が好きだから男の写真を撮りたいっていうので無料でやってくれたんですよ。

——この人って、白坂ビンさんとは違う人なんですかね?

あ、そうかも分かんないよ。こっちの人〔関はじめ〕は〝日曜日ごとにボランティアで来た〟って書いてあるけど、忘れちゃった。「大学で音楽を専攻」〔加賀見勝〕って誰だろうな。浜隆二…うーん…。佐川一郎さんはね、経理なんて頼んだことないからな。遊びに来た人に適当につけたんだな。だけどこんなにずらっと並べてるけど、ほとんど働く人はいなかったよ。

――のちに磯貝〔宏〕さんが『アドン』で加わったとおっしゃってましたね。

彼は第一天香ビルに会社が移ってから1年もしなかった頃かな。

――どうして編集に加わることになったんですか。

私が校正か何かしていて、夜11時過ぎでした。突然「いま何やってるんですか」と電話かかってきたんです。「校正をしています」「私もそうなんです」というのが最初のやりとりでしたね。「え？　あなたも何か出版の仕事を？」と言ったら、業界誌を編集してるんだと。

彼は昼間、会社に行かないんだって。段ボール箱を置いて、取材記者に原稿をそこに入れてもらう。それを夜中に誰もいないところで割付して、印刷屋に出す。その業界誌はそれで成り立つらしい。それで、いま仕事してるんだけど、鉄鋼の業界誌だから全然私の肌に合わないんだって。「じゃあうちに来る？」と言うと「明日からでもいいです」って。それでかなり急に編集者として来た。向こうの会社はやめたんですよ。

20　アカー（OCCUR）　特定非営利活動法人「動くゲイとレズビアンの会」の通称。1986年3月、同性愛者（ゲイ、レズビアン）の社会的支援、差別・偏見の解消を目的に設立。1999年12月に東京都より特定非営利活動法人（NPO）の認証を受けた。1990年2月、「東京都府中青年の家」を利用した際、他の団体から嫌がらせを受けた。それに対する「青年の家」職員の不誠実な対応と、東京都が「青少年の健全な育成に悪い影響を与える」として、以後の宿泊施設利用を拒絶されたことに対し、1991年2月、損害賠償訴訟を提起。1997年9月、二審（東京高裁）で原告の全面勝訴で結審（東京都府中青年の家裁判）。日本における同性愛者の人権訴訟の、最初の勝利であり、人権運動の大きな一歩となった。

——磯貝さんには月給をお支払いしていた？

払ってました。

——『アドニスボーイ』では論客みたいな人が何人かいましたね。高見沢さんとか大石さん。他の人に書いてもらうのは、どうやってですか？

「書きたい」って言ってくるわけ。だから誰にも原稿料は出したことない。大石さんはイラストレーターですよ。

新宿二丁目「睦友会」

——『アドニスボーイ』5号には、新宿二丁目を中心とするバーの協同組合「東京睦友飲食店組合」の記事があり、二丁目の地図がありますね。私たちにとっては貴重な資料なんですけど、通し番号が振られているものの、店名が分からないバーもまた多く、それはどういう経緯だったか分かりますか？　私の想像では、「睦み会」に会費を払わなかったゲイバーじゃないかな…って。

会費〔ということで〕はないです。私が集めていましたから、1軒も洩れはないです。名前を出したくないわけでもない。これ、「睦友会[21]」っていうんですよ。

——この睦友会ができた理由を教えてもらえますか？

新規にお店ができるでしょ？　そこへお祝い金の金一封を持っていくけど金額が困るというわけ。どこのお店がいくらで、どこがいくら出したかっていうのが。あとで「あそこのうちはケチだ」とかなんとか言われるというんで、そう言われないためには、新規のお店には一律に、1万円なら1万円と、全部まとめたものを持っていって、その一覧表をお店のカウンターのところに貼り出してもらう。そういうことをするためにこの会を作ったんです。呼びかけ人は前田さんだけど事務局長が私で、お金集めだとか。一覧表というのは筆が達者な人に頼むだとか、そんな段取りをして…。

——一覧表はだんだん増えていくってことですね。

増えていく。また、会に入らないという人も当然いる。そうすると、その入らない人に強いて「入れ」とは言わないんだけれども、やっぱりお客を回す回さないということがあるでしょ？　そういうところには回さないという暗黙の了解が…。

——最悪、その一覧表とお祝い金を持っていったのに「うちは入らないよ」っていうところもあるっていうことですか？

いや、最初から入らないわけ。したがって一覧表にも載らない、お金も払わないっていうこと。

——じゃあ、もう一切縁がないっていうこと。当然、紹介・斡旋はしない。

縁がないっていうことだね。紹介もしない。

——でもそれ、数が多いから大変ですよね。逆に言うと、数が多いっていうことは集めるお金も大きくなるから、お祝い金の額も大きくなるから…。

そうそう。だからそれで厚生年金会館の…、あそこは上が大劇場で下が小劇場になっているんだよね。

21　「睦友会」については伏見憲明（2002: 254）の研究のほか、東京五輪の1964年に警察からのバーに対する嫌がらせを機縁として一度つくられていたとする下川（1998）の聞き書きも参考になる。

図表1-4　前田光安さん

新宿のジャン・ギャバン

本社前田会長

前田本社会長は「蘭屋」を創業して二四年の、この道のベテラン。割烹「たかぐら」その他のバー、アパートなどの経営者。今回、別項のような「アドニスボーイ」の十大プランに全面的に賛意をしめし、また「アドニスボーイ」を通じて真のホモ文化を育成するため、本社会長として全責任をしょって立つこととなった。南国は南九州出身で西郷隆盛のように大らかな性格は、全国のゲイバー経営者からパパとよばれてしたわれている。写真のように渋いハンサム。一説によると「新宿のジャン・ギャバン」と評されているとか……。

出所：『アドニスボーイ』創刊号，1972年12月。

厚生年金会館の下の劇場を借りて芸能大会をやったことがある。お店から出演者を募集して。踊りたい人がいたら踊る、ピアノの伴奏で歌いたい人もどうぞとかね。満杯だったんですよ、300人の席で。お客さんが来るから、各お店の。

――『アドニスボーイ』のどこかに、銀行からの融資を円滑にすることが睦友会を作った目的の一つだと書かれていたんですが、実際の融資や、中で頼母子講[22]みたいなのはあったんですか？　また、どこかに3年ぐらいで自然消滅したって書かれてたんですけど。

加入の呼び水ですね。実際に融資の斡旋をしたことはないから。頼母子講もありません。ただ会費を納めるだけ。月に1回月例会を、町内会の事務所の2階の広い畳部屋で開いてましたよ。

新しいお店が出てきて、入会しないお店が

1軒や2軒じゃなくなってきたのね。行事っていったって、新規出店の時の貼り出しで、別にたいしたことないし、意味ないって言う人もいるわけだ。中には義理で入ってる人もいるからね。そういう噂が、お客さんから告げ口があったりなんかするわけですよ。組合長の前田さんのところへね。自分が好きこのんでやったわけじゃないのに、みんなのためだと思ったのに、そういう悪口言われたらね…やってられない、やめようってすぐやめた。

――前田さんってどのような方だったんですか？

あの人はね…「新宿のジャン・ギャバン[23]」って言って、顔つきが似てる（図表1-4）。威張りくさったりなんかするような人じゃなかったですよ。もともと新橋寄りの銀座のお店でゲイバーをやっていて、ママは女装して芸事を披露するバーね。終わったらひいきのお客のところに行ってご祝儀をもらうというようなことで、金持ちや進駐軍の高級将校とかが来るところだったんですよ。だから単価が高いんですよ。そうでなくて、芸事を売りものにせず、酒を売るバーがホモバーです。

22　**頼母子講**　定期的に一定の掛け金を持ち寄り、くじや入札等で選ばれたメンバーに給付する寄り合いのこと。メンバー全員に給付が一巡するまで続けられる。回転型貯蓄信用講の一種（島上2019）。

23　**ジャン・ギャバン（Jean Gabin　1904～1976年）**　フランスの映画俳優、歌手。20世紀フランスを代表するスター。『地の果てを行く』（1935年）、『どん底』（1936年）などに出演してスターとしての地位を確立。『現金に手を出すな』（1954年）でヴェネツィア国際映画祭男優賞を受賞。以後も『地下室のメロディー』（1963年）などで渋い演技を見せた。

――「やなぎ」[24]や「青江」[25]なんかの路線とは違う。

その路線ではなくて、ホモバーはいわゆる今のゲイバーですね。ただ飲み物だけを出すという、それで単価は低くという。それでも銀座だから高いわけね。そういうゲイバーが銀座に5、6軒程度あったと思いますよ。で、これじゃあ将来性がないから、もっと安い単価でやろうと新宿に出てきたのが彼なんですね。だから新宿では「イプセン」と「蘭屋」が古手なの。それと、出身の奄美大島は大島紬を生産するところですから、彼は販売代理店を一手に引き受けていたんです。それでホモバーに来るお客さんでお金持ってる人に、大島紬を安く分けるからって…。確かに正規の値段よりは安かったでしょうね。そういうので両者が得した、生産者も得したし。

――1960～70年代には「大島紬ブーム」が何回もあり、たぶんそのタイミングですね。

そうです。そんなようなことだから、商売人で非常に人付き合いが良くて、決して人を怒らせるというようなことはしなかった。

――じゃあ、その二丁目の睦友会の会長も、なるべくしてなったと。

そうそう。

天香ビルのビジネスモデル

――当時、前田さん以外にホモバーの大きい勢力っていうのはあったんですか?

いや、ありませんね。あの人が新規開拓したところだっていうことになってるから、二丁目のホモバーはみんな後輩になるね。前田さんは正統派なわけよ。睦友会に入ってこないのは、若い人たち。

――第二世代みたいな。

そのうち第二天香ビルなんかできたりなんかして、あそこは権利・敷金なしだから、すぐでも商売できるわけね。その代わり、売上げはこれだけというノルマを与えるわけ。それでひと月経ってそのノルマが達成されなきゃすぐに追い出される。だから若い男の子で、1か月くらいゲイバーで働いてて、独立したいなんていうのがホイホイやるわけよ。それで、1か月くらいでお客さんなんかできるわけないんだからすぐ追放されるのね。でも、そういう形式でずいぶんあそこのビルの中のゲイバーっていうのは増えていったわけね。中には商才のある人もいっぱいいたんでしょう。それ以前は、敷金・権利金を出さなくちゃいけなかった。それだけ積み立てなくちゃいけないじゃない。その初期投資ができない人たちが、天香ビルの借り手になったわけだよね。

――ある意味、需要と供給が合ってるんですね。もちろん実力世界だけど。〔三橋〕

24　**やなぎ**　1950年、新橋・烏森神社参道脇の「烏森飲食街」に開店した戦後東京における最初のゲイバー。店主は島田正雄（お島ママ、1919〜1996年）、従業員に青江忠一、吉野寿雄がいた。1955年に銀座八丁目に移転。1987年、閉店。

25　**青江（あおえ）**　東京の女装系ゲイバー。店主は青江忠一（青江のママ、1924〜2011年）。新橋「やなぎ」の従業員だった青江が独立し、1953年10月、銀座二丁目に開店。その後、六本木に「ラ・マダム青江」を開店。1973年、フランス・パリに「ナイトクラブ・AOE」を出店。1994年すべて閉店。カルーセル麻紀、ボケ（1979年、戸籍を女性に変更）など多くの後進を育成した。

「ぱる」と白地図：『全国プレイゾーンマップ』の原型

——『アドニスボーイ』を出された頃、よく行っていた新宿界隈のお店はどこですか？

「ぱる」です。「ぱる」は入り浸ってた。

——「ぱる」が良かったのはどういうところなんですか？

要は…とにかく安いですよね。ビール1本で3時間も4時間も粘ってても文句言われない。だいたい12時でおしまいなんですよ。30分くらい延長してやってる場合もあった。お客さんはだいたい終電で帰るから、11時半頃サーッと引けるわけね。それでもまだ残ってるのがいるわけ。そいつらは終電に乗る気がないんですね。なんとかして誰かを見つけてそこに泊まりたいと思ってるから。そういうのが必ず1人や2人いるんです。私はそれを目当てに行ってた。新宿二丁目の第一天香ビルに住んでるでしょ？だから、「ぱる」は歩いて10分だから、11時半頃に出かけていけば誰かがいるわけ。それで30分くらいいて、ビール1本とって「はい、あなたにプレゼント」なんて過ごしてれば、「電車がなくなるからうちに来て泊まる？」って言えば「うん」って言う。

——そうか…よく釣れるというか。そこは二丁目に住んでいるメリット、強みですよね。

そうそう。最初は、情報収集のためには一番いいだろうということで二丁目にオフィスを構えた。『アドン』を刊行してから3年くらいいたかも分かんないけど、だんだんおしまいの頃になるとゲイバーと間違えて入ってくるやつがいるわけ。3階までゲイバーだから、酔っぱらって。それで「うちは違いますよ」なんて言うと、「何だコノヤロー」って怒って帰るやつがいて、ある時…郵便ボックスが1階の階段にあるわけ。私のところの郵便ボックスをガーン！と殴っていったやつがいて、へこんでるわけ。

それで「ああ、こんなところにいたらとても仕事していられない」と思って、四ツ谷三丁目に移ったんですよ。

——そうすると、このマップを作ったきっかけの酒場が…？

それが「ぱる」ね。「ぱる」に、白地図を買って持ってきたお客さんがいた。それが中山さんね。その地図には番地が書かれていない、区分け、箱だけがある。専門家が使うそういう地図があるんですね。それを持ってきて「あなたの行くバーを書いてください」って貼り出したわけです。そうすると、お客が自分の行くバーを書き入れるわけ。それを見て私は「これはいいアイディアだな！」と思って、中山さんにすぐ頼んで、「その地図を私に譲ってくれませんか？」と。そしたら「いいよ」と言うので、すぐに譲ってくれたので、それを根拠にして広げていったんです。

——それが『アドニスボーイ』に掲載された地図のなれそめだったんですね。初回の掲載地域は上野だったんですけど、そのときもうすでに新宿の「ぱる」で白地図が貼ってあったんですね。それがのちの『全国プレイゾーンマップ』の原型になるんですね。

尼ヶ崎ホテルサウナドックと釜ヶ崎

——『アドニスボーイ』で気になる広告についてお尋ねしてもいいですか。広告（図表1－5）が必ず載っているハッテン場の『尼ヶ崎ホテルサウナドック』、第10号記事に大きく取り上げられ、平面図まで載っているんですが（図表1－6）、南さんが個人的には親しかったんですか。

この人とは親しくなかった。親しくなかったけど、1回だけ訪ねて行ったですよ、尼崎へ。訪ねて行っ

図表1-5　尼ヶ崎ホテルサウナドック 広告

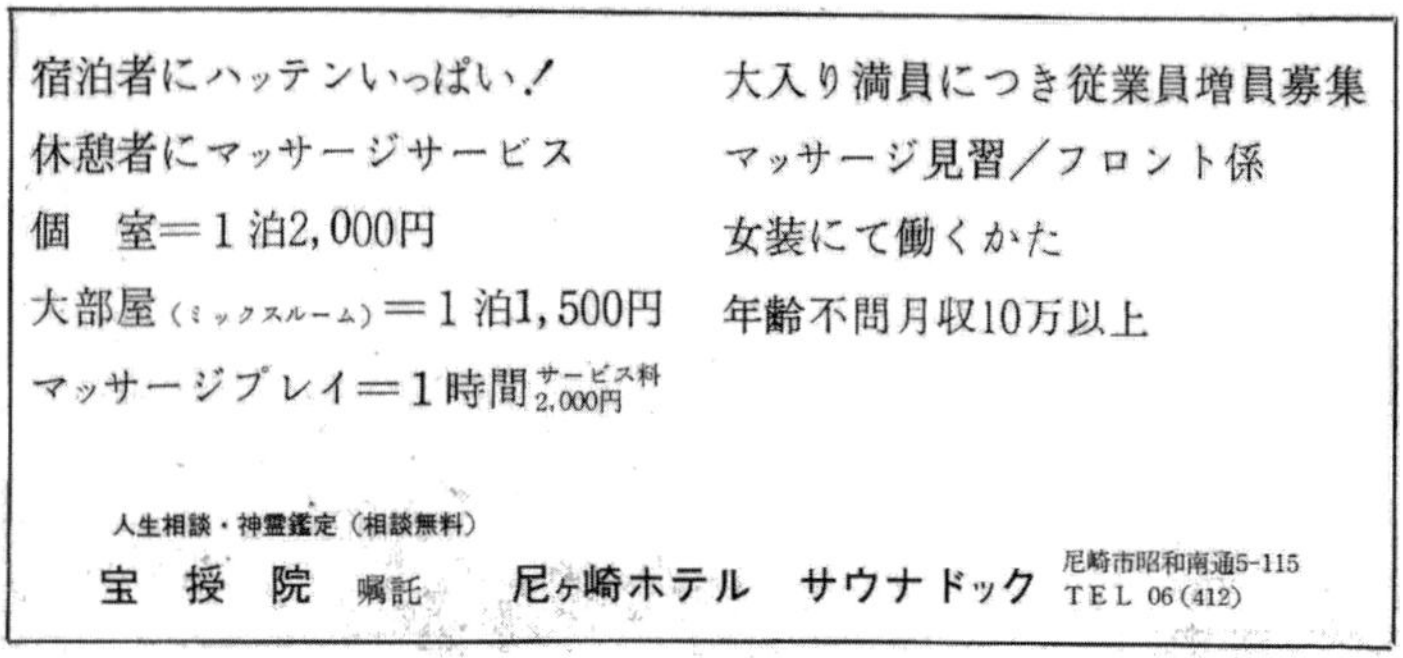

宿泊者にハッテンいっぱい！
休憩者にマッサージサービス
個　室＝1泊2,000円
大部屋（ミックスルーム）＝1泊1,500円
マッサージプレイ＝1時間 サービス料 2,000円
大入り満員につき従業員増員募集
マッサージ見習／フロント係
女装にて働くかた
年齢不問月収10万以上
人生相談・神霊鑑定（相談無料）
宝授院 嘱託
尼ヶ崎ホテル　サウナドック
尼崎市昭和南通5-115
TEL 06(412)

出所：『アドニスボーイ』4号，73年3月号。

図表1-6　尼ヶ崎ホテルサウナドック 1階平面図

尼サウナドック
カウンター
サウナルーム
サウナロビー
倉庫
テレビ
2階へ
ピアノ
事務室
ロッカールーム
風呂
ホテルフロント
浴室
ビジネスホテル尼崎
尼崎ホテルサウナドックの1階

出所：『アドニスボーイ』10号，73年10月号。

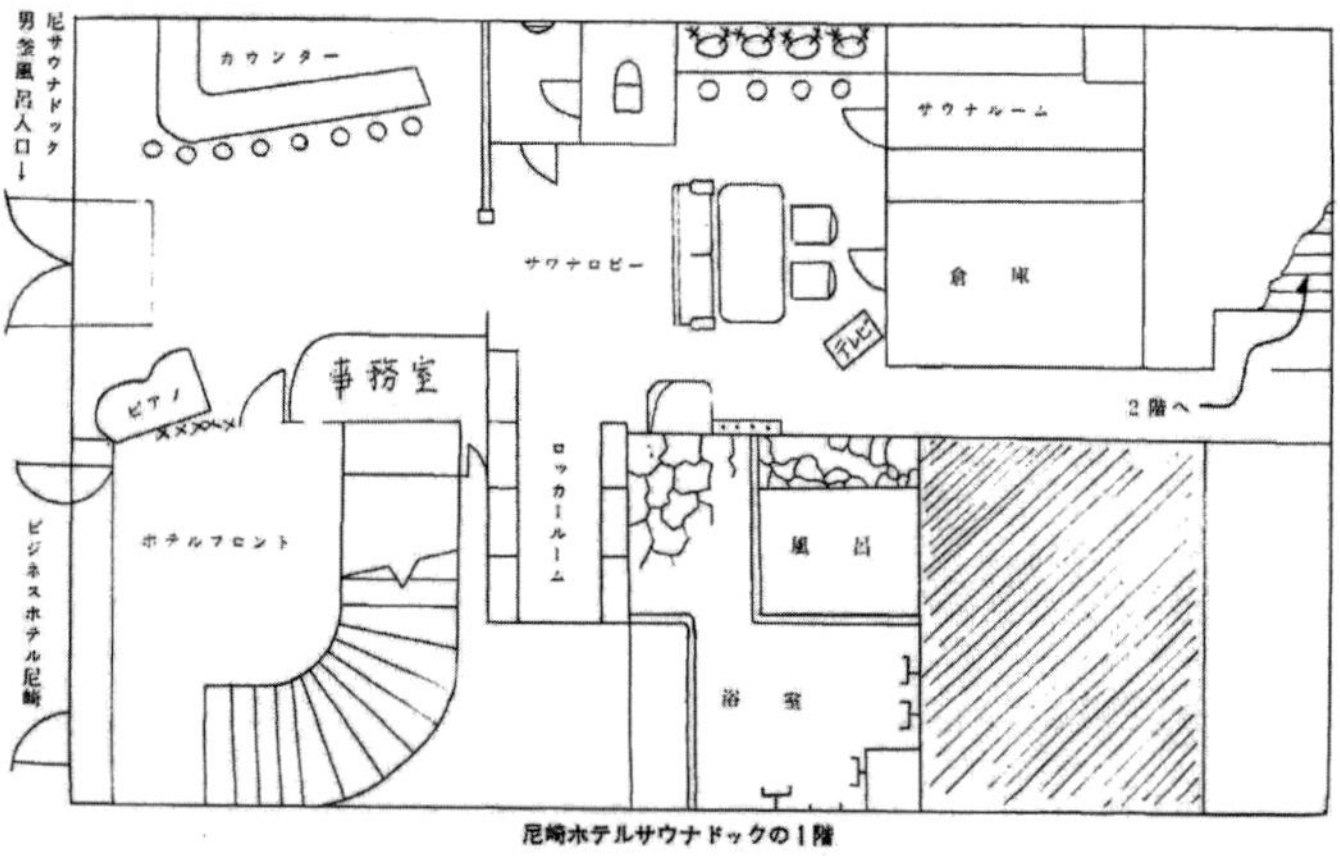

たら、この人は新興宗教をやってたんですよ。それで「お参りに来ますか?」って言われて、「それはちょっと勘弁してくれ」って言ったんだけど。

――「宝授院嘱託」ってありますね。この平面図は南さんが書かれたんですか?

いや、これは僕が書いたんじゃない。だけどこれは…、ちょっといろいろと捏造してるね。

――グランドピアノもなかったですか。

そんなのないよ。ガラッと音を立てて開けて入るガラス戸だった。

――行かれたとき、お店はどんな感じでしたか?

入るとすぐね、お風呂屋さんなんですよ、大衆風呂。それで、普通のお風呂屋と同じようにガラス戸があって向こうに入るところがあって、流すところがあったりする。その先に廊下があって進んでいくと薄暗くなって、そこから階段があってご本尊のいるお部屋へ行くんですけど、お風呂場の手前に案内をする子どもたち、少年がね、たむろしてるのね。それで「お参りに来ました」なんて言うと「どうぞ」って奥のほうへ連れていって、上まで連れていくわけね。それでご本尊というか…、どういうことをやってるのか分かんないんだけど、宗教的儀式をやって、終わったら帰されるんだけど、女の人には手を出さないけど男には手を出す――というのが噂で。

――それは教祖がということですか? 他の時の広告に名前が出てくる黄観月さんですか?

教祖なんだけど、それがその人かは知りません。

――じゃあ、「お参りしていきますか?」という言葉は、「私と一緒に寝ませんか?」という意味だったんですね。住まわせていた子どもたちは何歳くらいなんですか?

17、18、…20歳前。大学まで行ってない、高校生だね。要するに、若くてホームレスになるのがいっぱいいるんですよ。そういうのを集めてくるわけです。

——尼崎の海寄りにあって、工場もいっぱいありますしね。

寝るところもあるし、ご飯も食べさせてやると。そうするとのこのこついてくるでしょう。そのうちそれを手ごめにして自分のものにして、いいなりに使うという。

——でも、すごい多角経営…ホテルもやってて…。

スナック〔カウンター〕なんてなかったよ。そういう若者がそこでゴロゴロしてただけだった。

——行かれたのは1973年？　この特集の取材のときですか？

いや、この取材のときじゃなくて、『アドン』になってから広告の件で何かミスを犯したのね。それで文句を言われたら大変だから、その号が出る前に手土産を持って謝りに行ったんですね。

——私〔石田〕、ハッテン場の研究もしているんですけど、じゃあもう『アドン』が出ている頃になると…結構廃れていた感じですか？

そうですね。そんな、お参りに来る人なんていないですよ。信仰心の篤い人なんてね。半分ハッテン場というようなことが噂で流れてるから、そこへ行けばできるから…。だから、入口にわざと若い子を集めてるわけね。エサをね。それでそこへ行けば、入口では何事も起こらずに「お参りしますか？」というようなことで、そうすると向こうへ行けばいいことあるからと思って「うん」なんて言うと、連れて行かれたら儀式があって、男なら手を出すというような…。女なら、なんか知らないけど「お布施を置いていきなさい」なんていうことで追い返すという。

――「尼ヶ崎ドック」の取材記事って、この記事以外、他の雑誌のどこにもないんですよ。なので、当時から相当ヤバイところだったのかなって。

そうそう、そうなんですよ。だから当然、広告のミスも黙って出したら文句を言ってくるだろうと。法外な要求をしてくるんじゃないかと思って、先手を打って謝りに行ったほうがいいかと。行ったら…その時にはどうしてだか彼は下にいたの。その子どもたちと一緒に。それで謝ったら「いいですよ、そんなこと」なんて言って。それでいつの間にか姿を消したんです。そしたら子どもが「奥へ行きますか？」なんて誘いに来たから、「いや、奥は行かない」って（笑）

――同じ第10号では、釜ヶ崎をレポートされてますよね。ばんゆうじさんが「ホモ人口一万人の釜ヶ崎」でレポートしている。企画に何か思想的なものがあってなんでしょうか？

いや、そんなことないですね。

――どうして釜ヶ崎を選んだのでしょうか。

釜ヶ崎に呼ばれたんですよ。そこで活動してる人がいたのね。「講演会をやるから来てくれ」と言うんで、呼ばれて行ったんです。講演終わって、飲み会があって。簡易宿泊所で1泊してますよ。

――『アドン』発刊2年後（75年11月号）に、お好み焼き屋「山ちゃん」[26]の記事が。

26　**山ちゃん**　1960年代後半から70年代にかけて大阪市西成区新今宮駅南側にあったお好み焼き屋。店舗にボーイを置いておらず、店主がボーイ（あるいは客）を来店させ、買春したい男性客にあてがっていた。鹿野・石田（2022）で詳しく取り上げている。

釜ヶ崎のお好み焼き屋ね。その時です。

——お好み焼き屋で売り専もやってるっていう店ですね。

「カルーセル麻紀[27]がそこに座ったんだよ」なんて話になって。ちょうど、カルーセル麻紀がモロッコへ行って手術して帰ってきて大ニュースになっていた頃。

『アドン』発刊へ

——『アドニスボーイ』の創刊号には伊藤文學さんが祝辞を寄せていて。このときというのは雑誌のかたちで出すというのはもう決まっていたんですか？

決まっていません。

——伊藤さんにしてみれば、よもやライバル誌ができるとは思っていなかった？

思っていなかったでしょうね。当時はね。新規の出版社が取次店を通すということは難しいわけですね。『アドニスボーイ』を12号まで出した時に話があったんですね。「アテネ上野店」のオーナーからね。うちへ来ている人の中にフリーのライターがいると。そのライターが言うにはね。新規の出版社を通して雑誌を出すことができなければ、既存の出版社に話をして編集請負をしたらどうだ？ と。そしたらその出版社が〔取次の枠を〕入れてくれるところがあるけれども、話をしてみるか？ と言うんで、それで『アドニスボーイ』を12冊持っていって話をしに行ったんですよ。そしたらパラパラめくって見てね、「いいですよ、うちが出版元になりましょう」と。「それで編集請負だからあなたはいくら欲しいですか？」って言うわけね。私は25万円あればいいです、その代わりここに載せる広告代を私のほうにくださいと言った。向こうは「ああ、それでいいですよ」ってね。交渉も急いでるのね。それでこっちも、そんなもんだろうと思って帰ってきた。当時は他の編集請負をやっている連中が周りにいっぱいいたんだね。「いくらで請け負ったの？」って聞くから25万円って言ったら「え？　そんなに安いの？　俺たち困るよ！」って言われた（笑）

――版元になったのが「(株) ビデオ出版」なんですね。

「アテネ上野店」に出入りしているフリーライターがビデオ出版にも出入りしていて、そこで原稿書いていたわけですよ。それでよく会社の内情を知っているし、ビデオ出版は戦後、『夫婦生活』という色物を出して、大儲けをした老舗なんですね。それでビデオ出版へ話を持っていったらね。企画がすぐ通っちゃって。私はそこに原稿を納めるだけ。広告原稿も全部一括して納めて。それであとは向こうが印刷屋と交渉して印刷・製本をするわけですよ。

――それまではビデオ出版とはつながりはなかった？

ありませんでした。

27　カルーセル麻紀（かるーせるまき　1942年～　）北海道釧路市生まれ。15歳で家出し、各地のゲイバーを転々、19歳で大阪のゲイバー「カルーセル」に入店。1964年4月、日劇ミュージックホールに出演、「和製ブルーボーイ」（身体を女性化した男性）として脚光を浴び、以後、テレビ、映画に進出。1973年10月、モロッコ・カサブランカのジョルジュ・ブロー医師の執刀で性別適合手術を受ける。1974年1月、日劇ミュージックホールでの「凱旋公演」が大評判になる。2004年10月、「性同一性障害特例法」の施行後、戸籍の性別を男性から女性に変更。自叙伝に『私を脱がせて』（2002年）がある。

――82年の『アドン』には、ビデオ出版からの独立の顛末が3回にわたり連載されていますね。そこには、『アドン』創刊から1年後には独立して取引ができるようになるよう取次と約束した、と書かれていますが、このように独立の話は最初の時点からあったんですか？

いや、全然ないですよ。1年後ではなくもっと経ってからだと思いますよ。

――もっと経ってからなんですね。〔石田〕

――取次を直接通すことを試みるのは77年。〔三橋〕

創刊は74年でしょ。3年くらいあとですね。なぜそういうことを思ったかというとね。『アドン』の紙の質が良くないんですよ。かたや『薔薇族』、真っ白な紙なんだよね。それで読者から文句が来るわけ。紙の質が良くないと。もっと白い紙に印刷してくれって言ってきたので。

――（現物を見ながら）焼けているにしてもちょっと白くないですね。

そうですね。紙を変えてくださいって言ったら「いや、そんなことはできない」って言うわけね。「うちが印刷・製本やっていて、うちにもコスト計算があるからそういうことはできません」って断られた。それじゃあ独立する以外ないなと思って交渉しに行ったんですよ。

――81年9月号から明らかに紙質が落ちていて、ビデオ出版の嫌がらせなんだろうなというのは、陳列して見るとよく分かります。前の話に戻りますが、取次と直接取引できなければ雑誌コードももらえないので、伊藤さんもよもや出版するとは思っていなかったと？

そうそう。

――それから、『アドニスボーイ』の最終号、第14号に「雑誌にする計画も、本号からと作業を進めておりましたところ、いわゆる〔第1次〕石油危機のあおりを食って、一時、見送りせざるを得なくなりました」と南さんが書いていましたけれども。

ちょっと見せて。ああ、そうですね。その交渉中、交渉の過程でそのフリーライターの話が飛び込んできたんですね。

ビル・シュアーによる開眼

――「私の自叙伝」ですと、だいたい『アドン』創刊までと、84年にビル・シュアーが来たとき以降のことが書かれていて、40歳から53歳くらいまでが飛んでるんですけど、これは何か理由があってですか？

『アドン』創刊からビル・シュアーと遭遇して、初めてゲイ・ムーブメントというものについて開眼したわけ。開眼させられた。それまではどちらかと言うと、エロチック、エロチシズムですね、追求してるのは。自分の性的欲望が他の人と違ってどうして悪いんだって、ただそれだけだったわけ。それで自分の性欲を解放させることは自由だと。それを運動化させることは考えてなかった。

――そのためのご本を一生懸命作ってたというニュアンス。〔三橋〕

――南さんがどこかで、「ビル・シュアーはこういうふうなんだけど、片や私といえばエロチシズムを掻き立てる新聞屋のおやじ」って書いていますよね。ご自身が『アドン』を編集したり、『アドニスボーイ』を編集したりすることに、もっと肯定的な思いでやってらっしゃったのではなかったのかと、意外に感じたんですが…。〔石田〕

これはこういうことですよ。私は演劇出版社にいたでしょ？　演劇出版社の社長というのは演劇評論家なんですね。それで、その人はいつも自己紹介をするときには「本屋のおやじです」という自己紹介をしてる人だったんです。私たちから見たらすごく偉い人なんですよ。演劇評論で、新聞にちゃんと月評を書く人だから。だから偉い人なんだけど、決して「演劇評論家」だという自己紹介をせず、「本屋のおやじですよ」と言う。だから、彼は単なる営業マンにしか過ぎないというような意味なんですね。評論は評論でやってるけど、こっちはある意味で趣味の延長だということなんですね。それで、こっちのほうはビジネスだから、ビジネスは本屋ですよ…という、そういうような人物だったわけ。私はそういうような生き方にものすごく魅力を感じたんですね。だから、自分はこういうエロ本の本屋のおやじだという自己認識だったんですよ。それでいいじゃないかと。

——それでいいじゃないかと。

うん。ところがビル・シュアーが来ていろいろと話を聞いた。それじゃあまずいということになって、初めて開眼したということですね。

イラストレーター武内条二

——『薔薇族』と比べると、『アドン』の独自性もやっぱりあると思います。たとえば、実在の男性を写真で表紙に使っているあたりですね。これは何かポリシーがあってですか？

いや、そうでなくて…イラストを描く人がいなかったんですよ、表紙のイラストを。

——ああ、そっちですか（笑）

『薔薇族』は内藤ルネさんという人がイラストを描いてたから、十分表紙になるわけね。でも、あれに匹敵するイラストレーターがいなかったんですよ。しょうがない、写真でいこうと思って。

——まさかそういう理由だとは。「等身大」のイメージ戦略だったのかなと。〔石田〕

——イラストのほうがいいっていう。当時の出版のイメージからすると、たぶん今と逆。〔三橋〕

表紙に写真を使うということは限定もされるんですよ。この人が好きなタイプだと売れるけど、そうでないと買わないということになるわけね。

——イラストである程度抽象化して万人好みっぽくしたほうが売れるっていう、そういう世界。あんまりそこに個性を入れないほうがいい。〔三橋〕

そうそう。そうだったんですね。

——創刊から3年くらいまで（77年3月号）人物写真で、そのあとイラストに切り替わってますよね。〔石田〕

それは、イラストレーターを発見したからね。武内条二さんという人をね。あの人は『薔薇族』へ1回投稿したんですよ、イラストを。それを見たときに、「あ、この人いいな！」って思ったの。それで私が連絡したらすぐ会うことになって、大阪に行ったんですよ。あの人は大阪の人だから。会って「イラスト描いてくれないか？」ってお願いしたら、「いいですよ」って。なぜか知らないけど〔『薔薇族』から〕二度目の注文がなかったって言うんだよ。

ただ、こういうイラストだから家では描けないと。「部屋を借りてください」って言うんで、アパートを借りてやったんですよ、それで彼はそこで描いてくれて。うちの仕事にひと月まるまる使うわけじゃないから、余った時間でファッションイラストレーターをやってたわけ。

——ずいぶん太っ腹ですね。部屋を…。

図表1-7　『アドン』武内条二表紙

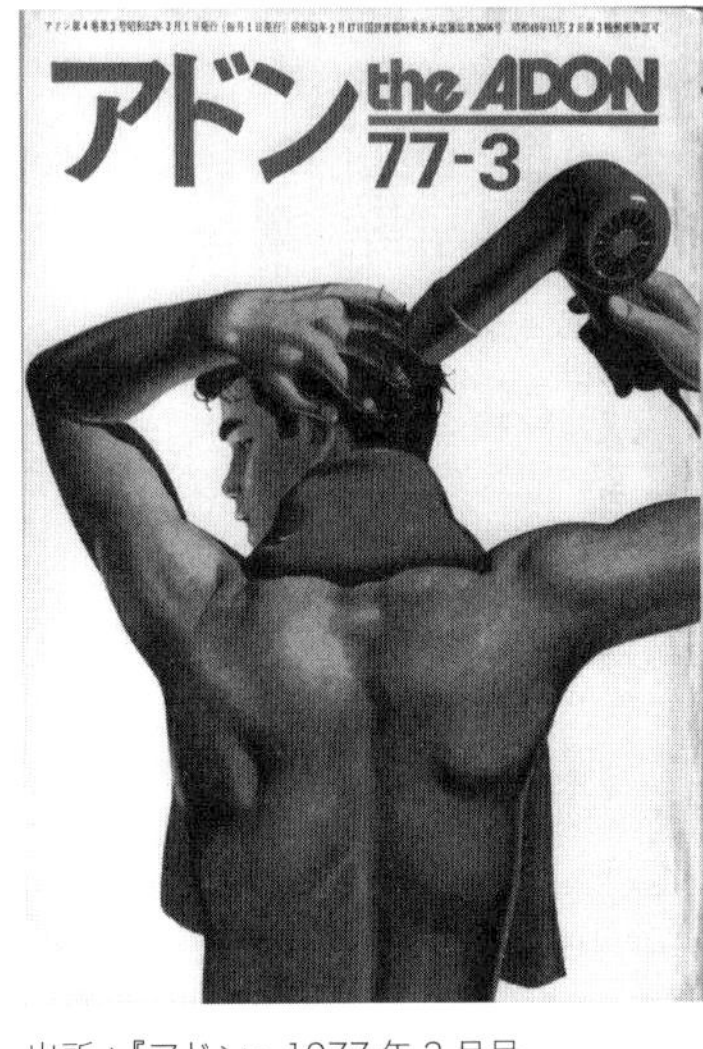

出所：『アドン』1977年3月号。

図表1-8　『アドン』創刊号裏表紙

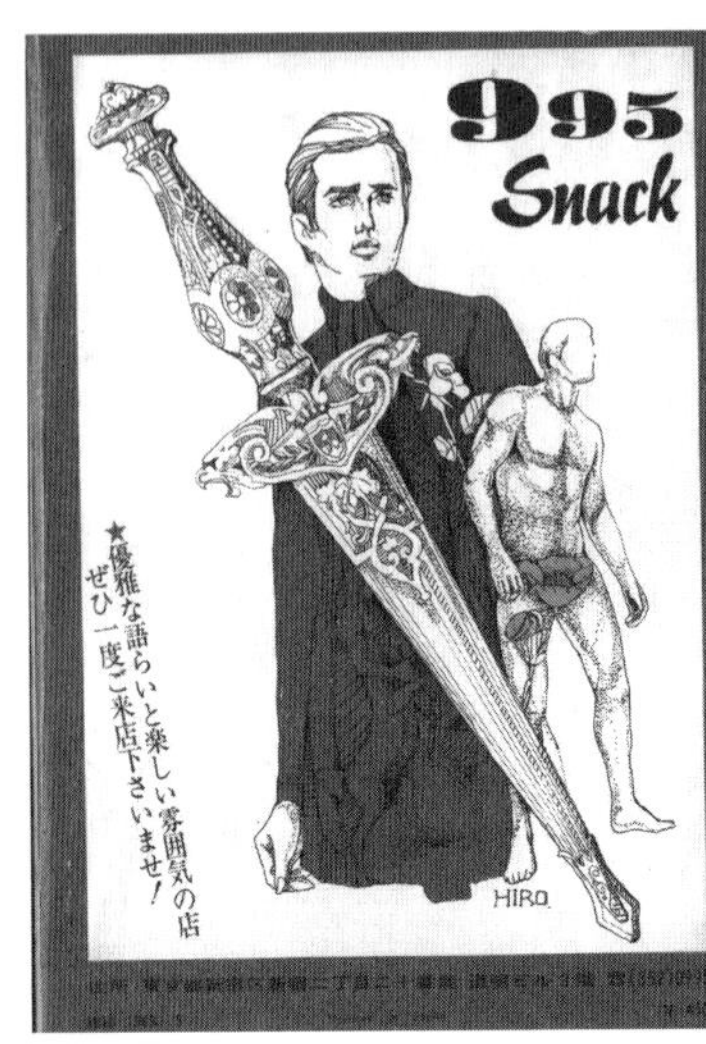

出所:『アドン』創刊号「スナック995」広告。

そのときはお金があったんだよ（笑）

——いやあ、かなりいいセンスですよね（**図表1-7**）。このときには〔デザインを組む〕イラストレーターみたいなのは入ってたんですか？

イラストレーターは入ってません。いいセンスですね。あと、別の人になるけど『アドン』創刊号の表4〔裏表紙のこと〕に掲載した広告なんかも、ほら、いいイラストでしょ？（**図表1-8**）これは描いた人がゲイなんですね、二丁目の「995」というバーのお客さん。こういう人に頼むと原稿料が高いんだよ。それで、いいなと思ったけど〔表紙に〕お願いはしなかった。

二丁目文化人（1）

——『アドニスボーイ』、『アドン』ができて、南さんの交友関係みたいなのはいきなり広がったりしたんですか？

全然広がらない。

――広がらないですか（笑）　それは、もともとのご自身の性格と関連してるんでしょうか？

関連してるかどうかは分からないけれども…ある意味では、私は二丁目ではバカにされてたからね。だから、誰も…。いろんな文化人が遊びに来てたけど声はかけられなかった。こっちから話をしに行くのもなんだか厚かましいしと思って、遠慮してました。

――バカにされてたっていうのはどういうことですか？

要するに、金儲けのためにやってんだろ？　っていうことですよね。彼ら…いわゆるゲイの文化人は、二丁目に出入りしてたけど、金儲けに手は出さないということですよね。

――高尚な趣味人と、雑誌作りの実業家っていう意識差が、今よりたぶんずっと大きかったんだと思います。「本屋のオッサン」っていうか、「本作りのおじさん」みたいな。〔三橋〕

そうそう。

――『インパクション』の中で、「ゲイによるゲイのためのゲイのビジネス」みたいなことをおっしゃってて、それと今のお話というのはつながってくるということですか？

いや、まだつながらないですね。

――意識が変わるのは、スウェーデン人の来日からだと。

そう、ビル・シュアーね。ビル・シュアー。

――でも…ゲイ・ビジネスに関しては、かなり先駆的なんじゃないかと思ってます。創刊号で「アドニスボーイの10大プラン」として「10株株主の募集」で1株５００円を10株申し込むための募集や、各県の支社長の募集、モデルクラブの設立などが提案されていたりしますよね。「アドニスライブラリー開設」という図書室の提案もしてますね。また、『薔薇族』が他社広告を載せていない頃から広告を入れたり、モノやサービスを売るメディアを確保したり、睦友会を作ったりしたことが、かなり特徴的だと思ってます。

多くが実現しなかったけどね。広告に関してはKさんが集めてきたから。あの人は広告の専門家だったの。だから「いくらでも広告は私が集めますから」って言うんで。彼が持ってきた原稿を形にするだけだった。私は広告を取りに行ったことは一切ないから。睦友会だって頼まれたからやっただけで、私が前に東京建設従業員組合っていう組合をやってたでしょ。組合っていうのはあんなもんでたいしたことないと思ってたから引き受けた。

高倉一、かびやかずひこ

——『風俗奇譚』の編集をされていた高倉一[28]さんとは？

会ったことない。行ったらいなかったんだよ。Kさんが「連れてくから」と。戸を叩いたら奥さんか誰かが出てきて、ドアを開けて「今日はいません」って言って。それで「また次に来ます」って帰ってきた。それっきり会わない。

——それっきりですか。ちょうど『風俗奇譚』と『アドン』って、時期的にそこで切り替わるみたいなところがあるんですよね。今で言う性的少数者的なものを商業ベースの雑誌に載せたっていうのは、やっぱり高倉さんが最初なんだよね。〔三橋〕

だから、私が自分を同性愛者だと自覚したのは、あの『風俗奇譚』を立ち読みしたからなんですよ。『風俗奇譚』の中に、かびやかずひこ[29]っていう人がレポートを書いてたわけ。「東京の同性愛者がたむろするなんとか…」と。それでずっと読んでたら、私のことを書いてるみたいな…。その心理描写だとか会話だとか。それで「あ、そうか！　これを同性愛者というのか」と。これは秋田にいた時のことだから、これなら東京に行かなくちゃ！　と思ったね。

――「19歳のときに風俗雑誌に出会う」って「私の自叙伝」にありますね。

それですね。

28　**高倉一（たかくらはじめ　1914〜2004年）**東京生まれ。編集者、雑誌発行人。旧制・東京府立第三中学校（現：東京都立両国高校）出身。『夫婦生活』の編集者を経て、1960年、文献資料刊行会の代表として性風俗雑誌『風俗奇譚』を創刊。また、会員制ゲイ雑誌『薔薇』を刊行（1964年7月〜67年1月（推定））。1961年、檸檬社を設立し社長となる。1984年、自らが刊行した『風俗奇譚』をはじめSM雑誌を収集・公開する会員制図書館「風俗資料館」（東京都千代田区飯田橋）を設立し、初代館長となった。

29　**かびやかずひこ（鹿火屋一彦　1902?〜1976?年）**東京・本郷の生まれ。著述家、性愛研究家。かびや（鹿火屋）名義の著述活動は1947〜1976年の30年間に及ぶ。とりわけ『風俗草紙』1953年7月号掲載の「男色喫茶――同志を索（もと）めるソドム族の倶楽部として」を皮切りに、60年代前半に男性同性愛関係の論考・コラムを多数執筆した。著書に『エロスの祭典』（1947年）、『痴情明暗』（1948年）、『女体開眼』（1956年）、『夜の異端者』（1958年）がある。『夜の異端者』は1950年代の男性同性愛者のルポルタージュとして貴重。また、研究会「龍陽クラブ」を主宰し、機関誌『MAN』（1954〜57年）を編集・発行している。なお、医事評論家の平野利三と同一人物で、平野名義の著作として『性生活マッサージ』（1966年）、『同性愛の世界』（1968年）などがある。19歳の南さんが読んで衝撃を受けた、かびやの記事は、時期的に見て『風俗奇譚』（1960〜74年）掲載ではなく、『風俗草紙』（1953〜54年）もしくは『風俗科学』（1953〜55年）掲載と思われる。

――1950年なので…？〔石田〕

――『風俗奇譚』ではない？〔三橋〕

『風俗奇譚』です。そこでの風俗雑誌っていうのは『風俗奇譚』のことです。

――かびやの書いたもののリストを作ってあるので、見てみましょう。〔三橋〕

――風俗雑誌は定期的には買ってましたか？

買ってない。

――買ってないですか。じゃあそのときにたまたま見て、本当に衝撃を受けたんですね。

伊藤文學さん評

――『薔薇族』は買って読んでた感じですか？

『薔薇族』は買って読みました。創刊号を買って。見たときはびっくりしましたね。

――『薔薇族』創刊2号くらいから作品発表されていますよね。たとえばご自身の小説やエッセイが載せられた場合には、向こうから送ってくるんですか？

いや、そうじゃない。

――自分でお金を出してその雑誌を買うっていうことですか？　原稿料もなく…。

書いてますね。

――当時の編集部と顔を合わせたことはありますか？

いや、それはしょっちゅう行きました。編集室は伊藤文學さんの自分の家の茶の間だったんですね。それで奥さんがいて、向こうから話しかけることはないんだけど、伊藤文學さんは聞き出そうとするわけだ。ノンケだから、いろいろゲイ情報を聞き出そうとするんだけれども、奥さんがいるとなんか聞き出せないと言うんで、ちょっとドライブに行こうと言って車に乗せるわけ。外へ出ていってドライブしながらいろいろと聞き出すわけね。だからなんというか…、よく向こうから電話かかってきたし、こっちからも電話したりして。

――聞いていいのか分からないですけど、南さんが伊藤文學さんを率直にどう思ってらっしゃるのかなぁ…と。

それはね…、僕は…伊藤文學さんを軽蔑してましたね。

――ホントですか？

というのは、彼が「ドライブ行こう」って誘うでしょ？　神宮の外苑美術館〔聖徳記念絵画館〕に公園があるでしょ？　権田原。[30]あそこのところによく連れていくわけ。それで、「ここはハッテン場だよ」「雨降りでもいるんだ」っていうわけ。傘さしてレインコートを着て、2人で抱き合ってしごいてるんだと。それで、相手の精液が飛び散って、相手のコートの裏にくっついたりしてるんだ…「まあ、汚いねぇ」――って、こう言うわけ。だから、「この人は汚いと思うのか」と思ってさ。それでよくあの雑誌作るなぁと思って。本心は「汚い」と思う人なんだと。私なんかは絶対にそうは思わないからね。そ

30　**権田原（ごんだわら）**　神宮外苑の東縁の通称。隣接する旧地名・権田原町から。1950年代～80年代に、異性間・同性間にかかわらず性の睦み事の場所として使われた。その後夜間の立ち入りができなくなった。

図表1-9　新宿二丁目バー一覧

Aプレイビル
パンチ
サテリコン
おんどり
たか志
Bサンフラワービル
アダモ
どらま
C第一天香ビル
年増
ストーク新宿
D新千鳥街
ロミー
ポパイ
マンダム
じょうじの店
乱
SAM
龍
三明坊
不死鳥
フジ
Eニューフタミビル
シルクロード
ペプ
⑨ニュー眉山
⑪ジュピター
⑬白い部屋

---

⑯アルペン
⑰ぱる
⑱GQ
⑳プレイボーイ
㉑火の森
㉔ジュン
㉕嵯峨野
㉖お馬
㉗茜
㉙つげ
㉚六尺
㉞夜満
㉟BアンドB
㊱龍
㊳赤とんぼ
㊵タジオ
㊸オベロン
㊺ロープ
㊼はなぶさ
㊽デューク
㊿夕月
(51)らんぷ
(54)近ちゃん
(59)しれー
(60)蘭屋
(62)ロートレック
メロドラマ
ピパ

出所：『アドニスボーイ』5号，1973年4月。

ういうのがあったから、私が雑誌を出してからは一切読まないですよ。読まなかった。それから向こうからも連絡が来ないし、こっちからも連絡はしなかった。

――伊藤さんを介してできた友人関係はあったんですか？

それはないね。

行ったゲイバー（新宿二丁目）

――新宿二丁目に編集室を構え、『アドニスボーイ』で付き合いも広がると、二丁目のお店にも行くようになりますよね。「ぱる」の他に、どんなお店に行ったか覚えてますか？

当時のお店の一覧、『アドニスボーイ』にありましたよね。これを見ながら話しましょうか（**図表1-9**）。

新宿だと「サテリコン」「どらま」「年増」「ストーク新宿」「ポパイ」「不死鳥」「シルクロード」「白い部屋」「ぱる」「GQ」「火の森」「嵯峨野」「お馬」「つげ」「六尺」「龍」「タジオ」「ロープ」「近ちゃん」「蘭屋」「ロートレック」、よく覚えてるのはこのくらいですね。「プロチダ」も行ってますがあれは渋谷でしたね。

――店名はあるものの地図には載っていないお店がありますね。「年増」とか。

「年増」は第一天香ビルの下なんですよ。ここは一時、舞踊をやってましたよ。女装ですよ、丸髷の鬘かぶって。座敷があって、男の踊りじゃない、女の踊り。「ストーク」も同じ場所ですね。同じ第一天香ビルです。このビルは当時とあまり変わりないね。ベランダの意匠なんかそのままだ。

「白い部屋」[31]っていうのはね、番衆町に移る前は「ぱる」の向かいにあった。あそこは働いてる子もマスターも若くて、お客さんと年中けんかしてるんですよ。するとけんかに負けたやつがダダーッと階段下りてきてね、向かいの「ぱる」にパッと逃げてくる。

――（一同笑）

カウンターに座れば〔「白い部屋」の〕お客さんいっぱい並んでるからさ、勝ったほうは、それ以上追及しない。

――「白い部屋」のママは、早くにお店をもったんですね。だからいまでもご存命。〔三橋〕

――「白い部屋」っていまはノンケさんが来られている店ですか。

――だいぶ前からニューハーフ系だから、どっちかというと一般向け。初期はここにあったということは…〔三橋〕

31　**白い部屋（しろいへや）**　新宿のニューハーフショークラブ。店主はこんちママ（近藤民男、1947年～　）。1968年、新宿二丁目（現在の「ゲイタウン」エリアの南東部）で創業。その後、靖国通り北側（旧：番衆町、現：新宿五丁目）に移転。住所は新宿区新宿5－10－1第2スカイビルB1。一日、2回のフロアー・ショーを行う。現在、新宿におけるゲイ、ニューハーフ系の店で、最も老舗と思われる。

ゲイ向けです。お客も若いし従業員もオーナーも若い。だから私が行ったらずいぶん年寄りで場違いだったけど、若い子が好きだからいいなあって思ってた。

――営業形態が変わったときにママさんが変わったとか。

――変わってない。番衆町でも同じ人。あの人に聞いとかないとまずいよ、急がないといけないよって、アーカイブに取り組んでいる人に言ったけど。〔三橋〕

あのひと、二丁目の生き字引ですよ。

――残っている方だと一番古い現役の方じゃないかと思います。〔三橋〕

「つげ」「六尺」は新宿公園南西の脇の路地ですね。

――この不思議な路地ですかね。今ふさがっちゃっていますけど。

そうそう。路地ですね。それでここにね、ゲイバーじゃないけど、確か「詩カク」ってお店があったんですよ。カクはなんて字だったかな。そこはプロの小説家だとか、詩人だとかがよく来るお店だと言われていた。ゲイバーじゃないから入ったことはない。

――住宅地図だと「吐詩」とありますが。

「吐詩」と「詩カク」は別の店だよ。南から順に「つげ」「吐詩」「詩カク」と並んでいた。

――二丁目にも、異性愛の文筆家などが集まる店はあったんですね。

あった。第一天香ビルの1、2軒東隣にある「タジオ」っていう店に美川憲一がよく来てた。

――新宿通りを挟んで南側にもゲイバーがありましたね。

新宿通りから入ったところに2階造りの建物があって、その中に、おじいさんがやってる「みたか」っていうフケ専の店があった。入ったことはないけど夕方、明るい頃に外で魚を焼いていた。同じ建物の「みたか」の隣が「貴公子」だった。マスター自身がおしゃれで、貴公子の名そのものだった。「貴公子」は元は新宿三丁目にあって、「カバリエ」[32]の隣からこの緑苑街に引っ越してきた。それから、その建物の一室に「クロノス」が開店したのね。「クロノス」はさらに移るけど。

――「ヴェラハイツ新宿御苑」というマンションが二丁目にできて、「クロノス」はそこへ移転しますね。そのほかこのエリアで覚えている店はありますか。

「めだか」はよく覚えがあります。新宿通りからみて一本裏の、緑苑街ですね。よく行きましたよ。ある時早い時間に行ったら、まだお客が来ないからって、鍵閉めて、二人きりになっておかされちゃった。それでこのマスターがね、「蘭屋」の前田さんといい仲なんです。できてるわけじゃないけどすごい友達でね、そのマスターが「蘭屋」に飲みに行ってね、得意げに言ったんです。「南定四郎とやった」って。そして僕が行ったら「蘭屋」のマスターに冷やかされた。

――共有財みたいな感じですね（笑）住宅地図では「めだか」の横に「びざん」がありますが、『全国プレイゾーンマップ』（77年版）にはこの店の売り文句として「新鮮なヤングホストでいっぱい」と書いてあります。70年代って、バーと、今でいう売り専[33]というのは、今より境目なかったですか？

32　**カバリエ**　新宿三丁目の村木ビルの地下にあったアダルトショップ。最初の業態はバー。ゲイ系の雑誌・ビデオのほか、SM系のグッズやビデオも販売していた。店名はフランス語で、騎士、転じて、紳士の意味。住所は、新宿区新宿3－11－2。

33　**売り専（うりせん）**　不特定の男性相手に金銭を代償に性的サービスをもっぱら行う男性、もしくは、そうし

図表 1-10　新宿三丁目（1970年代初頭）

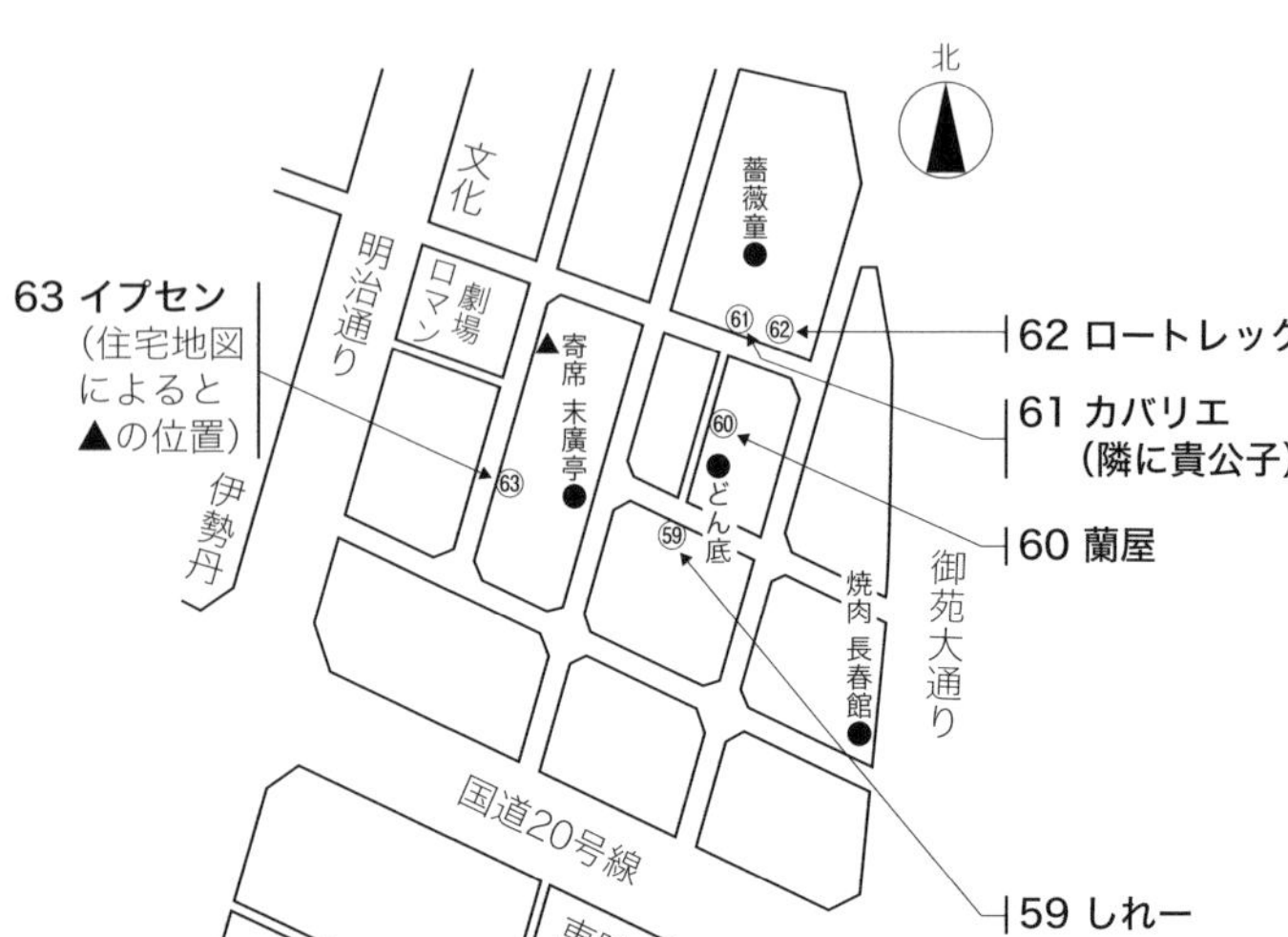

出所：『アドニスボーイ』5号（1973年4月）をもとに巡見で得た情報を加筆した。

そんなことないですよ。やっぱり売り専は売り専。バーのほうでは、売り専を軽蔑してたからね。子どもを売るってことでね。だからバーが売り専をやると、落ちぶれたものだなって言われた。

――経営が傾いて、売り専っぽくなるという順序だったんですね。

そうそう、うん。「びざん」は行ったことはなかったよ。

行ったゲイバー（新宿三丁目）

――新宿三丁目のほうはどうですか。先にお話の出た「イプセン」以外に。たとえばお書きになった本の中に、「二丁目の手前にロシア民謡の歌声が響く店があり、その下にゲイバーがあった」ってありますが、これ「どん底」のことですか？

「どん底」のことです。三島由紀夫が来たよね。あの人はいつも階段に座ってたんだよね。

——その「どん底」のある路地に「蘭屋」があったっていうことですよね。

そうです。「蘭屋」にはずいぶん有名人が来てましたよ。「蘭屋」の路地の北側に「カバリエ」があったね。そしてその「カバリエ」の脇に、当時は北に入る路地があったんです。路地の行き止まりの正面に、「薔薇童（ばらどう）」っていう、中井英夫[34]のゲイバーがあった。そこのマスターは、中井英夫がパトロンの、まあ愛人。舌がんで早くして亡くなった人ね。それから、「カバリエ」や「貴公子」の東西の道〔の2本南〕を御苑大通り方面に抜けると「焼肉 長春館」というお店があって、若い子と二丁目に飲みに行きたい時は、ここの焼肉をまずは食事として誘うことがよく行われていたよ（**図表1-10**）。

そうそうKさんって、その前はノンケ向けのスナックだった「カバリエ」を買ったんですよ。そして

たボーイを提供する店のこと。「売春専門」の意味。「○○専」という言い方は男性同性愛者の世界の俗語（スラング）で、「専」は「専門」「専科」のニュアンス。多くは、特定の性的嗜好（Sexual Preference）へのこだわりを意味する。「フケ専」（年配者好み）、「デブ専」（太っている人好み）、「クマ専」（体毛の濃い人好み）など。

34　**中井英夫（なかいひでお　1922〜1993年）**　東京・田端の生まれ。短歌編集者、小説家、詩人。『短歌研究』『日本短歌』の編集長を経て、1974年、『悪夢の骨牌』で第2回泉鏡花文学賞を受賞。作品に小説『虚無への供物』（1964年、塔晶夫名義）、詩集『眠るひとへの哀歌』（1972年）、短歌論集『黒衣の短歌史』（1971年）など。三島由紀夫、澁澤龍彦、塚本邦雄、寺山修司などと親交があった。また、会員制の男性同性愛サークル「アドニス会」の頒布誌『ADONIS』（1952〜1962年）に『虚無への供物』の原型となる「虚無への供物」（碧川潭名義）を寄稿しているほか、別冊の小説集『APOLLO』にも作品を掲載している。

ね、そのままスナックとして開いた。ポルノショップに変わる前ね。私はそこの隠れマスターだった。だから、お客さんのふりして、そこにいててください、みんなのお客さんと一緒に飲んでてって言われたのね。でもそれはもうすぐバレちゃってね、カウンターの中にマスターがいるんですけどね、〈私のほうが〉みんなにマスターって呼ばれていた。

――本当だ、『アドニスボーイ』（3号、73年2月号）を見ると、「アドニスエンタープライズ」の所属店となり「面目を一新」、南さんは「マネージャー」に就いたとありますね。

ブランスウィックのボーイたち

――上野や浅草のお店で何か記憶ありますか？

上野で行ったのは「忍」です。浅草のお店は面白いとこだったね。日本風の2階建て。1階がバーなんですよ。背中合わせになっててね、両方ともゲイバーなんです。2階がつながってるの。こっちのお店から上がってって、2階の廊下を通って、階段下りてくと、こっちの違うお店に入るという造りになってたんですよ。窓越しに会話ができた。

――場所や店名にご記憶はありますか？

地下鉄の終点から出て仲見世に行く電車通りがあるでしょ、仲見世まで行く一歩手前の路地右側に、お寺のほうへ行く道があり、そこにある下駄屋の角を曲がっていくとあった。店名は…。

――かびやかずひこの55年の記事に地図がありますが（**図表1-11**）、これでしょうか。

これです！「きよし」！

図表1-11　浅草のバー（上が南）

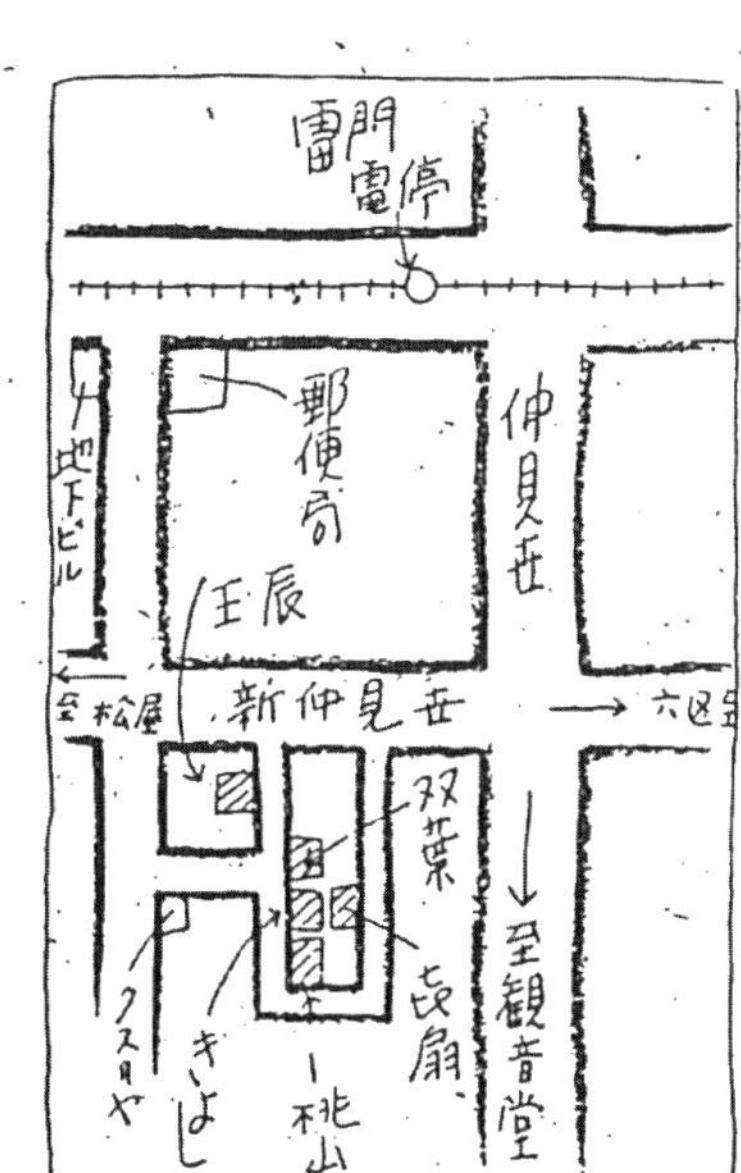

出所：『あまとりあ』1955年6月号 かびやかずひこ「ゲイ・バアの生態（1）」。

——背中合わせになっている店の「㐂（喜）扇」はご記憶ありますか。

ないですね。きよしはある。地下鉄から西に向かって、下駄屋の角を曲がる。

——でも下駄屋だらけなんですよ（笑）〔三橋〕

——この浅草のバーに行った時の南さんの回想をちょっと読みますね。〔石田〕

『アドン』96年4月号、南定四郎「同性愛者のファンタジーと政治2」（南1996b）より

下駄屋があって、その角を右に曲がった奥にガラスの引き戸がある店があった。（中略）この店のパーティーのチケットを新宿にあるゲ

イ・バーのボーイから買わされたのは半月前のことだった。（中略）

「見かけない顔だわね」

「新宿のボーイにチケット買わされて、デートする約束だったのよ」

「そのボーイはどうしたのよ」

「これよ」

手をつぼめて、パッと開いてみせた。

「可哀想ねえ。だから、嫌よ。新宿は薄情だから」

「飲みましょう。あんたも、だまされたんだから諦めなさい」

「はい」

「まあ、おとなしいのね」

などと他愛のない話が次から次へと飛び交い、やがて、布団を敷いて寝る時間となった。僕は端の窓際に遠慮がちに寝かせてもらうことにした。

——このように回想されていますよね。店の2階でパーティーがあったんですね。〔石田〕
そうそう。その2階で。両方合わせると広くなる。だから両方のお客が来るということですね。
——チケットを買わされたというのは。
最初のほうに話した「イプセン」で、私が惚れた子持ちのボーイのこと。彼が「切符あるんだけどね、2枚買ってくれない？」って言うから彼の分も私が払って、でも彼は来なかった。

——結構なやり手ですね。彼は基本ヘテロだから、肝心のとこは逃げるんですね。ものすごいだまされたよ。

——この記事はおねえ言葉の口調ですね。南さんもおねえ言葉をしゃべってる。

「デートする約束だったのよ」は僕の会話です。…まあ、そう言ったのかも分からない。でも「これよ」って身振りをつけて言ったのはボーイです。

——「飲みましょうよ」って言われて、「はい」って答える。やっぱり、こなれてないですね。そうそう。

——布団敷いてから、「ブランスウィック」の若いボーイたちが店に来た話が続きますね。

今晩「ブランスウィック」のボーイが来るからねって、その前から噂は立ってるんですよ。浅草へ来てる人たちは、たいがい「ブランスウィック」へ行ったことはないんですよね。噂に聞いてるだけで、高いからって敬遠してるわけだ。どんな子が来るんだろうって、憧れのボーイだったですね。来てみたら、全くおんなじでさ（笑）

——「ブランスウィック」で、遅くまで粘っててもダメで、地下鉄があるうちに乗って浅草に来た売れ残りのボーイなんでしょうね。銀座と浅草って、地下鉄で意外と行き来できるんです。もうその時間、「ブランスウィック」は、やってない？〔三橋〕

「ブランスウィック」はそんなに遅くまではやってなかった。終電前には閉店してたんじゃない。〔少なくとも〕朝までやってなかったと思う。「ブランスウィック」のボーイを連れて、居酒屋じゃなくて、日本料理を出すカウンターのお店に連れていって、飲んだり食わせたりして、ご機嫌とったって話を聞いい。銀座は意外に早いたことあるから。

――アフターでそれができるってことは、せいぜい11時ぐらいに閉まるんじゃないかな。銀座は意外に早いんですよね、昔から。〔三橋〕

南さんのタイプとパートナー

――本日はあと少しだけ伺って終わろうと思います。南さんご自身のタイプっていうのはどんな感じの人ですか？

痩せた人が好きです。片腕で抱えるくらい（笑）

――年齢は？

年下、年下。

――年下が好き。昔からそんな感じですか？

そうそう、昔からそう。

――そうなんですね。昔って、タチネコと年齢っていうのは決まってたんですか？

それはどうなんだろうね…それはよく分かんないね。

――南さんはタチ？

いや、僕はどちらかというと受動的だからネコのほうでしょうね。自分から絶対に手を出さない。

――それってなかなか難しくないですか？　年下のスリムが好きなネコ…っていうのは（笑）

だからそれは向こうから手を出すように仕掛けるわけ。こっちからは手を出さないですよ。

——ああ…それは、お友達からは何か言われませんでしたか？「もうちょっとコンセプトを変えなよ」とか。ゲイバーとかで、どんな人がタイプかみたいな話になって、「それは難しくない？」みたいなことは言われないんですか？

いや、そんなことは言われたことはない。だって、私と寝た男は二度と会うことがないんだし。

——ないですか。今のパートナーさんとはどこで知り合ったか聞いてもいいですか？

「ぱる」です。

——じゃあ本当に「ぱる」の比重が大きいんですね。なれそめはどんな感じでしたか。

そのときはいつもよりも早い時間から「ぱる」へ行ってたの。そしたら…彼はクラッシックバレエのダンサーをやってたんです。私の友人がＮＨＫの教育番組でバレエの番組を作っていて、ちょうどその友人にその彼が身の上相談をしてたわけ。沖縄の出身で、家から手紙が来て、基地が返還になって土地が返ってきたと。東京へ行って何をしてるか分からないけど、せっかく土地があるんだから、東京で1年間くらい美容学校へ行って、帰ってきて美容院を経営したらどうだ…と。そういう手紙が来て、自分は今、心が動揺してるというわけ。それで、いったい私は、このままバレエをやって将来いいんでしょうか？　…というような相談をしてるんだよね。

だけど私の友人のそのプロデューサーは、イエス・ノーを言わないんですよ。いわゆる国会答弁みたいに、のらりくらりと…。責任を負いたくないからね。それで、適当な時間に「じゃあね」なんて帰り支度になって帰っていったの。で、ドアの外に出て行ったから私は追いかけて行って、「今、あなたと話をしてた人、私は大変関心があるんだけど、彼と話をしていいか？」って言ったら、「どうぞ、どうぞ」

と言うわけ。——いろいろうるさいんですよ。俺がいなくなったあとに取ったとか取られたとか、あとで言われるから。だから許可を取って彼のもとに行って、「今、あなたと話をしてた人は私の友人だけれども、どうも煮えきらない返事だった。私が何か助言できるかも分からないから、もう一回聞かせてくれないか？」と言ったら、「いいですよ、相談に乗ってくれますか」って言うから。ただ、お店はうるさいわけ。だから話をしていられないから、「人の来ない暇な店があるからそこに行きましょう」って言って連れていって、それで話を聞いたら今みたいな話なんですよ。で、それだったら私にも経験がある。私は演劇が好きで東京に出てきたんだ。だから、二度と帰るまいと思って、10年間は手紙が来ても返事を出さなかったくらいなんだ。美容師になって美容院を経営したとしても、頭はやっぱり東京に向いてくる。どうしてもね、モスクワバレエ団とかが来れば、公演に行ってみたいなと思うだろうし、そうすると、休んででも行くようになる。本業がおろそかになるから、お客さんも来なくなってやがてつぶれるよ。だから将来のことはどうだっていいじゃないか。今あなたがやりたいということを続けるべきだ。どうせ美容院をやってつぶれるんだったら、今のことで失敗したっていいじゃない、今の将来性がなくたっていいじゃない——って言ったら、「そうですか！　そうします！」って。それで彼は決意したんだよね。

　ちょうどそれが土曜日だったから、ひと晩泊まっていった。彼は渋谷から出る玉川線〔渋谷～二子玉川、現:東急田園都市線の一部〕の終点にアパートを借りていて、新橋の居酒屋でアルバイトをしていた。土曜日に仕事が終わると私のところに来て泊まって、それで翌日家事をやって、月曜日の朝、食事を作って出ていくのを毎週繰り返してた。

——週末婚みたいな。

そうそう、週末婚。あるときついに、うちの事務所で写植を打つ人がいなくなり…。みんなやめちゃうんですよ。だから、居酒屋のアルバイトをやめて、写植を打つのを手伝ってくれないかと。「稽古の時間を保障するならやりますよ」って言うから、稽古はいいよ、夜来て打ったっていいんだから。出した原稿を全部やってくれればいいだけだからと。そしたら「それならやります」と。結局それで稽古の時間はちゃんと取って、写植の仕事もやって…ということで給料を払って。で、そのうちアパートで家賃を払うのがもったいないから私のところで一緒に生活するようになった。

——だいたいいつぐらいの話ですか？

それは、今から四十何年前ですね。

——四ツ谷三丁目に事務所が移転した件とは関係ないですか？

いや…その前です。新宿二丁目の天香ビルにまだ住居があるとき。

——じゃあ『アドン』の発行も手伝ってたっていうことですね。

そうそう。だから、全部写植[35]を打ってたんですよ。ただ、それは〔砦出版として〕独立してからですよ。原稿を納めるっていっても、編集請負の時は写植を打つ必要ないから。独立してからは、写植打つとも

35　写植は写真植字のこと。写真植字機を用いて文字などを印画紙やフィルムに印字して、写真製版用の版下を作る方式。多くのサイズの活字が必要な活版印刷に対し、1個の文字ネガで足りる。オフセット印刷は、版に付けられたインキを、中間転写体に転写した後、紙などの被印刷体に印刷する方式。1970年代、写真植字とオフセット印刷の組み合わせが活版印刷に取って代わる。

のすごくコストが安くなるわけ。印刷屋はただオフセット印刷で、ガラッと回転させればいいだけだから。写植代って高いんですよ。

——写植で版下作るまでが、大変。

そう。版下を出すだけだから。向こうは手間いらずで、ただぐるっと回せばいい。

——それはビデオ出版から独立したあとなんですね。で、ビル・シュアーよりは前。

前です。

——82～83年くらいっていうことですね。その前に、彼氏っていうのは南さんに…。

いや、ひと晩限りの彼氏しかいなかった。

——へぇ～。

だから、別れたという経験がないわけ。ひと晩限りだから（笑）

——パートナーさんは、だいぶ年下なんですか？

ひと周りは違います。15歳下。

——じゃあ、出会ったのは（南さんが）45歳くらいの時ですか。長く続いていますね。

それはね、時間が違うから続いたんですよ。

——時間が違うから？

向こうは稽古の時間があるでしょ？　その時間を確保してから仕事するでしょ？　私はそれと違う時間帯で動いてる。だから、一緒に顔を合わせるのが、夜中か食事するときくらいしかないわけ。顔を合わせるときにはコミュニケーションを非常に濃密にするけれども、あとはバラバラになるから…。だから長続きするんだと思う。

——今は一緒に住まれててどうですか？

私は2階に寝てて、2階で原稿を書いたりするから、今も同じで、会うのは食事のときだけで。今だっていないからね。彼が帰ってくるときは、私はもう眠ってる。熟睡してる。

樺太から秋田へ、家族のこと

——インタビュー2日目です。昨日の話とは、ちょっと違う角度で、南さんのご家族のことや思想的なところも含めて聞き取りをさせて頂きたいと思っています。まず、ご家族のことをお聞かせ願えますか。南さんは昭和6年（1931年）の12月23日に樺太でお生まれになって、終戦を迎えますね。それでお母様の郷里の秋田に、お母様と年下のきょうだいとの5人で本土に帰ってきたんですよね。お父様は樺太に残って。

そうです。秋田に住みました。私はきょうだいに、弟が2人、妹が1人います。妹は、大人になってから滋賀県の草津に嫁いだ。弟は2人とも精神障害者で、32年間も入院していた。法律が変わって、入院治療ではなくて、社会と接しながら、通院するという具合に変わった。いつまでも置いとくわけにいかないから、引き取りに来てくださいって電話がかかってきて、私もわざわざ秋田まで行って、引き取った。そのときはまだ父親が生きてたんですね。

——差し支えなければご病名を伺ってもいいですか？　うつなどですか？

病気はなんだろう、精神障害。うつではなくて活発に行動する…。上の弟のほうはね、悪者に追いかけられているって言って、近所の〔八百屋の〕自転車をバラバラにして、〔その部品を〕ぶつけて歩いたという。その八百屋の家から苦情が来て、なんとかしてくださいって言われ、しょうがない、タクシーに乗せて病院に連れていったら、すぐ、措置入院になった。

下の弟のほうは、最初は何でもなかったんですよね。山形大学へ合格して、1年のときの夏休みに帰ってきたの。上の弟もちょうど一週間の休暇をもらって家に帰ってきていたわけです。それで兄貴のほうが「もう死にたくなった」と愚痴をこぼしたら、弟が「じゃあ、俺が殺してやる」とカミソリを持って首のところに斬りつけた。兄貴は急に恐ろしくなって家を飛び出して、「大変だー！　人殺しだー！」と叫んだら、近所の人がびっくりして通報して、パトカーが来て二人とも乗せて病院へ連れていった。また入院となり、それで二人ともずっと入院した。

——おそらく診断名は、統合失調症でしょう。〔三橋〕

そうですね。

——あ…、文芸誌の『霓』〔4号、2015年〕に弟さんのことを少し書かれていました。統合失調症で、自宅の冷蔵庫の中の電気が点滅していて爆発するかもしれないという電話を入院先から寄こしてきたという話があります。これは上の弟のほうですか？〔石田〕

そうそう。上のほう。下の弟のほうはね、病院に入ったあと、演奏や作曲をしていた。院長の部屋にオルガンがあったけど誰も使わないから、「あなた音楽が好きだから、ここでいつでも弾いていいよ」と。彼はそこで自分で学習してオルガンを自由にこなせるようになって、作曲を独学で覚えた。退院した後は県の合唱団の指揮をやったり、社会活動をやったり、普通に治ったんです。

――下の弟さんのほうはそれほどでもなくて、典型的な症状はお兄さんのほうですね。〔三橋〕

――でも下の弟さんのほうもかなり長い間入っていたんですね。精神障害に対する社会の偏見って今よりもっと厳しかったと思いますけど。〔石田〕

厳しいですよ。当時はね、方針として全部入院させるんですよ。つまり隔離するという。そういう方法だと治る病気も治らない。でも、イタリアの北部で新しい試みをした病院があって、早期に退院させて社会に復帰するように地域で見守っておく、地域で話し合いをする。そういう運動も盛んになって、それを本に書いた人もいます。私はそれを読んでなるほどと思い始めたころ、ちょうど入院治療から通院治療に切り替わったんですよ。法律の方針がね。

――とはいえそのあとの生活も大変だったんでしょうね。

大変だったですよ。ただ、上の弟は入院先の病院で自立するための料理作りのプログラムがあって、作れるようになっていた。帰ってきたときは兄貴のほうが料理を作っていた。弟は料理や家事をやらずに音楽に専念して、オルガンやったりしていた。

――弟さんたちが戻ってきたときは南さんのご両親は健在でしたか。

母親が亡くなってましたね。私が東京へ出てきて10年くらいのわりと早い時期にです。すでにその時は『アドン』をやってましたから。出版社を経営してるという話をしたことがある。父親は元気だった。そばにいるというだけで、弟たちに何かをしたというわけではなかったけど。父親と弟2人の3人で暮らしてて、そのうち父親が死んじゃって、あと2人だけで暮らしてて、下のほうの弟が先に死んで、上の弟が次に死んでという順番でした。

父との確執

——お父様の郷里はどちらになるんですか？

郷里はないんです。というのは、そもそも樺太へは、北海道の小樽から出発したんですが、その小樽というのは私のおじいさん、父親の父親が、子どもたちを養ってきた場所だった。ある女性と結婚して、子どもが5人ぐらいできたんですけど、その私のおばあさんってのが、旅芸人に惚れて、その芸人と一緒に、旅回りに付いていって、結局駆け落ちみたいになってしまった。それでおじいさんが男手で、子どもたちを育てたのね。

そういう中、たまたま樺太が日本の領土になって、政府の方針として、樺太を開拓するために、行く人に補助を出すとかっていうのを大宣伝していた。母親がいなくなって残された子どもたちを連れて、おじいさんが、渡ったわけね。だからおそらく、旅費はタダだったと思うんですね。

——おじい様の代に、樺太の大泊にその時点で行かれた？　額縁・文房具店をやられてたのもおじい様ですか？

そう。そのおじいさんが、3階建てのおうちを作った。お店は1階で、2階は畳の和室が3つあって、変なうちなんです。三角形をしていた。だからそこをうまく間取りしてたんだけど、正面玄関は広くて8間間口でしたね。けれど奥行きは2間間口のお店だった。そこで文房具と書籍、雑貨、額縁などを商ってました。

——これまで南さんが書いた物にお父様の話があまり出てこないのですが、それは何かあってのことですか？

私は父親を憎んでた。というのも日本が降伏して引き揚げるときに、他の家はみんな家族揃って父親も一緒に引き揚げてきた。ところがうちの場合に限って父親は残ったんです。それで3年間、母親が一人で働いて子どもたちを育てたから、なんて薄情な父親だろうと憎んでいたからね。父親についてはいい印象を持っていない。書く材料がない。

――お父様が樺太に残った理由というのは。

樺太庁の庁官から15歳以上の男性は残れという通達が来たんです。

――今のウクライナと同じ。

私の父親はそういうことを守る人だったのね。彼は片目が見えないのね。ロシアが〔樺太を〕占領しに入ってきたでしょ。国境の境界線というのは、野原にこのくらいの将棋型のお墓みたいなコンクリートがあって、「これが境界だ」としているだけであって、わーっと入ってこれるんですよ。そうなると、元気な男はみんな働けと、働かざる者食うべからずとなった。彼は障害者だからそれを免れた。しかしその時、消防の職員がいなくなっていて、火事の時は大変だった。ロシア軍にしてみれば〔日本軍が〕潜んでいて攻撃されたら困るから、火をつけて焼き払うわけね。私の家も火の中に巻き込まれて焼けてしまった。消防団がいないから焼けるに任せるしかなかった。そうしたら、あなたは現場には行かなくていいから、消防署の上から監視する任務をやりなさいと、片目だってやれるからと。消防署に雇われて、食事の面倒を見てもらい、寝泊まりした。

年齢的に私も残れということになりかけた。しかし母親が「いやこの子は数えで15だけど、満14歳[36]だ」と言って、強引に郷里の秋田に連れて帰ったんです。他の家はみんな父親も一緒に帰り、母親を苦労させないようにやってるのに、うちだけは父親が来ずに私と母親が苦労したから、苦労の元は父親だと思って憎んでいた。

後で父親に問い詰めたらね、父親なりの理屈があった。母親の郷里というのは漁村で、３００軒あった。特別な産業もなく、畑を耕して海で魚を獲るという。たいてい、出稼ぎに行っちゃうわけです。魚の獲れる時期には、大謀網（だいぼうあみ）という漁法で魚を獲る。網を前日の深夜に沖のほうへわあっと仕掛けておいて、翌朝魚を獲るという。その時期、人手が、男の漁師が足りないわけです。大謀網の会社は隣近所の部落から出稼ぎに行っていない男を呼び集めて、給料払って作業をさせる。泊まるところがないから一般の民家に泊まるわけね。

その時分にその家に年頃の娘がいたら、男の夜の相手をさせる。子どもができちゃう。漁期が終わって男が去ると妊娠した女が残るわけね。生まれた子どもたちは戸籍がないので、妊娠した娘の母親の戸籍に入れちゃうわけ。それは役場も承知してるんですね。「付け足り親子」と呼んで、放任している。そういう人々がいっぱいいるわけ。うちの母親の付け足り親子の男の子もいる。その村のみだらなことを、村中で平気で公認してやっているが、自分はそこの出身じゃないから入っていったときに精神的につらい思いをするだろうと、それが嫌だったからって言っていた。

――樺太にいる段階で、お父様はお母様の郷里の事情を知っていたということですね。南さんがそれを聞いたのはいつですか。

高校の卒業間際ですね。私も大きくなってるからさ、理解するだろうと思ってしゃべったんでしょうね。その話を聞いてなるほどそうかと納得したけど。それを聞くまではさ、なんて冷淡な親だと思っていた。長く貧乏のどん底で生活をしていたから、父親を憎んでいた。

性の目覚め

——南さんの中のお父様を許せないという感情は、ご自身のセクシュアリティに何か影響を与えていますか？　昔だと、南さんと逆のパターン、つまり〝戦争などでお父さんを失ったので年上のふくよかな人に惹かれる〟という語りはよくあったじゃないですか。でも南さんは年下のスリムなほうが好きで。それがお父様との関係で影響をしていることは？

いやあそれは全然関係ないですね。それよりね、私が影響されたのは何かというと、うちの親たちは文具店を経営していたでしょ。樺太にも農家の息子がいるのです。長男は農業を継ぐけど、次男三男は働く場所がない。商店に小僧に出す。給料はないけれど食事はできるわけね。だから農家の親が、そこで商売のやり方や客あしらいを覚え、やがて独立してお前はどっかで商店をやりなさいとね。お店を作ろうと思えば、タダみたいな土地は樺太にいっぱいあるからね。それで年中「使ってください」と来るわけ。回転もまた早いんですよ。途中で飽きていなくなる。「店員募集」と貼り出すとすぐ入ってきたからね。私が小学3年のころに、中学3年くらいの人たちがいた。

36　生誕日から起算すると、この時南さんは満13歳・数えで15歳である。

——お兄さんみたいな存在ですね。

その人たちが夕方暇になると、「相撲とろう相撲とろう」って言う。店の前で相撲をとるわけだけど、彼らは本気で相撲をとろうとしてたんじゃないんです。接触したいんですね。抱き合って何かしたい。だから相撲をとるというより体の押しつけあいを一生懸命していた。「小便しに行くから待ってなさいよ」っていって帰ってきた時、このへんにシミ付けたりしてるんだ。それを見ると胸がドキドキして。影響というよりもやっぱり先天的に好きだったんでしょうね。男の肌がというか。

——賄いつきの丁稚奉公として少し年長にあたる人が次々と来ていて、よく遊んでくれたということですね。

遊んでくれたのはお兄さんタイプの人だったけども、自分が大人になったら年下が好きになったんですね。

自分が、相手をしてもらったお兄さん役になりたかった。いや、なりたかったというよりも、そういうもんだと思ってた。

——これはNHKの『逆転人生』[37]にもなかったエピソードですね。「解剖ごっこ」の話はNHKの番組や、昨日のお話にも出てきましたけど。〔石田〕

なかったです。〔NHK的な〕話にならないから（笑）

——『逆転人生』では、南さんが勢いに乗ってしゃべろうとすると、結構、ストップがかかってました。〔三橋〕

そう。周りのNHKの職員がね。それでもずいぶん突っ込んだ話になったね。

単身者集合住宅

——そろそろ思想的なところも伺っていきたいと思います。今まで書かれたものを読んでると、マルクス主義[38]の影響がある程度強いのかなと思うんですが、いかがですか。

それは確かに強いですよ。東京建設従業員組合に入ったきっかけを辿れば、その前の東京都の単身者集合住宅での入居の話になります。

——駒込の。

駒込です。そこに当選して入居した。独身者だけが300人いたところなんです。ある時ポストに通知が入ってたんです。居住者の総会を開くから来てください、と。我々は会員でもないのに総会って何だろう、とにかく行ってみましょうって、冷やかしに行ったんですね。

そしたらそこで提案されたのが、町内会への加盟だった。この建物が一括して、町内会に加入すること

37 『逆転人生』（南さん出演回） NHK総合テレビジョンのドキュメンタリー番組（2019年4月1日～2022年3月14日）。司会は山里亮太・杉浦友紀。南さんの出演回は、「魂の解放！LGBTパレードはこうして生まれた」と題して、2020年11月30日放送。南さんの生い立ちから、ゲイとしての目覚め、ゲイ雑誌編集長・アクティヴィストとしての活動、1994年の第1回「東京レズビアン&ゲイパレード」の実現までを描く。再現ドラマの南定四郎役は竹財輝之助。スタジオ・コメンテーターは三橋順子。視聴者およびNHK部内で好評で、四度も再放送された。

38 **マルクス主義** 現代を資本家が無産労働者を搾取する資本主義経済の体制ととらえ、無産労働者の前衛を中心に、革命運動を組織して共産主義社会を目指す思想と運動（『現代社会学事典』弘文堂より）。

をみなさんに了解してもらいたいのですがいかがでしょうかって言うから、私が最初に手挙げてね、とんでもないと。町内会なんてものはね、あれは戦争中に少年兵を雇う宣伝の媒体だったんだと。私の兄貴は予科練に志願してね、町内会からやいやい言ってきて、それで沖縄で死んでしまった[39]。まだ未成年のうちに死んじゃった。

だからそういうような、下請け機関だから、そんなものには入るべきじゃないという、反対演説をしたんです。そしたら、賛同しますっていう人が、はいはいって現れてね。町内会加入に10人が反対演説をした。そのために、総会を仕掛けた連中が、意見を集約できなくなっちゃったわけね。発言者の中には賛成者が全くいないわけですよ。どうでもいい人は黙っている。それで、次の日程を決めないまま、今日は流会にします、あらためてまた開催します、となった。

それで私は、次の総会は賛成意見で可決するだろうと思い、その間に賛同者を募ってガリ版新聞を作ったんですよ。町内会反対の新聞をね。ちょうどこのくらい〔A3〕の大きさで両面ですね。全部で300枚作って、300軒配ったのね、そしたら反対意見を述べた人たちがその新聞を見て訪ねて来ました。この運動をもっと盛り上げよう、応援しますから新聞発行してくださいって言うので、続けて何回も発行した。そうしているうちに、また総会を開いた。けれどもやっぱり向こうの力が強かったね。動員して、賛成の発言をバンバン言わせて、それで結局、挙手させたら、賛成多数で、町内会に加盟となったんです。

で、私を応援してくれたその人たちがね、我々のせっかくの集まりなんだからね、やめるのは惜しい。ひとつ、「社会主義研究会」というのを発足しませんかと提案がありました。それでやっぱりまずは思想を鍛えなくちゃということになりました。そこで音頭をとったのが、東京土建杉並支部の事務局員。それから労金の事務職員。まあみんなそれぞれ左翼方向の運動やってる人たちでした。

——労働者の？

そうそう。研究会を定例に、月に1回ぐらいみんなが集まって、三畳一間に10人くらいぎゅうぎゅう詰めでね。そこでいろいろ議論をした。テキストがあって議論するんじゃなくて、誰でもいいから何か報告をするなり、話の糸口を出す。それについて討論をする、という会をずっとやってたんですね。そこで私は、引き揚げ者で、財産というのは、とにかく母親が背中に背負った荷物しかなかった。私は子どもだったから、私は妹を背負ってやってきた。泊まるところもない、食う術もない。大変貧乏な暮らしをしていた。最初は母親の実家へ行って、そこで食わせてもらった。跡取りの息子はいないんです、戦争で死んじゃったから。残されたお嫁さんが面倒見てくれて、1年間食わせてくれたけど、お嫁さんに食わせてもらうのは、とてもしんどいということで、母親が我々を連れて土崎港（つちざきみなと）〔現：秋田県秋田市〕っていう港町の叔母のうちに転がり込んだ。

そこで私たちはどうやって生活をしたかというと。港だから、朝早く行くとね、漁師が漁から帰ってくるわけ。母は石油缶一つ分の魚を仕入れて、現金で払って、それを担いで、仙北郡〔現：秋田県仙北市・大仙市など〕という、今は市になりましたが、農村へ行って、その魚と米とを、物々交換してくる。そして、お米を代わりに背負ってきて、地元へ帰ってくる。あたりはもう暗くなっているけれど、近所の

39　兄は海軍飛行予科練習生であり、アメリカ海軍空母に激突して自決したという（南2014: 14）。

人はみんなあてにしてるわけ。その米を販売して、現金を得る。売上げの儲けが我々の食い扶持になる。また次の日も魚を仕入れる。それを毎日繰り返してた。

その時分は、切符を買うのに並ばなきゃならない時代だった。だから私は、母親が魚を仕入れている間に駅へ行って、そこへ並んで切符を買う役目だった。母親が魚を仕入れてくる、切符を渡して、母は汽車に乗っていき、私は学校へ行くという。そういう生活だったね。当時は月から金曜までが授業だった。土日は、肉体労働のアルバイトをして、自分の食い扶持は、自分で稼いだ。そのようなことをして、高校卒業して、みんなは大学行ったけど、私は行けない。貧乏人の苦しみというか、経済的に大変な貧困状態で、図書館に行って本を読むのが精いっぱいの慰めでね。そのようなことをしてるうちに、やっぱり、社会主義でなければならない、共産主義でなければならないというのでね、マルクス主義に近づいて、本を読みだしました。そのようなことがあって、都の独身者のアパートのディスカッションではね、相手を打ち負かすぐらい理論派で通りましたね。

マルクス主義、実存主義、60年安保

——社会主義の本を読んだのは、単身者住居の時からでしょうか。その前に？

高校生ですでに読んでました。

——法政大学の二部、法学部に入学して、どのくらい通ってましたか。

半年も行きませんでした。というのはね、あれは試験を受験すれば、みんな受かってたんですよ。1年間の学費を納めるでしょ。教室に入りきらない。私が行ったときは、廊下に立ち見がいっぱいで、先

生もずっと向こうにいてさ、それでノートも取れない。半年も通わないうちに、どうせ東京出てくるための手段だったんだからって、それで行かなくなった。

——当時授業料は高かったんですか？

いや、夜学だからそんな高くないですよ。つまり私は自分の給料で、全部賄わなきゃいけない時でしたからね、だからそんな貯金してたわけじゃないけど、払えたわけだから。

——公務員のお給料で、払えるぐらい。早い話、安いけど、大学はものすごい人数を取って。そうそう。どうせ半分以上いなくなるんだから。

——法政にいた時に、特に何か、社会主義の講義を聴いたなどはないですか。

何もないです。何もありません。忙しくて、満員のところでさ。とにかく授業聞いて、終わると9時近くになって、井の頭線の渋谷駅9時発の電車に飛び込むのが精いっぱいだったからね。そうすると、あとぐったりして寝るだけで。それと当時はね、マルクス主義よりも、サルトル[40]がものすごくもてはやされた時代です。だから私は、マルクスの資本論は読んでないけど、サルトルはずいぶん読みました。『存在と無』とかね。

——実存主義ということになりますか。南さんの考え方の核になるものはどんなようなものだったんですか。

40　サルトル（Jean-Paul Sartre　1905～1980年）　フランスの思想家。状況への積極的な参画を提唱する（アンガジュマン）思想によってヨーロッパや日本などに大きな影響を与えた（『現代社会学事典』弘文堂より）。

あとで考えてみると、実存主義っていうのはね、サルトルも共産主義に一応染まったんだけど、そこから離れたんですね。で、ある意味ではね、実存主義には、マルクス主義に対するアンチテーゼが入っている。思想の中には。はっきりと批判的には書いてないですよ。しかし、全体を総合して考えれば、マルクス主義に対するそれがある。

つまりサルトルは、まだスターリンがいる時代にモスクワを訪問して、実際にその社会の現象を見て、がっかりして帰ってくるわけ。それで共産主義はダメだという結論に達して、彼は実存主義を大いに普及した。私にはその影響のほうが強いです。

マルクスを別に批判したいということではなくて、サルトルの言ってる、対自存在、対他存在って考え方、それから、自己投企という考え方、これにものすごく感動した。それでなおかつサルトルの『出口なし』でも書かれてるけど、制御される社会、革命までの思想は、非常に希望に満ちたものなんだけど、革命後、人間の心を本当に失うという。そういうような演劇〔戯曲〕なんですね。私はそれにものすごく共鳴したんですね。

――マルクス主義に対するある種の批判的な考え方っていうのは、いつぐらいからですか？

それは60年安保[41]のときは、すでにそうだったね。60年安保の前に、鶴見俊輔[42]さんなどが作った『思想の科学』って雑誌がある。当時「思想」って言ったら、マルクス主義しかなかった。ではなぜ思想の「科学」かって言うと、マルクス主義は科学じゃないっていう含意ですよね。

で、マルクス主義に対してね、もっと生活に密着したモノの考え方が必要だというので、『思想の科学』としたんだよね。その「思想の科学研究会」でね、座談会を時々やってたんですね。鶴見さんが60

年安保で、東工大をやめて、京都の同志社大学に移った頃。月に1回か2回上京してきて、来るたびに蕎麦屋の2階の畳座で丸くなってね。黒板がないから新聞持ってきて、新聞紙にその当時の太いマジックインキで黒板代わりに書くんですよ。そしてそれを説明するというようなね。彼のレクチャーが終わ

41　**60年安保**　１９５１年に署名、１９５２年に発効した「日本国とアメリカ合衆国との間の安全保障条約」（日米安全保障条約）の改定をめぐる反対運動。１９６０年1月19日、渡米した岸信介首相率いる全権委任団が新安保条約に調印。それに対して、日本社会党、日本共産党は、安保条約廃棄を掲げて反対。スターリン批判を受けて共産党を脱党した急進派学生が結成した共産主義者同盟（ブント）が主導する全日本学生自治会総連合（全学連）も「安保打倒」を目指し闘争を強化。5月20日、自民党単独で強行採決により会期を延長した後、衆議院で承認。それをきっかけに反対運動が激化し、連日、国会を取り囲んだデモ隊は、学生、労働者、市民など33万人（主催者側発表）にまで膨れ上がった。6月15日、国会議事堂正門前で突入したデモ隊と機動隊が衝突、混乱の中で東京大学学生の樺美智子さんが圧死。同夜、開かれた国会敷地内での全学連抗議集会で訃報が報告され、一部の学生が警察車両への放火等を行うなど暴徒化し、逮捕者約２００人に及んだ。6月19日、参議院の議決がないまま自然成立。6月19日に予定されていたドワイト・D・アイゼンハワー大統領の訪日は中止されたが、条約批准書交換が行われ、6月23日、新安保条約（日本国とアメリカ合衆国との間の相互協力及び安全保障条約）が発効、岸内閣は混乱の責任をとって総辞職を表明。

42　**鶴見俊輔（つるみしゅんすけ　1922～2015年）**　東京・麻布の生まれ。哲学者・評論家・政治思想家。１９４６年、都留重人、丸山真男らと「思想の科学研究会」を結成、雑誌『思想の科学』を創刊。１９６５年、「ベトナムに平和を!市民連合（べ平連）」の結成に参加、中心メンバーとして活動。研究対象は、日本近現代思想問題から大衆芸能など幅広い分野に及ぶ。主著に『限界芸術論』（１９６７年）、『戦時期日本の精神史』（１９８２年）、『戦後日本の大衆文化史』（１９８４年）など。

ると、みんなで感想言ったり、話し合ったりするというような、ディスカッション、そういう会があって、私は会員ではなかったけどそれにはしょっちゅう出てた。『思想の科学』に告知が出ますからね。それを見て行った。

——60年安保に参加してみて、結局安保通ってしまうわけですが、そこでの限界、もしくは得たものはどんなものだったでしょうか？

私はあのとき本当に革命が起きると思ってたからね。死んでもいいと思ってたからね。死ぬことを何ら厭う気持ちもなくて。最後、「これで大集会は、おしまいです」って演説があって、みんながバラバラになって解散になったんですね。ところが、そこに立ち去らずに残った人たちがいて、その人たちがね、国会の前で座り込みを始めたんですよ。私もそこで座り込みをして、ずっと夜明かしをしたのね。そのときにはね、トラックがギュッと来て、突然停まるわけ。座り込みしてるから通れないでしょ。一番前列の手前1メートルぐらいのところまで迫ってギュッと停まるんです。ものすごい音なんですね。私は前から3列目ぐらいにいたからさ、あのトラック、ここまで来てひき殺すんじゃないかっていう恐怖が何回もあったけど、結局彼らは、その手前で止まって帰っていくんですね。殺人まではしなかった。威圧行為ね。

そして夜が明けたら、今度は軽トラックがやってきて、その上に確か、唐牛健太郎（かろうじ）と言ったと思いますが、全学連の会長ね。その人がね、三角巾で腕を吊っていてね、胡坐かいてトラックの上に座ってた。彼が全学連の委員長だって、すぐ分かるんですよ。

それで演説を始めたのね。闘いはこれで終わりではないというような演説を始めてね。みなさんご苦労様でしたみたいなことで、彼が演説終わって立ち去った。それでその集団も、解散した。私はうちへ帰って、ぐっすり24時間以上眠っちゃった。

眠りから覚めて、「なんだったんだろう」ということで、夢を見ていたような感じでしたね。眠る前までは、死んでもいいという気持ちだったけど、目が覚めたら、死にたくない（笑）だからこれから気を付けて、あまりそういうとこには接近しないようにしようって思った。

——私〔三橋〕は、さすがに60年安保は子どものころで実際には知らないのですが、後からの知識として、60年安保は、ぐわっと高まって、安保条約が成立したとこで、わりとみなさん区切りをつけちゃったというか、後に引かなかった感じがありますね。

そうそう。だからあの闘争は、主体的には労働組合になってんだけど、実は共産党なんですね。つまり政治的な指導をしたのは。共産党の決定だった。だからぱっと切れるわけ。我々は、そういうような影響下にないわけ。だからそこ〔国会前〕で立ち止まるわけ。

——70年安保が、結局ある種だらだら闘争が続いたのと、だいぶ、様相が違いますね。

違います。60年は熱狂的だったですね。

——盛り上がったけど、すとんと。共産党からの伝達がある程度ちゃんとしてたわけですね。

そうそう。

——南さんは、60年安保に関わった時の信条っていうのは、信条全部を100とすると、労働者としてとか、同性愛者としてっていうのは、それぞれ何パーセントぐらい？

それはね、同性愛者としてです。労働者ではなくて。だからね、世の中が変わったら、同性愛者がね、つらい立場というのも変わるだろうと期待を持って参加しましたね。

――デモの時に、他に同性愛者がいるかも分からないのに、それはすごく孤独な闘いですね。

分かりません。孤独な闘いです。私たちが参加したのは、「誰でも入れる市民の会」〔「誰デモ入れる声なき声の会」〕というのでね、そこには組合に所属してない人が、みんなそこに来るわけ。入るところがないからね。だからそこには、同性愛者がいたかも分からないけど、明らかにした人は一人もいなかったですね。

『留置場学入門』の帯は鶴見俊輔さんが書いてくれたんです。ゲラを送ってお願いしたらすぐ書いてくれて。60年安保のときに、彼と一緒にデモを組織してたんです。「誰でも入れる市民の会」っていうので横断幕を作って。そうすると、組合所属じゃない人がいっぱい入ってきた。

――当時演劇出版社でお仕事されていて、そこには組合はなかった？

組合ありません。たった5人しかいない会社だったからね。

――ちょっと驚きでした、同性愛者として、デモに参加したというのは。

サルトルはさ、ジャン・ジュネ[43]をものすごく評価してて、ジャン・ジュネの評論まで出してるんですね。だから、ジャン・ジュネはすでに同性愛者として、世の中に現れた人だから、だからまあサルトルも今の言葉で言えばアライですね。

――革命で世の中が変わったら、同性愛者も、社会も変わるって思っていらしたから、逆にソ連の状況とかっていうのも、ご関心があった？

そうそう。

——検察庁をおやめになってから、『アドニスボーイ』出すまでってわりと、組合関係の仕事が多いってことでしょうか。

いえ、組合関係は、東京建設従業員組合だけですね。

仕事を転々とした理由

——3年ぐらいで、仕事を変えていったのは、何か理由があるのでしょうか？

最初の1年は一生懸命やるわけです。知らないから覚えようと思って。2年目になると、仕事の手を抜くこと覚えるから、余裕は出てくるでしょ。そうすると、周囲を観察するようになりますからね。3年目になるとさ、なんか私に対して、変な目で見てるなというのがね、人々の、言葉だとか、態度、対応の仕方なんかでね、なんかおかしいなという雰囲気が分かってくるわけ。そうするとね、遠からず私はバレるなという不安におののくんですね。バレる前にやめようと。

——私〔石田〕から見ると、南さんはバレるような感じではないと思うんですけど、たとえば仕事の後に、み

43　ジャン・ジュネ（Jean Genet　1910〜1986年）　フランスの小説家、詩人、政治活動家。前半生、貧困のうちに各地を放浪していた時、窃盗、乞食、男娼などを体験。作品に、小説『花のノートルダム』（1942年）、『薔薇の奇蹟』（1944年）、自叙伝風小説『泥棒日記』（1949年）など。同時代の哲学者サルトルは評伝『聖ジュネ——殉教者と反抗』（1952年）を書いて、ジュネを擁護した。日本でも反権威的な同性愛者として、1960年代の文化人に影響を与えた。大阪のゲイバー「ジュネ」や、新宿・花園街の女装バー「ジュネ」などは、その名を店名にした。

んなでお姉ちゃんの店に行くとか、そういうことがあったんですか？

そういうことはないです。私が働いた職場は、飲み会やるとかがない小さな職場でしたから。

――それでも、2、3年勤めてると、周りが変なふうに思ってるんじゃないかって？

そういう話題が出るわけ。たとえば、演劇出版社にいたときに、同じような種類の雑誌を関西のほうでも一冊出してるところがあったんですよ。東京では『演劇界』という雑誌を出している。私はこっちのほうの編集者ですよ。それでね、編集部で仕事しながら、雑談したりなんかするのに、3人しかいないわけね。編集長と私と、私をここに入れてくれた先輩の編集次長みたいな人が。その彼がいろんな事情通なんです。関西に同業の出版社があって、その編集長というのは、同性愛なんだ。それはもう非常に有名な話なんですね。その業界では名だたるあれなので、あの人は気を付けたほうがいいみたいな感じで、噂が流れていた。

ある時、関西のその雑誌の編集長が、東京の評論家の大物に、原稿を頼んだんです。そしたらそれがOKされたので、編集長は原稿をもらうために、熱海で会いましょうという提案をした。

――（一同笑）

演劇評論家が、はいいいですよと請け負って、熱海で落ち合って、熱海のホテルで原稿もらって、その編集長がもてなして、一泊して翌日帰るというプログラムを組んだわけね。熱海はね、ホテルと言いながらも当時はまだ旅館が多く、日本間だったんです。一部屋に、布団が二つ敷かれるという。飲んでるから正体なくなって、二人とも布団に入ってしまうわけだ。

で、評論家のほうは、ぐっすり眠ってたら、夜中にごそごそ布団を合わせる異様な感じがしてね。はっと目が覚めたら、原稿渡した編集長が布団の中に入ってくるんですね。それで、慌てて布団を蹴り上げてね、自分が部屋を出ていったと。東京へ帰ってきたと。

そういうことが、噂話で広がったんです。それを彼は聞いてきてね、編集室でその話をするわけ。仕事をしてる時、聞こえてくるわけだ。二人は笑いながら、それを話題にしているわけね。おかしいねって。その評論家は、よくうまい具合に逃げたね、被害に遭わなくてよかったね、なんて話をしてる。こっちはうつむきながら、なんだか顔も上げられない。そういうようなことが、度重なると「もうここにはいられない」と。

――心理的にきつくなってくるんですね。具体的に何かハラスメントがあるってより。

そうなんです。それで、演劇のそういう世界っていうのはさ、歌舞伎と新派[44]があって、うちが扱っているのは歌舞伎と新派で、新劇は誰も見に行きたがらないから、招待状はみんな僕のほうに回してくる。私がもっぱら行っててね、半ページのコラムを書くというのが仕事だった。

新派の楽屋というのは、同性愛者がうようよしてるとこなんですよ。男でももう、なよっとした人ばかりで、それで新橋演舞場が、新派の常設の劇場で、その地下に、屋台みたいにカウンターがあって、飲ましたり食わせたりするという場所があってね、次に出番がある人はそこに来ないけれども、もう役が

44　**新派（しんぱ）**　明治時代、1888年に始まった「壮士芝居」を源流とする演劇運動・集団。江戸時代以来の歌舞伎を「旧派」と呼ぶのに対する。歌舞伎と異なり女性の役に女優を起用したが、一方、河合武雄、喜多村緑郎、花柳章太郎、曾我廼家桃蝶など女形も活躍した。

終わった役者はね、そこへ来てリラックスして、飲んだり食ったりするわけね。で、そこでの態度物腰、話し方っていうのは、まさにゲイバーと同じなの。おねえさんが、ワーッと。そういうふうなところでね、私はそこで飲んだり食ったりしたことはないけども、楽屋へ行くには地下を通ったほうが近いもんだから、その前を横切っていくわけよ。そうすっとね、飲んでる連中が、ちょっと見て！　あっ若い子が通るわ！　ちょっと寄ってきなさいよ！　なんてね。誘われると、急いでるからって、走って逃げたりね。そんなこともよくあって。

——曾我廼家桃蝶さんとか？

曾我廼家桃蝶[45]はね、ニッポン放送の頃の話になるけど、もう大変有名だった。私が20代で音響効果をやってたときはメンバーがだいたい同年代で、30歳前後のリーダーがいるという話をしましたね。そのほか、現場監督のような中間管理職の40代が一人いた。NHKの効果団から課長待遇で引き抜いてきた人ね。ニッポン放送がスポンサーを獲得しようとする時に、30代のリーダーだと歳が若くて素人集団じゃないかと相手に見下されるおそれがあるので、押し出しの強い人が欲しかった。この人は昔、新派にいて、本格的な効果じゃないけどその仕事をやっていた。ただ、新派ではとても食っていけないから、NHK効果団に入って、その後ニッポン放送に来た。

で、その人がまたそういう話をするんですよね。桃蝶さんがNHKに来て仕事をして、喜劇をやるわけですね。笑わせたりする。そこで役者には手を出さないんです。裏方に手を出すのね。ちょっときみ用事があるからって、ほんとに用事があると思ってついていって、うっかりしてるとタクシーの中にぐっと引っ張り込まれるの。そういう目に遭ったのは、何人もいる。

――桃蝶さんは、若い男の子好きで、お盛んでしたね。[46]

そうそう。それで有名なんだよという話を、みんな若い人ばかりだから面白い話としてしゃべるわけ。私は黙って聞いててさ、やだなと思って。

――これは微妙な気持ちになりますね。演劇出版社でも新派担当になるっていうのが、嬉しいような逆にまずいような。

だからね、私の前任者は女性が新派を担当していた。そういう話があっても、冗談まぎれに相手の背中叩いたり、紛らわしたりしていた。彼女は新派を取材する能力が非常に高くて、新派の記事はその人が引き受けて一手にやってたんですね。ところが私は、最初に〔地下で〕「ちょっと寄ってきなさいよ」って言われて、ここもあれか、やだなーと思って、なるべく新派は避けるようにしてた。だから新派はしょうがないから私の先輩が穴埋めをしてたという。

――入っていくのは、ちょっとなって感じですね。

結婚と離婚

45　曾我廼家桃蝶（そがのやももちょう　1900年～？）　昭和戦前～戦後期の新派の女形。戦前、曾我廼家五郎一座の看板女形として活躍し、その美貌で婦人雑誌のモデルにもなった。舞台を退くにあたり、66年11月、自伝『芸に生き、愛に生き』（六芸書房）を刊行。「女性を愛することの適わぬ」男らしさが「どこにも全く無い」人間であることを告白し、日本初の「カミングアウト」本となった。

46　女装者・美島弥生の口述にも同様の証言が登場する（矢島編2006: 143-145）。

――差し支えなければご結婚の経験などをお話頂きたいのですが、可能でしょうか。

結婚は、30歳を過ぎてましたね。単身者住宅にいるときに、「社会主義研究会」を月1回開いていたという話をしたけど、次々結婚していってメンバーが抜けるわけ。私が独り残った。それで「あんただけ残って寂しいだろうから、私が紹介する。大阪から出てきた女性が〝行かず後家〟で、看護師でいるけどどう？」っていう話が来たから結婚した。

――南さんは当時、「結婚しないと」って思ってたんですか。

そうそう。子どもを作らなくちゃと。母親を苦労させたでしょ。「私が生きている間に孫を抱きたい」なんて言ったものだから、孫を抱かしてあげようと思って。相手の親にとっても突然男が現れて「お嫁に下さい」って言うんだから喜んじゃって、どうぞどうぞって。

――お子さんはもうけられましたか。

上が女で、下が男ですね。

――〔お相手は〕当時だとかなりの高齢出産ですね。家庭生活はどんな感じだったんですか？

私はね、世間話とか雑談ができないわけ。だから家に帰っても黙ってる。向こうはしびれを切らして、ある時にお茶をテーブルに置いて「お父さん、話しましょうよ」って言った。僕は「テーマは何？」って聞いちゃった。そうしたら向こうがびっくりしちゃってさ、「じゃあいいよ、邪魔しちゃうから」って。そういうようなことはあった。

――奥さんは看護師を続けられていたんですか。

結婚してからはやってません。児童館で働いた。

――結婚された時期は、単身者住宅の後で、劇団の学校巡業より前の頃となりますか。

劇団の時は結婚していました。東京建設従業員組合に勤務していた時ですね。日付を確認しますね。結婚したのは昭和39年12月21日でしたから、33歳の誕生日になる直前ですね。劇団で横領の罪をかぶせられて、30万ずつ折半するという示談になった話をしたでしょう。その30万円を東京建設従業員組合の元上司に借りに行ったのが、妻です。

――奥様だったんですね。無断欠勤が続いてやめたのに、どうして前の会社からお金を借りられるんだろうと思っていました。「私の自叙伝」には汽車製造会社の時のこととしてこの借金の件が書いてありますが。借金の返済は、汽車製造会社とは違いますね。その前に、ゴム工場での勤務があるのです。結婚生活は江東区で送っていました。

――離婚はいつごろにお考えになられたのですか。

「たかぐら」の上に編集室と撮影室を借りて、『アドニスボーイ』をつくったでしょ。そのときすでに私は事実上の家出をしていた。一週間にいっぺん、帰っていた。忙しいと言いながら。『アドニスボーイ』を始めた時には、私は完全に離婚を決意していたけど口に出さなかった。

ある時、子どもが大学を卒業する前でしたね、妻が何かの拍子で入院したんですね。「どこどこの病院に入院したから見にきて」って電話かかってきたのは分かってた。こっちも忙しかったから2、3日してから行った。そしたら、「別れたけりゃ別れてもいいのよ。私がこんなに入院するような羽目になっても、見舞いにも来ないって、きっと嫌なんでしょう。別れてもいいわよ」とこう言うわけ。私は返事をせずに帰ってきた。そういうやりとりがあったんで、退院して元気になってから、家族集まって昼飯食いましょうって御茶ノ水のレストランに行くことにした。そのときに、離婚届の用紙を区役所から持ってきて、渡したのね。「あんたが離婚したければ書いてきて、あとで私が空白を埋めて届けます。それで成立するから」と言ったら、それを聞いた男の子のほうが「お母さん、愛のない結婚なんかやめなさいよ！」と怒鳴ったんだ。それで食事会は飯食っておしまいになって別れた。その一週間後に離婚届が送られてきて、私が書いて、離婚が成立した。

――下のお子さんが大学卒業する前としたら、60歳に近い頃の話になるでしょうか。

離婚は１９９０年の12月20日でしたね。59歳になる直前ですね。

「理想」の職場

――先ほど出たゴム工場での勤務、「私の自叙伝」にはありませんでしたが、『アドン』96年3月号の南さんの論文には登場し、南さんの人生で重要かもしれないと思い、伺います。プロレタリアートとして働く経験を30代の後半であらためてされたことが、何か思想の形成や強化に影響を与えているのでしょうか。

関東ゴム株式会社ね。それは事務職じゃなくて労働することに価値がある労働者として行った。

――現業ですね。

そうそう。ゴム会社に人手がないから働かないかと言われたときはもう、ホイホイ。

――ホイホイ（笑）社長が逃げて、労働組合が経営するところですね。

――当時の左翼思想からしたら、資本家を追い出して労働者が自主管理をしている理想的な会社ですね。〔三橋〕

――コミューンみたいな。〔石田〕

そうそうそう。だから上下関係ないんです。そこではみんな同じレベルで働いているから。課長なんていないんだ。当時は有名な会社だったんです。「左翼運動をやるやつは労働しなくちゃいけない」ってね。そういう人たちがどんどん流れ込んで、社員がいなくなっても働く人は次々来た。

――ソ連よりもっと理想的な共産主義。〔三橋〕

――論文にはクタクタになってしまって寝るだけとあり、疲れ切っていたのかなと。〔石田〕

――実際はそっちでしょ。〔三橋〕

そうですよ。疲れ切っていた。

――じゃあ、ここでずっと働く気はなかった。

なかった。労働者を体験するために行った。

――〔南さんは〕本質的にガテン系の労働者ではないですからね。〔三橋〕

――このあと、自動車新聞社に転職しますよね。その話はどこからか話があったんですか。

それは編集員募集の三行広告だった。応募したら、応募者が一人しかいないからすぐ来てくださいって。社長が「あんた自動車好きですか」と。「いや、自動車触ったこともない、そのような機械なんて、物理学嫌いだったから。だけど私は演劇出版社というところで楽屋を取材して歩いた。だから、自動車でも人間でも取材の対象としては同じだ。人を扱うのは同じですよ」と。そしたら社長が「なるほどそういう考えがあるんだな」と感心していた。

――それで採用された。

三島由紀夫への期待と落胆

――南さんの文体って、わりと一文が短くてハッキリ書くほうだなと思っているんですけど、それは鶴見さんとか、どなたかからの文体の影響みたいなものはありますか。

いやあ、それは…、昔は長かったんですよ。小説を試作で書いていた頃は。でも『薔薇族』に執筆したときは、もう今の文体でした。それで冷やかされたんです、「あんたの小説は新聞記事みたいだね」って（笑）

――本当に簡潔。

「どこで誰が何をした」。この基本が入ってれば、それで文章だと思いますからね。

――さっき示した論文の中にも、南さんの三島由紀夫[47]への非常に強いこだわりが感じられるんです。けれど正直言って、生まれ育ち環境は、ある意味対極的ですよね。対極的だからこそ、すごくこだわる部分があるってことでしょうか？

それももちろんそうですよ。それとやっぱり、彼の文体の華麗さね。華麗な文体。

――純粋に文学的な、文章上の。

装飾過剰なね。私はとてもそういう文章書けないから。ああ、そういう文章書けたらいいなと思って憧れた。ところがそれはこっちの期待過剰で、『仮面の告白』書いてる人だから、同性愛者の地位向上のために頑張ってくれる人だという期待があったけど、実はそうではなかった。

――その「期待過剰」って言葉、すごく納得できました。最初の作品を読んだ出会いの時に、ものすごく期待をされたってことですね。

そうそう。言いたいことを書いてくれたなと思ったからね。

――南さんはリアルタイムの読者ですね。私は三島の例の自決事件の後に、時を戻るかたちで読んでいるので、どうしても晩年のイメージが入っちゃって素直に読めないのです。〔三橋〕

そう。だからある意味ではね、同じ年月を歩いてるわけですね。二丁目の噂話なんかで、「ロープ」というバーだったと思いましたけどね。今日三島来てたよとか。ここのマスターを三島が大変惚れてたのでそれでよく。あの人は12時前には帰る人だから、12時から執筆するっていうのでね、帰る人だから。「どん底」で、ガハハと笑って、そのあとうちへ来たんだよと、話をしてた。彼は体を鍛えてたでしょ。その写真なんかを見せるわけ。そうするとさ、「わーすごいね」とか、そういう誉め言葉は嫌いなんです。「わーセクシーだね」って言われたら、ものすごく嬉しがって、ガハハになるわけね。だからそういう意味ではさ、やっぱり、そういう体に対するこだわりというものは、共感するところがあるわけね。私も〔ボディビルを〕やりたいとは思わないですよ。でもやっぱりね、身体に対する、自分で鍛えてみたいとか、美しくなりたいというのがあって、それを彼は実践してるわけだ、いろいろとね。それをまた結構お金がかかるところで。

47　三島由紀夫（みしまゆきお　1925〜1970年）　東京・四谷の生まれ。小説家・劇作家。代表作に『金閣寺』（1958年）、『豊饒の海』（1969〜71年）など。晩年、右翼思想に傾倒し、1970年、三島由紀夫事件を起こし自殺。同性愛的心情をつづった自伝的小説『仮面の告白』（1949年）、同性愛者の青年を主人公にした『禁色』（1954年）など、同性愛者だったことを思わせる作品がある。また、1960年、『ADONIS』別冊の小説集『APOLLO』に切腹をモチーフとした「愛の処刑」（榊山保名義）を寄稿している。

――お金かかる。実際にどこどこでやってたって話ありますよね。

だから、ああすごいなと。そんなにお金かけてねっていうような、憧れの存在だったんですね。まして最後にああいう自決をやるなんて、よもや考えもしなかった。だから彼が、私たちの先頭に立って、導いてくれるとばっかり思ってた。ところがそうじゃなかったんですね。

――結構後の自決に近いところまで、ある種の国粋主義的なイメージっていうのはあんまりなかったということですか?

なかった。単なるファッションとしての国粋主義。たとえば、閲兵行進みたいなことをやるわけ。ビルの屋上でね。彼が台の上に立ってさ、ぱっと手をこうやる。そうするとその下を制服着た「楯の会」48が、ぱっぱと歩いてくるでしょ。そういうのがグラビアに出たりした。

――まあ制服も、楯の会の制服ってすごいファッション性にこだわってる。

あれ、コシノジュンコだったかな。まだその時には国粋主義といえど、ファッション性のほうにずいぶん印象があるけどね。たとえばオリンピックの時は、オリンピックの選手団と同じように真っ赤なスーツに日の丸をあしらえて取材して歩いた。それがちゃんとグラビアに写ってますね。

――なるほど。同時代の方と後からのイメージとはだいぶ違うってことですね。それで納得できました。思想的に、全然右と、やや左寄りの南さんが全然違うのにどうしてなのかなっていうのがすごくあったんですけど。そこはあまり意識されてなかったんですね。

だから彼はさ、当時の新聞記事かなんかの談話では、これではダメだと、これでは日本に革命は起きないと本気でしゃべっているんですよ。国会前の地下鉄の出口の屋根に上がって、彼は集会を見てるわけだ。記者がちゃんとそのあたりを段取りした上での取材なんだけどね。

私は、革命というのは最後の革命だとばっかり思ってるから、確かに私もこれではダメだと思ってたんですね。つまり、人数はいっぱいいて、整然としている。はっきりしてるわけ。なんか赤い腕章かけたやつが走ってきてね、なんたらかんたらってささやくとね、うんって言って、その隊列が、ぱっとどっか移動してくという。

——伝令がちゃんと来るんですね。

そうそう。確かに大勢の集団はいるけれど、指図する人は、どっかに司令部があって、動かしていて、戦略戦術のままに動いている。ちょっと血気に逸ると「それは跳ね上がりだ」なんて、すぐ批判が出たりしてさ。だから僕も、革命が起こると思いながらもちょっと内心批判的だったんですけどね。それを彼はさ、屋上から見て、我々が決起しなくちゃ、ってインタビューで言ってたんですよね。だから、ああそうだね、彼が政治運動やったら素晴らしいだろうななんて思ってた。

ところが、あにはからんや、それは決して政治的でなかったんですよね。彼は、非政治的にそう言っ

48　**楯の会（たてのかい）**　1968年10月、三島由紀夫が中心となって結成した左翼革命勢力による間接侵略に対抗し「祖国防衛」を目的とした右翼民兵組織。制服のデザインは五十嵐九十九（いがらしつくも）。自衛隊への体験入隊を繰り返した後、1970年11月、三島由紀夫と楯の会のメンバー4人が自衛隊市ヶ谷駐屯地（現・防衛省本省）で、東部方面総監を監禁し、三島が自衛隊員に憲法改正のための決起をうながす演説をしたが容れられず、割腹自殺。介錯した学生長の森田必勝も同じく自害。他の3名は逮捕された。1971年2月解散。

てるんですよ。

――それと関わる話なんですけど、70年安保[49]のときというのは、そうするともうほとんど無関心ですよね。全然出てこない。

無関心です。そうです。

――60年安保と70年安保の性格の違いが、相当あるってことですね。南さんの対応からも窺えるなと。70年安保にコミットメントできなかったのはどんなところですか？

やったって同じだということです。変わらないと。60年安保で、死ぬつもりでいたらさ、生き返ってもう二度と接触するまいと思ったぐらいだから。70年安保だってね、あれより以下だと思ったから。変わらない。そんなとこへは行きたくない。

――南さんが考えてきたサルトルとマルクスの調停みたいな話って、二丁目でそういう話を分かち合える人というのは？

いませんでした。

――じゃあ、二丁目は全くの非政治的な空間。

そうです。そこではしないってことね。暗黙の了解があって。

――そういう状況に関しては、南さんは、何か不満があったのですか。

いや、そのときにはもうね、ある意味ではもう諦めた後だから、だから二丁目はもっぱらセックスの場所として通っていたので、全く話はしていない。

演劇

——少し話を戻します。秋田での演劇の学校巡業が、ゴム工場勤務の発端となりました。他にもサルトルの戯曲が好きだったりして、南さんの人生で演劇ってかなり重要そうですね。

重要ですよ。高校では2年の時に演劇部を立ち上げた。秋田県だから子どもたちはみんな秋田の訛りなんですよ。でも脚本は標準語で書かれてあります。そうするといくら頑張ったって標準語の私には負けるんです。演劇コンクールがあると、いつも一等を取ってくるんですよ。校長がね、得意気に全校集会でしゃべる、市内第一位、なんて。だから私は役者に、俳優になりたかった。

——あと、演劇って、今よりずっと左翼でした。演劇関係者って基本的に左翼。〔三橋〕

そうそう。職場演劇っていうのが盛んだったからね。職場で演劇部をつくって全国コンクールなんかしょっちゅうやってた。たとえば三好十郎[50]っていう劇作家がいて。素人がやる職場演劇に常に採用され

49　**70年安保**　1960年に締結された「日本国とアメリカ合衆国との間の相互協力及び安全保障条約」の自動継続をめぐる反対運動。運動の中心は全共闘や新左翼諸派の学生で、すでに1968～69年の段階で、「70年安保粉砕」をスローガンに大規模な「闘争」が全国で継続的に展開されていた。1968年10月の「新宿騒乱事件」では騒乱罪が適用され、機動隊に追われた学生が新宿ゴールデン街の酒場に逃げ込み、匿ってもらったという逸話もある。1970年6月23日、条約は自動継続となる。70年安保闘争は、ベトナム反戦運動、成田空港反対運動などと結びつき、労働者層の支持を得たが、60年安保に比べると、全共闘を中心とした学生運動の色彩が濃く、広がりに欠けた。

50　**三好十郎（みよしじゅうろう　1902～1958年）**　佐賀県佐賀市生まれ。劇作家。早稲田大学英文科を卒業後の1928年、壺井繁治、高見順らと左翼芸術同盟を結成、雑誌『左翼芸術』に処女戯曲『首を切るのは

た。専門誌に脚本が載って、彼の書いた脚本を素人が上演する。「海の勇者」とかね。その物語は、今、ある人が遭難しているが漁師が助けに行くかで騒いでいる。行ったら死んでしまうと周りが怖じ気づいている。その時に主人公がすっくと立って、「俺が行く！」というやつ。

——高校の時に演じていたのも三好十郎ですか。

そうです。

——そういう中から、プロでやれる劇団ができていく。１９６０年代。左翼の人たちにとって、演劇は楽しみであり、宣伝活動。〔三橋〕

そうそう。安保の前だからね。プロパガンダの一つだった。

——内容も脚本もプロパガンダに使えるものが多い。最後は労働者が勝利するみたいな。〔三橋〕

——60年代後半に、演劇と同性愛、結びついていきますよね。同性愛と結びつく演劇はどういうふうにみていましたか。〔石田〕

当時は同性愛を表現する演劇は少なかったですよ。プロの劇団ではやっぱり差別意識があった。

——そこらへんに踏み込んできたのが寺山修司。それ以前はあんまりなかった。〔三橋〕

——ずっとあとに同性愛の劇団が出てきますよね。「フライングステージ」[51]とか。

あれは私がつくった。

——（一同）そうなんですか?!

最初、3人しかいなかった。関根さんが来る前ね。電話相談の相談員で物好きな人たちだった。稽古に入る前で、発声練習をしていた頃だった。新派の文芸部にいた人が素人を訓練するんだからさ、関根さんは見ていてはがゆかったんでしょう。もっとうまくできると思ったんじゃないかな。私も一応は演劇の訓練をやったからさ、発声練習くらいはできるけど、面倒くさくなっちゃって、やってくれるんだったら頼むよ、と。だから「フライングステージ」という名称は私が作った。

――南さんのキャッチコピーの中に「飛ぶ」がたくさんありますね。〔三橋〕

国粋主義のもとで空母に激突自決をした兄さんのことが念頭にあるんです。

――フライングステージをつくるきっかけというのはどこから出てきたんですか。〔石田〕

私が演劇をやってたから。この人たちを訓練して、自分で脚本書いて上演しようかと思ってた。

――そのあたり時代が分かるような。左翼は演劇なんです。映画はほとんどない。理由は簡単で、演劇はそんなにお金かけずに立ち上げられるけど、映画はともかくお金かかる。今みたいに簡単に撮れない。〔三橋〕

そうですね。そうそう。

――じゃあプロレタリアート演劇みたいなものが頭の中にずっとあって、当事者の劇団ということですね。表誰だ』を発表、プロレタリア劇作家として活動したが、その後、転向。戦後の1951年、ゴッホを主人公とした『炎の人』で、第3回読売文学賞戯曲賞を受賞。他に『斬られの仙太』『彦六大いに笑ふ』『戦国群盗伝』など。

51　**劇団フライングステージ**　「ゲイの劇団」であることをカミングアウトしている劇団。1992年の旗揚げ以来、作・演出・出演の関根信一を中心に、「ゲイ」であることにこだわった芝居を作り続けている。近年の作品に「お茶と同情」「アイタクテとナリタクテ」「Rights, Light ライツライト」など。

現手段の奪取というか。南さんの他の活動とつながりました。〔石田〕

——いまのＬＧＢＴは、あんまり演劇活動には行かないですよ。すぐに映画を撮っちゃう。変化はいつぐらいかな？　90年代までは、演劇活動が残っていたような気がします。〔三橋〕

伊勢丹の向かいに映画館があって、映画が9時に終了すると、あそこで演劇をやってたんです。

——「イプセン」の前の道。あの店を説明するときに「映画館街裏」って出てきます。〔三橋〕

あそこ。映画が終わったあとに演劇をやっていた。堂本正樹などが同性愛の演劇をやってましたよ。僕は行かなかったけど、二丁目の連中がさ「今日は演劇やってるからお客さん来ないよ」と。

——それは南さんが二丁目に行動を移してからの話なので、70年代以降の話ですね。

70年代はね、朝日などの新聞を開いていくと、文化欄にそういう記事があったんです。堂本正樹はもう死んじゃったから名前を出すけど、うるさい人もいるんだよ（笑）

二丁目文化人（2）

——当時『アドニスボーイ』や、『アドン』を創刊していて、マルクス主義的に読み替えれば、同性愛者自身が生産手段を、異性愛者から奪取するみたいな感じで、南さんの活動を読めるんじゃないかなと思ってたんですけど、そういう思いっていうのはありましたか？

それは当時はなかったですね。それを考えたのはもっともっとずっとあとです。そういう経済の二重構造についてはね。要するに、当時、自分が同性愛者とカミングアウトしなくても、同性愛的な感性を持って書く文化人や執筆家ってのはずいぶんいたんですね。で、その人たちのことを私はね、彼らは芸者だって、ゲイバーでよく言ったもんです。自分の知識を金持ちに身売りして。そういう企業でしょ、出版事業とか、メディアのね。そういう企業に、彼らは自分の知識で身売りして、同性愛者に対して何も還元しない。それで、自分たちは文化人でございますと。あるいはその文章の取材源は、二丁目であることもままあるんですね。「これあそこで見たエピソードだ」と。

そのようなことがあってね。ある人に面と向かって、痛烈に言ったことあるんです。みんなお客さんいるとき。あなたはね、金持ちに身売りをして、知識を切り売りして、それで同性愛者のネタで食ってる、それで文化人でございますって、それは芸者と同じだよって。そしたら彼はね、全然反論してこなかったんですね。そのバーっていうのはビルの中にあったけど、それまではね、親しく話を交わしたり、向こうから話しかけたりしてたんだけど、それ以後、廊下で彼が行く時、私がすれ違うとね、ぱっと最敬礼していくの。

――（笑）ある種のいやみですよね。

――結構有名な方？

有名です。あなたも知ってる人だ。

――そういう方ってやっぱり、何人かいますね。

何人かいますね。

――事情通なんだけど、本人は、ゲイだろうなと思うけど、ちゃんとは言わない。

――さっきお話されたことを突き合わせると、『薔薇族』で伊藤文學さんが、本人は異性愛者の立場で出版していて、同性愛者にお金を出させて、ある種儲けている。それに対して論理的、批判的に考えたのは、もっとあとの時代からってことでしょうか？

そうそう。最初私そこで執筆してたんだから。

——この『インパクション』（南1991: 129）には、こう執筆されてますね——「ヘテロセクシャルの世界の中で才能を認められ、実力を評価され、スポイルされてしまっていた執筆者たちっていうのが、生業として、ゲイ性と取り組むことは、危険だと思っていたので、ゲイでありながら、ゲイのメディアを創造しようとしなかった。」——南さんのお考えで、すごくユニークだなと思ってるのは、異性愛社会に、才能が吸い取られてしまってるとする視点の時期の早さ。たぶんほかの人はまだそういう指摘をしてない。

そうですか。私はもうそれをね、ほんとに苦々しく思ってたね。

——ゲイバーなどで、会ってる人たちに対して。

そうそう。

——南さんの中で、そういう〔文化〕人たちを、軽蔑して見ていたってことはありますか？

いや、軽蔑するというよりもね、不思議でしょうがなかったですね。確かにそれは、お金儲けの一つの手段だとは思いますよ。思いますけどね、たとえば、映画音楽を何本も作曲した有名人がいるんです。それとは別に、芸大の教授もしてるから、給料もある。かなりの収入があるわけです。で、それならばね、自分がそういう系統の、同性愛を理解するっていうか、あるいはそうでなくても、映画音楽の人だから、本物の同性愛者の監督を見つけてきて、映画1本作るぐらいのお金がないはずはないわけだ。同性愛者をスタッフに集めてね、何か同性愛者が発信する、映画、ドキュメンタリーでもいいいし、ストーリーものでもいいし、作ったらどうだろうと思ってましたよ。

――日本のゲイ活動で、ヘテロ世界で稼いだゲイの人のお金が、ゲイの運動に全然還元されないというのは、おっしゃる通りで、それはかなり昔から、そういう構造が続いてますね。アメリカ、ヨーロッパなんかだと、ゲイの方が稼いだものが、結構ゲイのために使われるという流れはできているのに、日本はできてないってことですね。〔三橋〕

できていない。

――今、音楽家、作曲家とか、作詞家とか、やっぱりそちらもかなりいるわけで、特に流行音楽なんかだったら、ものすごい収益のはずなんだけど。

天井桟敷、東郷健さん評

――当時の、寺山修司[52]の『薔薇門[53]』とか、ご覧になってたんですか？

52　**寺山修司（てらやましゅうじ　1935～1983年）**　青森県弘前市生まれ。放送作家、劇作家、映画監督。放送作家として活躍した後、1967年、「演劇実験室・劇団天井桟敷」を旗揚げ、前衛的な舞台で1960～70年代の小劇場ブームの一翼を担った。放送作品に『山姥（やまうば）』（1964年、イタリア賞）、『犬神の女』（1965年、久保田万太郎賞）、舞台作品に『青森県のせむし男』『毛皮のマリー』（1967年）、市街劇『人力飛行機ソロモン』（1970年）など、映画作品に『田園に死す』（1974年）がある。

53　**『薔薇門』**　1972年に「天井桟敷」の寺山修司と「雑民党」の東郷健が共同で企画、音楽をJ・A・シーザー、クニ河内とハプニングスフォー、山谷初男らが担当した前衛的なレコード。ゲイ・レボリューションを標榜する東郷健をはじめとするゲイの人たちが歌い演説をする内容。

ええ、『薔薇門』ね。

――ああいうのはどうお考えでしたか？

確かに彼は、それなりに表現活動をしてますよ。たとえば、『アドン』〔のようなゲイ雑誌〕に載ってる読者の通信文をそのまま読むんです。それで、どっかの音楽会社に売り込んで、LP作ってるんですよね。彼はそれを悪びれもなくやったんですよね。演劇するものも。美輪明宏[54]の主演した毛皮のマリー。あれだって、同性愛者の物語ですよね。それぐらいに、表現活動やってるんです、寺山修司が。僕は偉いなと思ってますね。しかもあの人さ、劇団員はみんな集団生活ですよね。彼が死んで、しょうがないから解散したんだから。そうでなきゃ、その集団生活で一つのコミューンを作ったんですよね。

――天井桟敷に近かったのって、東郷健[55]さんだと思うんですけど、南さんから見て、東郷さんって、どういう評価ですか？

僕はあまり評価しなかったね。あの人はさ、自分を表現者だと信じ込んでるからね。でもなんの表現者かというと、彼は文章であまり表現できない人でした。下手なんです。また、舞台に立って、すごいスポットが当たるけど、踊りでもなんでもないんですね。いわゆる今の、ニューハーフの走りみたいなもんですよ。女装してこうやる、くねくねと。

――ちゃんとした日舞の修行をしていない。

だから見るに堪えない。歌舞伎なんか見てると。

――東郷さんの政治的な立ち位置っていうのは、どうお考えだったんですか？

私はあまり賛成してなかった。彼の立ち位置はね、反発を呼ぶばかりで、大衆性がないということ。

「私はオカマです。オカマでなぜ悪い」というのは、それはその通りですよ。その通りだけど、それでは訴えにならないですね。あまりにも説得力がない。しかもテレビで堂々とやるわけでしょ。そうすると逆に反対勢力を勢いづけるだけなんですよ。あんなもの汚らしいやめさせろとか。ある意味では、同性愛者に投げつける、悪の罵倒の言葉を、引き出すような役割。

54　**美輪明宏（みわあきひろ　1935年〜　）**　長崎県長崎市生まれ。歌手、俳優。１９５２年、銀座七丁目のシャンソン喫茶「銀巴里」の専属歌手となる。１９５７年、「メケ・メケ」が大ヒットし、三島由紀夫が「天上界の美」と絶賛した美貌で「シスターボーイ」（女性的な美少年）ブームの中心的存在となる。１９６７年、寺山修司の「劇団天井桟敷」旗揚げ公演で、寺山が美輪のために書き下ろした「毛皮のマリー」、次いで江戸川乱歩原作・三島由紀夫脚本の「黒蜥蜴」に主演し、妖艶な女装姿で現代女形としての地位を確立した。１９７１年、美輪明宏に改称。その後も、舞台、映画、テレビなどで活躍。自叙伝に『紫の履歴書』（１９６８年）などがある。

55　**東郷健（とうごうけん　1932〜2012年）**　兵庫県加古川市生まれ。政治活動家。雑民の会・雑民党（１９８３〜95年）代表。ゲイバー「るどん」（兵庫県姫路市、１９６３年）、「とうごうけん」（東京都、１９６８年）の経営者。ゲイ雑誌『The Ken』（１９７８〜81年）、『The Gay』（１９８１〜84年）の編集長。１９７１年、第９回参議院選挙に同性愛者であることを公表して立候補するが落選。以後、参議院議員通常選挙、衆議院議員総選挙、東京都知事選挙に立候補するがすべて落選。選挙活動は反資本主義、反権力をスローガンとしたが、演説、政見放送、選挙公報では、「オカマの東郷健」を売り文句に、当時はタブー視されていた「オカマ」「ホモ」「ゲイ」などの語を多用し、人々に大きな衝撃を与えた。主著に『隠花植物群――男と男の愛の告白』（宝文書房、１９６６年）、『雑民の論理』（エポナ出版、１９７９年）、『常識を越えて――オカマの道、七〇年』（ポット出版、２００２年）など。

――私〔三橋〕も全く同じ認識。功罪半ばするって言う人もいるけど、私は、功少なく罪多しだと思ってます。

最低だと僕は思ってます。

――彼は〝弱者としての立場に立ってる〟ということはないでしょうか？〔石田〕

「雑民の会」というのはそうですね。だから彼は、そういうプロレタリア以下の人たちがいるということをはっきり言ってるわけだ。それは新しい発見なんですよ。「雑民の会」というのはまさにそうだね。つまり、日本の左翼運動とマルクス主義の運動はプロレタリア階級までで止まっていて、しかしそうではない弱者が、まだいるということを発見して大きく言ったのは彼ですから。

――江戸時代的に言うと被差別的な階層っていうのが、近代の中でも結構形を変えて、やっぱりずっとあるっていうことを言ったのは確か。それを雑民って名付けたのも。

だけどあまりにも、彼の周りにそういう知恵を出す人がいなかったたってことだと思いますよ。あとで、私も一緒の仲間だと名乗りを上げる評論家とか女性がいろいろいたりしましたけれど、その人たちの評論読むとね、やっぱり、レベルが低いなと。だから、彼はせっかくそういう発見をしたのに、それをきちんと論理づけて、社会化・具現化する人がいなかった。

――ブレーンがいなかった。

――あとやっぱり、ご本人がね、やっぱり、いいとこの坊っちゃん。

そうなんです。銀行家だったからね。本人は銀行職員だった。

――姫路の、県会議員のご子息ですよね。

財産家なんですね。それはそれでいいんだけれど。今の国会前集会なんかを哲学的に評論する人たちが使う言葉の中にマルチチュード[56]って言葉があるね。これはイタリアの、アントニオ・ネグリとマイケル・ハートっていう二人の哲学者の本の中に出てくる用語なんです。それはいわゆる、マルクス主義で言う、〔プロレタリア〕階級よりも、もっと下の底辺があるんだっていう。その中に彼らは、LGBTも入れてるわけね。彼らが言うよりは東郷さんの発見は早かったわけよ。

――ネグリとハートの『〈帝国〉』ですね。ここに性的少数者の記述が出てくるんですか？

いや、はっきりは出ていないけれども、そう読める。あとでそれを解釈して解説を書いた人がいるんだけど、その中にそういう話が。彼らが言っているとは言わないけれども、マルチチュードの中にはLGBTという存在もあるんだということを書いている人はいる。

ところがね、このマルチチュードという考えも今や批判されているのですよ。今、国会前に集まってきている原動力は、マルチチュードだという意見がある。確かにそうなんですよ。SNSで政党を無視してそういう人たちが集まってきて、ああいう一つのムーブメントをつくっている。それはそれとして大変結構なことだけれども、しかしそこには集まったあとどうなるかということを何も提起していないということなんです。確かにそうなんですよ。集まって解散するだけなんですね。それではダメだと。この力をどう温存するか、あるいはその考え方をもっと掘り下げて変形したプログラムというか、行動を示

56　**マルチチュード**　〈帝国〉的権力に抗してグローバル民主主義の構成へと向かう多数多様な集合的主体のこと。既存の人民、大衆、労働者階級といった概念と区別する（『現代社会学事典』弘文堂より）。

す。ただ集まっただけでは行動にならないと言っているわけです。

――現れては消えていっていると。

それはその通りだと思うのです。イベントっていうのはみんなそうだからね。

アイディアの源泉をもつ各種活動

――演劇の話で興味深かったのが、自己表現としてのツールという発想です。だいぶ時代があとになるんですけど、南さんご自身がゲイ・レズビアン映画祭[57]を支援されていた。

支援ではありません。私が全部出したんです。

――全部出したんですか。最初に。

2回目まで全部出しました。3回目は別の人がやると言っていたから「じゃあ負担もみんな自分で背負ってください」「うん、そうします」って言った。それで手を離れたのね。

――映画祭はもともと他の人が企画をして？

いや、私が企画をしたの。

――映画祭をやろうとお考えになったきっかけは、どういうことなんでしょうか？

1984年にビル・シュアーという人が来て、IGAの総会がフィンランドのヘルシンキで開かれたんですね。そこに私も参加しますと約束をして、彼は帰って本部に「日本の代表が来ます」という報告をした。これで初めてアジアから代表者が来るというんで、大変期待されたわけですよ。ところが当日になって、現れない。ビル・シュアーを責めるわけ。「どうしたんだ」って。「I don't know.」って言っているわけね。それはどういうことかというと、私が成田空港へ行ってパスポートを見せたわけ。そうしたら航空会社が「お客さん、これは期限切れですから使えません」って。そのパスポートは私が作ったんじゃなくて、旅行会社の添乗員がたまたまゲイで、バーで隣に座っていた人。彼が「あなたも雑誌をやっていて、あちこち海外旅行をして取材するでしょう。そのためにはパスポートが要るんだから、作ったらどうですか。私が全部請け負って作ってあげますよ」「じゃあ」ってその人に頼んだから、パスポートに期限があるということを知らなかった。

——ヘルシンキの大会に参加できなかった？

そうです。できなかった。しょうがないから、パスポートができてから出国して大会事務所へ行って「大会で配布した資料を全部下さい」とお願いした。そうしたら「ちょっと待ってください」って言われて1時間ぐらい待ったら、結構な量の英文の資料を下さって、それをリュックサックに詰めて帰ってきて、それを翻訳して『アドン』に掲載した。

——それで、いわゆるゲイ・レズビアン映画祭に出会う。

57　**東京国際レズビアン・ゲイ・フィルム＆ビデオ・フェスティバル**　東京で開催されるセクシュアル・マイノリティの国際映画祭。第1回は1992年3月6〜8日、「中野サンプラザ」研修室で開催された。第2回は1993年3月6〜13日、「吉祥寺バウスシアター」で開催。名称は1997年まで「東京国際レズビアン＆ゲイ・フィルム＆ビデオ・フェスティバル」、1998〜2015年「東京国際レズビアン＆ゲイ映画祭」(Tokyo International Lesbian & Gay Film Festival)、2016年からは「レインボー・リール東京」(Rainbow Reel Tokyo)。

いや、それは次の年、トロント大会の時〔1985年〕のことです。香港がイギリスから中国に返還される声明が出された直後だったのね。それで、香港の金持ちがどんどんカナダへ逃げていく。ただ、親は「まだ自分たちは行くわけにいかない」と。子どもをまず逃げさせて、大学を受験させて足場をつくらせておいて、そこへ自分たちが行くというので、香港出身のトロントの大学生たちが大勢いたんですよ。

その中に若い大学生のゲイのグループがいた。その人たちが主催でIGAの世界大会を開いたのね。ある意味ではアジア人が主催したというのは画期的なことだったので、ものすごい宣伝だったんですね。トロントからも日本へ人が派遣されてきて「ぜひ来てください」と私のところに来た。

トロントへ行ったら、映画祭ではないけど、彼らの作ったドキュメンタリー作品が2本くらい、上映会をやっていたのですね。次の日に、香港から来た大学生のリーダーの家でホームパーティーが開かれて、いろんな人が参加して、大人も来ていて。そこに一人の、あれは白人のアメリカ人だったと思うけれども、「映画祭をどう思いますか」って質問をしたんですね。「大変結構だと思う」と。そうしたら彼が「どうですか。日本でもこういうのをやりませんか?」と言ったから「フィルムがあるなら、いつでもやりますよ」って返事をしたんです。それをちゃんと心に留めていて、5年以上経って突然電話がかかってきて、「今新宿のホテルの前にいる」と。

――突然ですね。

「映画祭の準備のために来ました」って言うの。ええっ?　って驚いて、ああそういえばトロントで約束した人がいたなと思って、そのホテルの前へ行ったら彼が立っていました。それで「これからこのホテルに泊まるの？」「いや、まだホテルは予約していない」って言うから「私たちの事務所は畳の部屋だけど、ちゃんと寝床もあるから、そこへ泊まって仕事をしたらどうですか」と言ったら「そこでやります」って。早速その日から彼は手紙をバンバン書いて、フィルムの作者に手紙を出して、フィルムを集めたんですよ。それで第1回のフィルムフェスティバルができたわけ。

——本当に突然来たっていうか。

そうでしょう。こっちは突然だけど、向こうはよく覚えていたのね。

——今思い出しましたけど、初期の映画祭って圧倒的に外国のフィルムが多かったですよね。外国作品がメインでしたよね。〔三橋〕

第1回目は日本の作品は1本。アカーが自分たちの活動のドキュメンタリーを持ってきたのね。

——外国のフィルムがメインでかかって、日本のフィルムがコンペだったんですね。かなり玉石混淆で。なるほど、そういう経緯だったんだ。〔三橋〕

それで「フィルムを集める」って言うからさ。主にアメリカのフィルムですが彼はそういう制作集団や監督にコネがあったわけね。彼の名前で手紙を出したら、みんなOKと送ってきたわけだ。

——プライベートフィルムと言ったらいいのかな。

そう。みんな無料のフィルムで、会場を借りるだけでよかった。だから簡単にできたんですよ。

——それが映画祭の第1回の1年前？　彼が来たのは第1回の何か月前ぐらいですか？　要するに第1回の準備期間。

1か月ぐらいですよ。

――1か月ぐらい？　えーっ！[58]

上映して、彼はそのフィルムを荷造りして、作者に送るところまで全部やって、それで帰っていったの。彼には全然給料も払っていない。ただそこに泊めただけ。

――その方は、それこそ今のレインボーリールに至る大恩人じゃないですか。

もう名前も忘れちゃった。

――それはどこかでちゃんと顕彰しないといけないですね。私〔三橋〕も初期のころは少し関わっていたこともあるので。初期といっても第7回・第8回ですけど。

青山に来てからね。

――そうです。スパイラルの初期。今年二十何年ぶりに、関係しているフィルム「クィア・ジャパン」が出たので、久しぶりに行って「あら？　もうこんなに年月が経ったんだ」って思いました。それこそ南さんを呼んで、しゃべってもらわないとダメですね。いや、これは驚きました。第1回と第2回は南さんが全額出資して、ここから始まったんですね。その前段階というか、南さんは映画への関心はどの程度だったんですか？

サンフランシスコへ行ったときにゲイ・レズビアン・フィルムフェスティバルというのをやっていたんですよ。

――それは『アドン』のお仕事か何かで行った？

そう。映画は見ていなかったけど、ポスターがあったんですね。それで「映画祭というのができるんだな」と思ってね、日本でもゲイでそういう映画を作る人がいるだろうから、そういう人たちの作品が並ぶ映画祭をやれればいいなと漠然と思っていたんです。トロントへ行ったあとに向こうからオファーがあって「それならいいですよ」なんてね。だから最初からやる気はあったんです。

――映画祭というプランの存在を知っていたから、わりと肯定的に返事がすぐできたという。

――サンフランシスコはいつぐらいに行ったんですか？

IGAをつくる前から行っていました。『アドン』の取材で。

――ビル・シュアー来訪よりも前ですか？

そうですね。

――ビル・シュアーの年が84年で、そのわずか2年前にビデオ出版からようやく独立して本当の編集長になられて。サンフランシスコはビデオ出版からの独立以降ですか？

そう。ビデオ出版の仕事をしていたときには、サンフランシスコへ行くような気分が起きなかったですね。

――以前は月給25万円でやり繰りされていたんですよね。独立したあとに、『アドン』の売上げとして入ってくるお金というのは、かなり違いましたか？

違います。大きな違いです。全国的な販売の料金が入ってくるわけですから。経費で使えるんですね。サンフランシスコへ行くのが全部経費で落とせるんだから。

――当時だと何十万でしょうから、それが経費で落ちて、かつそれだけ使って誌面を作っても十分リターン

58　永易至文の著作には91年10月から準備したとあり、5か月程度である（永易2022: 150-152）。

できるっていう。

——ＩＧＡに登録してから、ＩＧＡ総会やいろんな海外の催事に行かれていますけど、これってたとえば招待で、お金がかからなかったことってあるんですか？

全然ありません。全部自前です。このあいだ、韓国でアジア会議をやっていて、ものすごい人数のアジア人が行ってたけど、みんな自前で行っていると思いますよ。招待する力がないのです。

——行かれるときは数人で？

一人です。

——一人で行って、資料もいろいろ持ち帰って、それを『アドン』の紙面に反映させていくわけですよね。

——そこらへんがやっぱり今と違う大きなところで、すごいと思うんですよ。本当に。そうなると、海外に実際に行って情報を持ってきている『アドン』と、行っていないところとは全然話にならない。それが80年代だからね。

ＩＧＡの総会というのは、一週間の間にそんなにやらないんですよ。始めのときと閉会総会と真ん中とか。あとは分科会。1つのグループで聴衆は多くて60人。小学校の教室が満員になるようなね。テーマによっては10人のところもある。テーマがいくつもあって、その分科会に参加をして、とにかく一生懸命聞き耳を立てて、単語で何を言っているかを自分でメモしてきて、文章を作るというようなことでやっていました。そのために行くんです。通訳がいないから一人なのね。

——じゃあ南さんの腕一本で海外の状況を日本に伝えるということを繰り返された。

——外国の団体も日本と似たり寄ったりで、たとえばどこかの大学がスポンサーでついてくれると、招待枠ができる。だけど普通はなかなかそううまくいきません。私〔三橋〕が2005年にバンコクの国際学会に呼んでもらえたのは、ニューヨーク州立大学がスポンサーについていて、日本からL・G・T、一人ずつ招待枠があったからで、かなり例外的でした。南さんが海外へ行かれるようになるころは、HIV感染・エイズの騒動のど真ん中だから、状況は大変なんだけど、活動は活発だったと思います。非常にユニークな活動をしていますよね。エイズの抗議活動なんかでもね。ACT UP[59]というのが出てきて、たとえばニュース番組のときに、テレビ局のスタジオを占拠してマイクを奪って演説を始めるということをやったり。

——本当にすごいなと思う。私〔三橋〕は2000年代になって海外へ行くようになったけど、それより20年前でしょう。できない英語で一所懸命、情報収集して、日本へ帰ってきてそれをまとめて、できるだけ広く伝えるみたいな感じですよね。今、ヘルシンキ、トロント、コペンハーゲン、ケルンと追いましたけど、なるほどなというところ〔性的マイノリティの人権意識が高い国〕で開かれていますね。IGAの会議に行かれている頃って、まさにHIV問題のど真ん中で、状況が切実な分、活動はすごく盛り上がっている。日本はまだエイズショックが来ていませんね。

ちょうど話題になったときです。アメリカの小さな島でこういう病気が発生したという。

59　ACT UP（AIDS Coalition to Unleash Power）　アメリカの脚本家ラリー・クレイマー（Larry Kramer 1935〜2020年）が、アメリカ政府のエイズへの無理解・無策への怒りから、1987年にニューヨークで立ち上げたアクティヴィスト・グループ。

──話題にはなっているけど、まだ海の向こうの話で実感がないときですね。

さっきヘルシンキへ行って資料をくれるまでに1時間待たされた話をしたでしょう？　そこにデスクがあって、その向こうに中年の男性がいてね、テープレコーダーを聴診器で聞きながら何かをメモしているのね。何やってるんだろうなと思ってさ。彼がパッと止めて一服したから「今何をやってるんですか？」って聞いたの。「これはエイズを支援する団体が、行政に要請をしに行っている場面を録音したもののテープ起こしをやっているんだ。私はドイツの大学の社会学の教授なんだ。9月に新学期になったら、この起こしたものをテキストにして授業をするんだ」と。そういう話を聞いたんです。その時に電話相談という話がその人から出たんです。それで「そうか、電話相談というプログラムがあるな」と思って、帰ってきてすぐ電話相談を始めたのね。だから私がエイズの電話相談の、最初の人間だと威張って言える（笑）

──会期には間に合わなかったけど、偶然うまく拾えたことがあった。

──ヘルシンキで電話相談を知って、帰ってきてすぐゲイホットラインをつくって。

それを今度はエイズホットラインに切り替えるのね。

──85年6月、8月号からのことですね。エイズホットラインと名のつく前のゲイホットラインの時期っていうのは、どんな相談が来ていましたか？

その当時のゲイホットラインというのは「男が見つからないから、どうしたらいいですか」といった類いのことですね。それから母親が「家を掃除していたら、子どものベッドの下からおたくの雑誌が出てきた。これはなんですか」というもの。こっちは弁明するんですよ。そうすると「じゃあ私の育て方が悪かったのかしら」と言うので「いや、そうじゃない。それは生まれたときからだ」ってまた説明をするの。そんなことですね。

――当事者以外からもかかってくるということですね。ビル・シュアーが来たとき「ＩＧＡに日本も参加しないか」ということで、最初に南さんはちょっとためらわれていましたよね。そのあとビル・シュアーが南さんのところに投宿をして、いろいろ話をしている間に南さんの考えが変わっていったというのですけど、いろんなところに出てくるエピソードとしては、シェアハウスでの編み物の話と、晩ご飯を当番で作る話[60]があるのですが、そのあたりとマルクス主義や実存主義みたいなことが関わってきたりするんでしょうか？

ビル・シュアーからその話を聞いたときに、私は机上の学問しかしなかったということにハッと気がついたのです。彼は具体的なことをしゃべっているわけ。飯を食わせる、編み物をやります、と。しかし私は自己投企だとか革命だとか、つまり空想の話しか頭の中にないわけですね。それで「そうか。運動というのは空想ではないんだ。まさにビル・シュアーが言っているような、具体的な行動を起こすことが運動なんだ」と。それにハッと目覚めた。私の考えていたことはなんてバカバカしいことだろうと思って、それで変わったわけ。

60　**編み物とご飯を作る話**　スウェーデンの活動としてビル・シュアーが語った話。著述（南1996c, 南2016）に回想がある。当番のボランティアがシェアハウスの鍵を開け、夕食を多めに作り、後から来た仲間が食べられるようにしていた。編み物講習会は好評で、参加者がハウスを満杯にした。

――日々の実践みたいな言葉が出てきますが、ビル・シュアーの前というのは日々の実践自体が。ないの。だってサービスなんて何もないんだから。自分が男を引っかけるとかさ、そんなことしか考えてないんだからね。ゲイ解放運動というのはセックスの自由だと考えていたから。

――セックスの自由だけではないということですよね。生活も含めて、という。

生活を含めたサービスが大事なんだということに目覚めたわけね。そうするといろんな方法やアイディアが出てくる。食べ物の他にもサービスということを考える。またそれで人を呼べるんですよ。

――いろいろなアイディアの源泉になったということですね。南さんは本当にアイディアマンだなと思って。

そんなことはないですよ。元ネタがみんなあるんだ。

――93年に宅配給食の「オープンハンド」をされたとも伺っているのですけど、これは元を辿ればビル・シュアーの食事の話。

もちろん、それが頭にあったからね。砦出版を廃業したあとには、高齢者向けの宅配弁当サービスも何年かしたこともありました。その頃僕はね、町内会で新聞を発行しようと思ったんです。市ヶ谷の薬王寺でね。四谷の手前ですね。町内の新聞を発行しようと思って町内会長のところへ相談に行ったわけ。「新聞を発行しようと思うけれども、いかがでしょうか」。そうしたら彼は「それは大いに結構だと思いますけれども、私の一存では決められないし、詳しい人がいるから、その人にまず相談してみてください」と言って、ある人を指名してくれたわけね。そのうち、町内の新年会で広い部屋で、箱膳で飯を食ったりする時があったんだけど、隣に座った人がその指名された人なんですね。その人にどうですかねと言ったら、彼は「じゃああとでうちに一緒に行きましょう」と言うわけ。新年会が終わってから彼のうちへ行ったところ、彼は共産党の新宿区の区議会議員だったんです。それで「新聞を作るのは大いに結構だと思う。私も会長によく言い含めておきます」と。彼は、自分の宣伝をしろ、共産党の宣伝をしろとは言わないけれども「共産党の活動にもっと近づいてくれ」みたいなことを言うわけね。あからさまな勧誘ではないんです。だけど、こっちは60年安保の時にある意味では愛想を尽かしているからさ、生返事をして答えを結局与えないまま、新聞の発行を始めたわけ。それで、今何の話をするために？

――宅配給食です。

その新聞発行をやっているときに、町内会に来ている役員の中に老人会を組織している人がいたのですが、その人が路地を挟んで私の家のすぐ隣だったんです。80歳過ぎの、もう相当な年なんだけど大変元気な人でね、一軒一軒自転車で回ってこまごまとしたお世話を焼いていた。元海軍の士官だったというの。だからそのときに鍛えられた体力が残っていたんでしょうね。だけどもその海軍上がりの頑固さがものすごくあるわけね。それで、ある号で私が書いた中に、路線バスがなくなるという朝日新聞の記事を転用した記事があったんですよ。そこに写真が欲しいから停留所で待っていて、バスに乗る人をパッと撮ったんです。その撮られた顔の中に、町内の人が何人かいたわけね。その新聞を配ったら、町内の人の顔が載っていて、なおかつそれはバスが廃止になるという記事だから、老人会の会長のところにものすごい問い合わせが来たと言うんですよ。それで、東京都交通局に聞いてみたら「そんなことはない」と言っていると。「あんなでたらめな記事は書かないでくださいよ！」ってものすごく怒鳴っているわけ。それでびっくりしちゃってね。新聞の記事を転載しただけだからね、「文句があるなら新聞に言ってください」って言ったんだけど、全然言うことを聞かない。それで僕もバカバカしくなって。だってボランティアでやっているんだからさ、怒鳴られるんだったらもういいやと思ってさ。それでやめたんです。しかしせっかく町内の人と顔見知りになったんだし、何か役に立つことをやらなくちゃと思って宅配弁当を始めた。

——これは性的マイノリティ向けではないということですね。

近所の高齢者向けね。

——名前が「オープンハンド」なので、マイノリティ向けかなと思って。

オープンハンドのほうは、廃業の前にしていたＡＩＤＳ患者・ＨＩＶ感染者に対する給食サービスです。というのは、そういう活動をやっている団体「ハンズ・オン・ハンズ」がサンフランシスコにあったんですよ。[61]それが膨大な規模でね、サンフランシスコの全地域に宅配をするの。ボランティアで料理を作っているんだけど、ホテルの厨房で働いている人たち、みんなゲイなんですよ。運んでいくのもゲイ。運ぶ先の地図があって、一区画の地域に6軒あるというのが丸印になって、みんな車を持っているから、サンフランシスコ全地域に宅配しているわけ。

それを見てびっくりしたのね。これは素晴らしいなと思ってさ。サービスするということが頭にあるから、なるほどサンフランシスコは優れているなと思って。それで小規模ながら、私が手で配るんだけれども、せいぜい15人ぐらいですね。

——それはどこかの仕出し屋さんで？

そうじゃなくて、作ったの。パートナーが料理して。公民館の厨房を使って、毎週1回昼のお弁当を配布したのね。大変喜ばれました。というのは、その時間帯に家にいるのはおばあさん・おじいさんばっかりなんだ。みんなはお金を３００円ぐらい渡されて、コンビニ弁当で済ましているんだって。それがそうでなくて、ちゃんとした料理を配ってくれるというので。区から補助金が出ていたので、７５０円のうち半分が補助金。利用者から半分もらうかたちで配っていました。

——これはどのくらい続いたんですか？

1年はやりましたね。毎週1回だからね、かなりの回数なんですよね。

——50回ですよね。

IGA日本、会則の否決と学生たちの独立

——また少し時計の針を戻させてください。ビル・シュアーが来て、日本のIGAサポートグループができ、活動をされていきますね。３年後ぐらいに第1回のIGA日本年次総会で、会則が否決されると。それはどういうことですか？

会則に「会員になるためには会費を納めるのが条件である」という項目があったんです。年会費は１０００円なのですね。１０００円を納めなくちゃならないという項目がある。それに対して反対をするわけ。「我々はボランティアで来て、なおかつ金を取られるのか。とんでもない」と反対をする人がいて、それにみんな同意するわけですよ。それで手を挙げたら、２人だけが賛成票で、あとの二十何人は

61　**サンフランシスコのオープンハンド**　85年設立。病人や脆弱な人々に栄養価の高い食事を提供し、地域社会につなげ教育をすることで健康を維持し生活の質を向上させることを使命としたサービス。

態度保留なのね。保留されたから、会則が成り立たない。会則のない団体は活動できないから、1年間活動を凍結したんです。それで事務所を移転して1年後に再開した。

——会則に賛成した人が2人いて、その人たちは残った？

残った。

——今から思うとずいぶんなことですね。それは、当時ボランティアのようなかたちで集まってきている若い人が多くて、学生でお金がなかったというのもあるのでしょうかね。

もちろんそうでしょうね。それともう一つは、集まってきた中には、まだ自分が給料を取っていない学生だとか予備校へ行っている人たちと、すでに社会人になって給料を取っている人たちがいるわけね。だいたい半々だったんです。給料を取っている社会人は活動をしないんです。手足になって動くのは学生連中なのね。社会人は理屈は言うけれども働かないわけね。学生連中は常に反発を持っているわけ。「俺たちばっかり働いている」と。彼らが主体になって、反対派を結集したわけね。

——反対派というのは、学生？

そう。残った2人は、私と中山さんです。

——そのとき学生だった人たちが、アカーやＯＧＣ[62]に。札幌ミーティング[63]は？

来ていません。遠くだから来なかった。ＯＧＣは来たけど。

——南さんから見て、当時の学生の世代というのは何歳ぐらいでしょう？

まだ大学へ入っていない人たち、あるいは1年ぐらいですかね。

——じゃあ、その時の南さんとの差は36歳くらい、3回りぐらい違うんですね。

だから父親と子どもみたいだよね。

――当時の学生は、どんなふうに見えましたか？

私は若い子が好きだからさ、若い子がうようよいると楽しくてしょうがないんですよね。何もしなくてもね。それで活動してくれるならこんなにいいことはないと思っていた。

――南さんがこの当時、信頼を置いていた若い活動家は誰でしたか？

新美〔広〕くん。彼が一言言えばみんなが付いてくるから。

――新美さんにカリスマ性があったということですね。

彼は近藤真彦と言われたぐらい、そっくりだった。いた連中の中に、風間〔孝〕くんだとか河口〔和也〕くん。〔今は〕大学の教授をやっていますね。その他何人かいますよ。外国の人たちの話をＩＧＡなんかで聞くと、みんな会費を納めるわけ。メンバーシップフィーという

62　**ＯＧＣ**　「大阪ゲイ・コミュニティ」の略称。１９８４年に発足した「ＩＧＡ日本・大阪」が、１９８７年10月に改称した男性同性愛者とその支援者の団体。中心メンバーに平野広朗氏など。ミニコミ誌『結びっ子』を発行。

63　**札幌ミーティング**　１９８９年2月、北海道札幌市で「ＩＬＧＡ日本・札幌ミーティング」として結成された団体の略称。「ゲイの生活にかんする情報を相互に交換するとともに、札幌におけるネットワーク作りを進めることを目的とする」。その後、レズビアン、バイセクシュアル女性も多数参加し、２００４年まで活動した。ニュースレターの第1号は１９９１年9月、最終号（１３５号）は２００４年12月発行。１９９６年に開催された「レズ・ビ・ゲイプライドマーチ札幌」は東京に次いで2番目となるプライドパレードであり、現在に至る札幌プライドパレードの始点となった。

んですね。メンバーになるための費用だと。だから当然だと思ったわけ。ＩＧＡでそういう話を聞いているから。そうしたら「ボランティアの上にさらに金を取るのか」って言われたの。

第２回・第３回東京パレード

——東京のパレード[64]の話に入らせて頂きます。第1回目については様々なところで語られていますよね。ここでは2回目以降のお話をお願いします。時代の節目の話として「私の自叙伝」でパレードの話をされていて、商業的・企業的なものが関与してくる時期というのが95年あたりかなと、読んでいて思うんですけども、そのころの企業の関与の仕方というのは、お金を積極的に出すという感じなんですか？

そうじゃない。向こうが積極的に出すんじゃなくて、金をせびりに行った人がいるということ。

——せびりに行くと出すようになったということですか？

そう。手っ取り早くいえば、クアーズというアメリカのビール会社があった。ハーヴェイ・ミルク[65]が殺される前、サンフランシスコで活動していたときに、クアーズをゲイバーに売り込んで、地域のゲイバーの信用を得たという話が彼の映画の中で出てくるんですけれども、まさにそのクアーズなんですよ。クアーズが日本進出してきたわけ。キリンビールの本社の一室を借りて。

——キリンとある種提携をしたっていうことですよね。

それに目を付けた人がいるわけ。若者でね。クアーズへ行けば金を出すというので、そのために首謀者がいるんだけれども、首謀者が動くと目立つというので、全く無名の女性を使ったわけです。〔第２回目パレードの〕実行委員会を定例で開いていたから、そのときは、公認のパンフレットを作るということで、広告を集めましょうと。私たちはゲイバーしか出さないだろうと思って、レイアウトとして下に2つ並べばいいと、なんとか集まれば大成功だなという感じで提案して、それはみんなOKしたわけ。広告を集めましょうと。それで手分けして自分が行っているゲイバーへ話をつけるとかなんとかしましょうということで、広告を集めるという合意が形成された。

実行委員になるためには年会費１０００円を納める必要があったので、みんな納めたんですよ。けれ

64　**東京レズビアン&ゲイパレード**　１９９４～96年の3年間、東京で開催されたゲイ・レズビアンのパレード・集会。主催はＩＬＧＡ日本支部を中心とする実行委員会だが、実質的にはゲイ雑誌『アドン』の編集・発行人の南定四郎が主導した。第1回は１９９４年8月28日に開催され、新宿中央公園から渋谷・宮下公園までをパレードした。参加人数は約１０００人。日本における最初のゲイ・レズビアンによるパレードであり、同性愛者の社会運動として画期的な意味を持つ。１９９６年8月25日開催の第3回パレードの集会における混乱（「『レズのくせに…』発言事件」）などにより実行委員会が解体し、実質的に中断となった（97年の第4回は小規模開催）。

65　**ハーヴェイ・ミルク（Harvey Bernard Milk　1930～1978年）**　アメリカ合衆国の政治家、ゲイの権利活動家。１９７７年、カリフォルニア州サンフランシスコ市の市会議員に当選。アメリカ初の同性愛者であることを公表した選挙で選ばれた公職者となる。１９７８年11月27日、同僚議員のダン・ホワイトにより市庁舎内で射殺された。１９８４年、ドキュメンタリー映画『The Times of Harvey Milk』が制作され、さらに２００８年制作の映画『ミルク』（原題：Milk、ガス・ヴァン・サント監督）が、第81回アカデミー賞で脚本賞と主演男優賞（ショーン・ペン）を受賞。ゲイの権利活動家としての業績が広く知られるようになり、カリフォルニア州はミルクの誕生日の5月22日を公的に「ハーヴィー・ミルク・デイ」とし、２００９年には大統領自由勲章を授与された。

ども納めずに参加していた実行委員ではない活動家の女性がいた。傍聴者だからいいだろうと。別に秘密に類することを話し合っているわけじゃなしということで、暗黙で認めていたわけね。

その広告の話が終わったあとに、彼女が近寄ってきて、私に「私〔南〕の名刺を下さい」と言うわけ。何に使うんだと言ったら「広告を取りに行きます」と。Ａ4版のパンフレットの裏表紙、表4にね、1ページの広告を出す会社がある。私の知り合いがそこにいるので、そこへ広告を取りに行くのだけど、名刺を持っていないと。だから私の名前を赤線で消して、そこに自分の名前を入れるということで使いたいんだと。その程度なら、どうせ行ったって取れないだろうと思っているから気軽に渡したんですよ。そうしたら、日が変わって間もなく電話がかかってきて「広告が取れました」って言うんだよね。1ページの広告が入ってくるのか、と。100万円だからね。Ａ4が1ページ100万円の単価ですね。見事に取ったなあ、偉いなと思っていたんですよ。

そしてパレードの前日になって、夕方頃に電話があったので私が取ったらクアーズの会社の男の人で、「おたくの口座へ100万円を振り込みましたから、確認してください」と言う。うちの銀行口座は1つしかないからね。「そうですか」って切って、すぐ銀行へ電話をしたら「100万円は入っていません」と。どういう話だろうと思って。それで5時になって。銀行〔の取引〕が3時で切れちゃっているからどうしようもなくて。広告の原稿は完全原稿で入ってきたんですね。それをパッと載せればいいだけで。広告が載ったパンフレットを作った。だけれども、広告を取ってきたというそいつは顔を現さないから、渡しようがないわけ。広告主に。それでウロウロと、こっちも非常に気にかかっていたんだけれども、一応パレードが終わって。

実行委員会の納会を招集したら、彼女が来たんですよ。「あなたの広告の代金は入っていない。だけど向こうの広告主からは口座に振り込んだと言っているんだけれども、あなたは覚えがありませんか」と話をしたら「それは私の口座に入っています」と。だから「それはおかしいんじゃないか」と。「私の名刺を持っていって名前を書き換えただけで、そこに団体の住所といろんな必要事項が出ているのだから、それはその団体に寄付したのであって、あなたに広告を出したわけじゃないんだ。それは団体に納めて、必要経費があるならみんなに諮って、承認を得た上で必要経費を落とすのが常識じゃないの」と言ったら黙っているわけ。それでいろいろ問い詰めたら「あの経費は衣装代に使いました」と言うんだ。

確かにその連中は5人・2列で、黒いマントを着た衣装の人たちがいました。それであるときに誰かが気合いを入れるとパッとやるんですね。そうすると真っ赤な裏地のマントが開いて、ビキニの水着の、裸体に近い状態で出るという、そういう衣装だったんだ。あのマントが10人分で100万円かかるはずがないと思ってね、絶対にこれはちょろまかしたに違いないというので、裁判で問い詰めようかと思って、弁護士まで話をしに行ったんですね。

そうしたら、向こう側の弁護士から、弁護士事務所の便せんを使って手紙が来まして、「これから交渉事は私が受け付けますから、私のほうに交渉してください」というのがきた。正式な裁判をして弁護士が立ってくると。裁判闘争ということになると、私がそこで原告で立って弁論しなくちゃいけないし、自分の仕事もあるしね、裁判なんかに関わっている暇はないと。しょうがない、100万円損したと思えばいいやというので、それで打ち切りにしちゃったんです。そういうことがあって、来年はどうなるだろうと思っていました。

その次の年が第3回目で。そのとき予想外に関西方面から新幹線で50人の団体が入ってきたんです。今までそんなことはありえなかったのね。新幹線の切符を買って50人を動員してくるというのはどういうようなことなのだろうと、非常に不思議に思っていた。

あのときはパレードが終わったあと、野外音楽堂で集会をやって、そこで決議文を朗読して、その決議文を政府に持っていくというのが最後の締めだったのですね。会場で「拍手で採決を取りますから、よろしくお願いします」と朗読して「いかがですか?」で拍手になる。その宣言文を読んだのは私じゃなくて、当時の実行委員の若い人。その人が読んで、議長が「いかがですか」と言ったら盛大な拍手だったから「ではこれで採決しました」と言った途端に「異議あり!」と言うのが出てきて、50人で来た団体がダダッ、ダダッとステージの前へ来て、バッと飛び上がってマイクを取って演説を始めたの。そうしたらものすごいアジ演説で「私たちはやりたいようにやりたいんだ」と。「南独裁のパレードは二度とやらせないように頑張りましょう」とアジ演説をしているわけ。何もこっちは独裁でもなんでもない。ちゃんと民主的に実行委員会を開いてやっているので、それぞれの集団があれば集団が独自にいろんなことをやっていただけなので。

だけど会場にいた、拍手をした人たちは恐ろしいということで、みんな散り散りばらばらになっていなくなっちゃって。彼らは空席に向かって演説しているだけなのですね。これはしょうがないからというので、管理人に「全部片付けちゃったし、これで帰りますから。閉会しました」と言ったら「いいですよ」と言うから、我々は引き上げてきた。最後に一人、現場責任者という役割をしていた木村くん(仮名)という外語大出身の塾の講師がいて、その人が最後まで居残っているから、「もう終わったんだから引き上げなさいよ」って使いを出したわけ。だけど「いや、私は責任があるから、彼らがいなくなるまでここにいる」と言うのね。彼はステージの上に立って様子を見ているわけだ。そうしたら、なんか知らないけど暴力を振るって殴ったり足払いを掛けたりしてステージの上に倒して、携帯マイクを彼の耳に付けて「お前はバカだ」「南独裁反対」「バカヤロウ」とかなんとか大きな声でガンガン罵倒したわけね。

――それを南さんが見て？

見ていません。私はもう引き上げたんだから。そういうことを密かに窺っていた人がいた。それで彼があとから、そういうことがあったと報告があった。彼らはやりたい放題をして散会していったのです。それで木村くんもよろよろと立ち上がって、そのまま家へ帰っていった。

それから彼の異常行動が始まったのです。「監視されている」と言うわけだ。「あそこに誰かがいる」とか、電車のホームに立っていると「集団が私のそばを通りかかって、私を罵倒しながら通り過ぎていく」とか、そういうことを言い出すから。それで、私の家へ「相談がある」って来てね、そのときに実行委員長をやった若いやつを呼んで同席してくれって言ったの。そうしたら彼が「私を監視している人がいる」と。パッと窓を見て「あそこにいる。あそこで腕を振り回している」と言うわけです。それで実行委員長が窓から見たけど、振り回している男なんて誰もいないのね。

そんなことがあって、それ〔監視の主とされた人〕は集会を妨害したやつらに違いない、と思った。被告人なしの裁判を起こそうと思って、弁護士にいろいろ相談したりしている間に、父親が精神異常だと思って精神科の病院に連れていった。待合室で待っていて、父親がトイレに行っている隙に彼は逃げ出して。私たちの事務所の鍵を持っていたから。7階だった。靖国通りに面したビルで。靖国通りとその裏通りがあって、窓を開ければ裏通りになっている。そのときには活動を停止しているから、誰も来ないわけ。鍵を開けて部屋へ入って、コートを自分のロッカーに収めて、革靴を机の上にちゃんと揃えて置いて、窓から飛び降り自殺と。7階だから即死ですね。

――パレードから何か月後に？

半年後です。2月です。あれは8月にやっているから。2月の中旬だった。自殺しちゃって。交番から電話がかかってきて、私の事務所の真向かいが靖国通りの交番だったから。「至急来てください。おたくの事務所の窓から自殺者が出ました」と。交番へ行ったわけ。「私が責任者です」と言ったら「じゃあ現場へ行きましょう」と。行ったら、そこは掃除してあって血はありませんでしたけど、人の形に濡れた人型がありまして、ここに落ちたんだなと思って。死体は戸塚署に安置しているから、拝みたければ戸塚署へ行ってくださいと。

戸塚署へ行ったら、奥の中庭のほうで葬儀屋さんが来て相談しているから、お父さんが来ているから裏手へ行ってくださいと。裏手の荷物が積んである上にむしろが敷かれてそこに横たわっていました。親父さんは葬儀の打ち合わせをしていて忙しそうだから、お参りして「失礼しました。葬儀の日だけ教えてください。参列しますから」と言って、名刺を渡して帰ってきたの。

そうしたら葬儀の連絡があって、参列したらお母さんが挨拶の場で「あの子は大変気持ちの優しい子であった」と。「お宅様の事務所へ行くのがとても楽しそうで、行く前の日は…、台所でお酒を飲んで、いい気持ちになって朗らかな気分になっていた。そういうところへ行くのは、よっぽどいいところなんでしょうね、と。どういう集まりなんですか」と聞くわけ。だけど、同性愛者の集まりだと言うわけにはいかないから「若い人たちの溜まり場でね、そこでみんな雑談したりなんかするところですよ」と返事をして「そうですか」と。それで出棺を見送って、「焼き場までは来ないでください」って。そこで別れた。我々は若い連中と7人ぐらいで行ったんですよね。

――本当にありがとうございます。最初の私の疑問は、広く一般企業の話かなと思っていたら、特定の一般企業だったのですね。それで分かりました。だいたい90年代半ば。そのあとの事件に関してはもうなんとも言えないですね。つらいですね。

結局私は…、ビル・シュアーの言うように、サービスということを考えてやってきたんだけれども、どうも口でしゃべっていることはそうではないようだと。大言壮語、いわゆる大義を訴えて、若い子がそれをある意味では信ずるというか、信頼するということで付いてきて、一番信頼したのがその自殺したその人であって。そういう大言壮語をこれからは一切言うまいと決意して、運動から手を引いた。

――それと『アドン』の。

廃刊と同時です。

――やっぱりそれは通じているということですね。

そうです。

――その後はしばらく今でいうＬＧＢＴの情報って入ってきていましたか？

入ってきません。だって、ゲイバーへも行かないから。

――人間関係も？

なんにもない。

――そうだったんですか。それはご自身の中で寂しくなかったですか？

寂しくなかったです。パートナーがいるんだから。彼も〔あまり〕ゲイバーに行かないからね。

――少し休憩を取りましょうか。

年金者組合

――活動的なことと出版的なことから引退をされて、そのあとというのは社会的な活動をほとんどされていなかったんですか？

その前に町内会の新聞を発行していたでしょ？　そのときに全国組織で全日本年金者組合という組合があって、東京都本部、新宿支部がある。その新宿支部の役員をしていた人が町内会の役員もしていて、その人がしょっちゅう家へ相談事があれば来て酒を飲むということがありまして、それで私が「そうだ。年金者組合に入って、そこには運動をしている人はいないらしいから、きっと役立つんじゃないか」と。そして入ったのね。そうしたら早速「機関紙を今発行しているけれども、これは素人くさくてよくない。あなたは出版で慣れているだろうから、機関紙をやってくれ」と機関紙を任されて、それで執行委員にすぐ就任してくださいということで、毎月機関紙を発行していたのね。その機関紙を東京都本部へ送るわけですよ。そうすると機関紙が全都支部から集まるでしょ？　他の支部はやっぱり素人が作るから、私と作り方が全然違うんですね。それで都本部の委員長が「新宿支部の機関紙をやっている人をぜひ引き抜きたい」と言うので。全国の高齢者大会というのがあって、そのときはまた年金者組合とは違う高齢者の組織なんですけどね。

――大きな会ですか？

大きな会です。確か熱海のホテルで大きな大会があって、その流れで2次会がその会場であった。私が新宿の代表で行っていて、委員長が一部屋取っていて、彼の側近も一緒にそこに陣取っているわけね。その使いの人が私のところへ来て「委員長がお呼びですから、この会が終わったら委員長の部屋へ来てください」って言うから、何事だろうと思って行ったのね。そうしたら委員長が「実は頼みがある。都本部の機関紙を請け負ってくれないか」と。支部の機関紙を作っているより、都本部だったら東京都全部に行くわけだから、都本部の機関紙を作るのはいいなと思って、すぐ「やりましょう」って受けたのね。それで支部を抜けて今度は都本部執行委員になって、支部の機関紙は手伝ってくれた人に任せて、その人たちが作るようになって。都本部の機関紙を発行して、そこで10年活動してましたね。

――それは沖縄にいらっしゃる直前ぐらいまで、ということですね。分かりました。それで埋まりました。

私はLGBTの運動や組織のやり方は素人だとばかり思っているから。年金者組合というのは、労働組合の一種なんです。だから労働組合の運動のやり方というものの本格的な本丸に行って、勉強したいと思ったの。だからまず支部から上がっていくという段取りでね。

――今までの組合との関わりは、はっきり言って末端組合が多かったたし、実務的なことが多かった。それに対して今回はそれなりの規模の組合の東京本部ですから、かなり違いますね。〔三橋〕

組織活動の司令部というのはどういう動きをするのか。年金者組合は、共産党の支持団体ということは明確なんです。それは結局共産党の組織活動の内輪を見ることができるから。

――安保のときになんとなく気づいていたけどよく分からなかった、上から指示が来る仕組みを、本当にリアルにそこで体験するというか見ることができるという。

そして体験しました。なるほどそうだなと思いました。いわゆるピラミッドの組織はどういう具合に運営していくか、という。

――「党とは別組織です」と言っていながら、実は流れや系列ができているのですね。

だから都本部の執行委員というのは、全部共産党員なんですよ。共産党には2つの組織形態があるわけね。労働組合と、一般社会の隣近所・地域の支部と。それらを昔は細胞と言ったんですね。単位細胞。都道府県本部レベルの執行委員というのは、細胞ではないんですね。グループと言います。だから基本的には私一人が非党員というのは具合が悪いわけ。それで「党員になってください」と勧誘に来るわけ。町内会の新聞を作っているときに、相談しなさいと言われたその人も共産党の区議会議員だったですよね。それで彼も私を誘ったんです。私はその時「じゃあしょうがないな」というので入党の申し込みをしたのですね。彼がそれを上へ上げていった時は「『アドン』というエロ雑誌を編集・出版している編集長を党員に迎えるわけにはいかない」って蹴られたんです。

――当時の日本共産党の性的マイノリティに対する認識だと、まさにその通りでしたね。

だから都本部へ行っても当然蹴られると思うから、「いや、あなた方が紹介者になって申込書を書いたって、それは当然蹴られますよ。私は前に蹴られたんですから」と。そうしたら「いや、大丈夫。とにかく書いてくれ」と言うから、しょうがないから書いて形式的に出しただけだった。そしたら「承認された」と返事があり、ちゃんと承認の許可証みたいなものが来たんです。

——たぶんそこらあたりから共産党の性的マイノリティへの対応が、徐々に変わっていったのかもしれません。時期差がありますもんね。実は私〔三橋〕、この2年ぐらい新日本婦人の会[66]の雑誌から連載を頼まれて書いていたんですけど、あるとき毛沢東の言葉を引用したら、それまで一度も検閲的なことはなかったのに、いきなり「これはやめてもらえませんか」って言われました。しかも編集長が言ってきたのじゃなくて、なんとかっていう方からと言うのです。「その人は検閲係なのですか？」と尋ねても答えません。そういう仕組みなんですよ。編集部長なり編集長なりとは違う系列で、党の意思が入ってくるんです。

それで、年金者の東京都本部の活動を通して、再び元へ戻ったんですね。だからさっきのサルトルの、そこに戻ったのです。戻って沖縄へ来たから、沖縄の活動はまさにそれの実現なんです。

老後を考える会、電話相談（沖縄在住時）、ＬＧＢＴＱフォーラム

——沖縄の活動を一言でいうと、どういう方針に基づいていたのですか？

方針というのはないんです。つまり活動は私がやったのではなくて、たまたま那覇にあるＬＧＢＴのエイズのケースセンターがあって、そこで人と待ち合わせをしていたんです。

66　新日本婦人の会（しんにほんふじんのかい）　１９６２年、平塚らいてう、羽仁説子らの呼びかけにより結成された女性団体。思想的、人脈的に日本共産党との関係が深い。２００３年、国際連合経済社会理事会の特別協議資格を取得。機関紙として『新婦人しんぶん』（週刊）、『女性&運動』（月刊、１９９５～２０１９年）を発行。

――「mabui」[67]ですか？

そう。ある若者がそこへ入ってきたわけ。「ゲイの老後を考えたい。そういうグループはここにありますか」という問い合わせだったのね。そこのセンター長が対応に出た。その人は彼の知り合いだった。「そんなものはないよ」って言ったわけ。彼は非常に残念がって、帰ろうとしているから、私は「ちょっと待ってください。あなたはいいアイディアを出してくれている。私はそのアイディアに賛成だ。ただ、私とあなたで何かの会を立ち上げるというのは具合が悪い。なぜなら2人だと慣れ合いになっちゃうから、もう1人誰かを呼んできてください。3人だと、相談したときに誰かが批判をすることもできるでしょう。3人になったら、私もその3人の1人になりますから」と言ったら、彼は1か月かかって彼よりも年上の人を1人見つけてきたんですよ。非常に優しい穏やかなおじさんだったから、こういう人なら協調的でいいだろうと思ったのね。3人集まったから、これでやりましょうかと言って「まじゅんの会」というのが始まったわけだ。まじゅんというのは沖縄の言葉で「一緒にどっかへ行こう」というときの「一緒に」という意味なんだって。だから、みんなで一緒にやりましょうという「まじゅんの会」というのを始めた。「私〔南〕は会長はやりません」と。ある意味では顧問みたいに相談役で、いつでもアドバイスをしたり意見を言ったりしますから、会長は年配のその人になってくださいと言って、その人が会長になって、事務局は「mabui」のセンター長がやることになって、4人で始まった。

――今もそのグループは続けている？

もうなくなりました。その後、ある日突然、沖縄市の社協から「電話相談をやってくれないか」という連絡があって、月に1回第2木曜日に2時から4時まで電話相談のボランティアを始めた。

――それは誰向けの電話相談ですか？

ＬＧＢＴ向けに特化した電話相談をやりたいと。あそこは電話相談をいろいろやっているんです。借金の相談だとか立ち退きの相談だとか、いろんな相談が７つぐらいあるんだけど、それにもう１つＬＧＢＴに特化した相談事業をやりたいと。それで社協はずいぶん名が売れたんですよ。全国の社協の中でＬＧＢＴの電話相談をやっているのはここだけだと。わざわざ富山からも見学に来たりしました。それから沖縄市の中部の社協の幹部が集まって、ホールを借りて講演会を企画して、私と他のＬＧＢＴ７人ぐらいが招かれ講演したこともありましたね。そういうことの延長上で、ＬＧＢＴＱフォーラムというのを始めたんです。その第１回目が２０１７年です。コザミュージックタウンというところでやったら、どこから来たか分からないけど１００人来たんです。

――講演会か何かですか？

芸能大会です。ＬＧＢＴＱの素人芸人が集まった。いわゆるシスターボーイみたいな、踊りながら口パクでやる人とか、ＦＴＭの男の歌手が歌うとか、踊り・歌・パフォーマンスで、1時から5時までちゃんと持ちましたよ。

それをやる前に、電話相談を始めるときに記者会見をしたんですね。そうしたら新聞に記者会見の

67　mabui（まぶい）　沖縄県那覇市にあるコミュニティセンター。沖縄の言葉で「魂」の意。沖縄在住者・観光客のゲイ、バイセクシュアル男性のための情報ステーションとして、ＨＩＶなどの性感染症、沖縄のゲイコミュニティ情報などを発信している。

写真が出たりして、私が電話相談をやるということが結構広がったのです。それで第1回のLGBTQフォーラムを始めたときに、わざわざ「私もスタッフとして参加したい」と言ってきた中年の男の人がいた。プロの司会者、司会業で食っている人というのが沖縄には実に多いのです。

——沖縄はいろいろな芸能イベントが多いですからね。

その人から「司会をやらせてくれ」と申し入れがあって、当然ボランティアだと思ったから僕は了承して、彼が司会をすることになったんです。プログラムにも、誰それが司会ということで出るわけだ。それからもう一人、風船のパフォーマンスをやっている人がいて、それは風船を作るのと同時に、作った風船を使ってパフォーマンスをやるという、一人一芸みたいなね。ちょっとした舞台装置や小道具を使って、一つの物語を演ずる、素晴らしいやつね。その人も出させてくれと。これもボランティアだと思って「いいですよ」って。ずいぶん多彩な人が来たなと思って喜んでいた。

それで終わった。こっちは安心していたのね。そうしたら人づてに話を聞いたら、その司会者と風船の人はプロだからというので、社協は出演料を支払ったというのです。しかしフォーラムに関わるいろんな経費があるわけ。私が宣伝物を作ったり印刷したりして、私のところからは10万円出ているんです。だけどそれに対してはどこからも支払いは何もないわけね。私は何もそれを欲しいとは思わないけれども、他の人、いわゆるLGBT芸能人はボランティアだからね。片方にギャラを取っている人がいて、片方がボランティアだとなると、当然そこで文句が出る。それは具合が悪い。だからみんなノーギャラでいこうと。プロの人を頼むと、ギャラを払わなくちゃいけないのは当然だと。それは社協の経費で落とせるかもしれないけれども、こっちはもう分かっているのに二度目も社協に落としてもらうのは大変都合が悪いから、ボランティアでやる司会者を見つけるからということで、密かに手を回したら、やるという人が出たんですよ。司会業をやっている人で。その人に頼んだら「ノーギャラでいいよ」ということになったから、よかったと思って。

残ったのは風船パフォーマンス。司会は立ったから、〔第2回目は〕誰々と発表するでしょ。そうしたら前に司会をした人は当然自分がするものだと思ってて、ギャラをあてにしているわけだね。それで文句を言い出したわけ。「なんの相談もなしに司会者を取り替えている。とんでもない」と。それに対して私が「あなた方は当事者ではない。我々は当事者を主体としてこのパフォーマンスをつくっている。司会業と風船パフォーマンスをやる人がアライであって、その人たちがギャラをもらい、我々はギャラをもらえないということになると、本末転倒ではないか。我々が主体でやるのだから、あなた方はそれを応援する立場だ。ギャラを出せないことを考えて、ノーギャラの人を頼んだのだ」と言ったら、とんでもないと言い出したの。それではプログラムに全部カッコ書きにしてくれと。レズビアン・ゲイ・トランスジェンダー、我々はアライとカッコ書きしろと。〔しかし〕それはある意味でアウティングですよね。そういうのは差別だと言って断ったわけ。向こうも腹を立てて「私は出ません」と言うからああ結構ですと。それで出演を断った。

――それこそさっきの、お金がどっちからどっちへ流れるっていう話に通じますよね。通じるわけですね。そういうわけで、やることになって進行していた。ところがそこに台風が来ちゃったんです。会場費は無料でキャンセルから中止にして、第2回は流れちゃった。

今年〔2019年〕の第3回目は県立の博物館を借りて。ここなら台風が来ても大丈夫だから、全部ノーギャラで出てくれる人で、芸能大会ではなくて講演会・トークショーに切り替えて、シンポジウム2本に講演が1つという3本立てでやった。それは大変好評でした。

東京のパレードに対して

――沖縄に移住されたのはいつですか。

2010年の5月10日ですね。

――90年代に活動から引退されて、沖縄でまた南さんが活動しているというふうになって、その間が私は本当に不思議だったんですけども、みんなが思っていた疑問だと思うんですよ。今回お話を伺って、そこらへんの謎が解け、つじつまが合ったというか。南さんが関わっていなかった時代についてはほとんど情報も得てなかったということで聞きませんけども、沖縄で活動を再開されてから現在の状況に対して、沖縄に限らず全体的なLGBTの動きについては、何かご感想はありますか？

ありますね。まさにここ〔『空とぶ船[68]』〕に、東京プライドについて書いてますけれども、大変よかったとは書いていないです。経過を書いたあと、最後に「死と再生のセレモニー」という項目で、入棺体験について書きました。マツザワスミレさんというのかな？　江東区でお寺さんの、旦那さんは住職をやっているのか分からないけれど、寺院に関係している人なんですね。ハウスボート〔クラブ〕という会社を経営して、カフェをやっている人です。このカフェで講演会をするから私に講演をしてくれという依頼があって、60人ぐらい集まりました。満員でしたよ。そういうのでこの人と縁がありました。この人の本業は散骨なんですよ。沖縄の海へ来て散骨をするんです。住職の檀家の人の死の最後を、散骨を望む人がいればやるということで。去年散骨に来たんですよ。その時に最期の看取りをロボットにやらせたいと。ロボットにこの黒い衣装を着せて。もう看取りの段階になると、これから死者になる人は口もきけないだろうけれども、しかしそばに誰かがいないと困るだろう。それは家族がやるけれども、非常に重荷になるという家族もいるんだと。だからその代わりに、ロボットをそこに連れていく。

「ロボットを派遣して、入力した言葉をロボットがささやくというような感じで、最期を看取ってやるということをしたいのだけれども」という話があったから、「ロボットは琉大病院で使っていますよ。受付にロボットがいて案内しています。選択肢があって、そこを押せば『いらっしゃいませ』『何々はどこどこですよ』と。歌のロボットもあって、ボタンを押せば歌を歌い出して、踊りもやる。そういうロボットもありますよ」と言ったら「ぜひそれを見たい」と言う。それを見に、那覇の空港から琉大まで案内したんです。彼女はそれを見て、名護行きの急行バスに乗って、本部（もとぶ）という港から離島に渡って、そこの漁師さんに知り合いがいて、漁船を出してもらうと。おそらく手漕ぎでなくポンポン蒸気でしょう。漁船を出してもらって沖へ行って、一つの儀式を行うんだって。最後に花を海へ捧げて散骨をする、というのをやって帰っていったんですね。

その後パレードで私が行ったとき、入棺体験をやっていたから、非常に興味があって。この入棺体験というのは、死ぬという話ではないんですよ。「再生」するという入棺。だから生きている人がそこへ

68　『空とぶ船』　ＬＧＢＴＱ応援会社「合同会社 空とぶ船」が刊行している季刊誌。編集・発行人は南定四郎。２０１９年２月に創刊０号を出し、同年４月に１号。２０２１年８月の７号で休刊。

入って、そこでお経を上げられるんだよね。周りでね。一応の儀式が終わると蓋を開けられて出てくるという、入棺体験というのをやっているんですよね。前の年もやっていました。

――入棺体験は大きな評判だったたんですよね。

そうなんですよ。つまりここでは死者を弔うのではなくて、再生をする儀式ということなんですね。散骨も、死者を弔っているんじゃなくて、生き返らせるという意味での散骨なんですね。

そういう意味で私はこれを取り上げて、パレードはまさに死者、はっきり言えばもう死者だと。なぜならば見かけはこんなに盛大であっても、本質はもう失われて死者になっているんだと。だから彼らパレードは、今この入棺体験をしているところだと。果たしてこれが再生するかどうか、それは今後にかかっているという意味で、比喩として書いているんです。

――「平成と共に機能停止に陥った大衆運動と交差して、レインボープライドは再生へ向かう一歩を踏み出している」（『空とぶ船』2号13ページ）とあるのはそういうことですね。だから南さんの見方だと、20世紀の終わりにある種機能停止をしたものが、今は見かけはすごく盛大になっているけど、本質は死んだままというか失われたままという。もう一つ違うかたちで再生しないとダメだということですね。

それを今やろうとしているわけ。私が沖縄でパレードをやるということじゃないですよ。コミュニティをつくるということです。〔しかし〕大きなコミュニティをつくるわけではないんですね。

――年に一度大きなプロパガンダをやれば済むかっていうとそうではないっていう。

そうではない。もっと日常的にね、生活の中で、生活を築くことがプロパガンダなんだと。それが実際に築かれれば、成功例としてみんながそこに見に来て学習するだろうと。そういう学習ツアーが実はパレードなんだ、という考え方なんですね。

――それはもう今まで伺っていた、南さんがゲイ運動でずっと考えてこられたものということですよね。パレードはどんどん大きくはなるけども、じゃあ何が変わったんだって言われると、首をかしげるという状況。だから地方が何も東京のやり方をまねる必要は全くないし、そこらへんがなんかちょっとうまくいってないなという。

地域のコミュニティづくり

だから私はね、地方に対するネットワークというのを考えていきたい。私の考え方は、一極集中じゃないんですよ。どこかに中央があって、ということではなくて、それぞれが独立していて、お互いに影響し合うという。

――東京は大きすぎちゃって、とてもじゃないけどコミュニティレベル、生活レベルということを考えられる状況ではもうないですよね。

今、名護の1500坪の農場を経営している人と手を組んでてね。そこに農業集団があって、それはLGBT（の集団）じゃないけど、1500坪をやっている人はLGBT当事者です。その人が「手が足りないから応援してくれ」と言うので「応援しましょう」と4人が行って畑仕事を手伝っている。それで帰ってきましたけれども。そのようなことがあって、今度は名護にコミュニティをつくる前段階として、農作業の援助。こっちがサービスを提供する。それに対して農業集団の人たちが、アライでなくてもいい、お互いにサービスをし合うというかたちで、そこに新しい意味のコミュニティが併存してつくられてもいいんじゃないかと。つまりＬＧＢＴが手足になる。なおかつ彼らの持っているネットワークがありますから、それに我々も協力し、生産物をそこに乗っけるようにする。あるいは我々が持っている人脈とか能力とか、そういうものを協力するということで、小さなコミュニティをまず出発させたいなということなんですね。

——それは限りなく異性愛の社会に近づいている、本当の意味での共生の気がしますね。

近づいてということでもなんでもないんですよ。お互いに頼りになる存在になりましょう、便利ならいいじゃないかという感じでね。

——そのほかは何かおありですか。

これだけ話せれば十分ですよ。質問が適切だったから、なめらかにしゃべることができました。

——昨日は昨日でいろいろなことが分かりましたし、今日は本当に南さんの活動の歩みをすごくクリアにお話し頂いたので、とても勉強になりました。ありがとうございました。

じゃあちょっと片付けて、一杯やりましょう。（了）

インタビュー：２０１９年９月10日・11日実施。沖縄県南氏宅にて。
補足インタビュー：２０２２年４月22日実施。東京都新宿区カフェにて。

「アドニス」跡地。現在の新宿区歌舞伎町 1-2-7 付近。後方は路面電車跡地の「四季の路」。左から順に石田・南さん・三橋。鹿野撮影。2022 年 4 月 22 日新宿巡見にて。

第2章　思想／実践の「乗り物」として生きる

石田　仁

はじめに

録音外の茶飲み話から南さんの口述の解説に入ることを読者にはお許し頂きたい。本インタビューの直接的なきっかけとなったエイズ&ソサエティ研究会の懇親会で、活動名「南定四郎」の由来を伺ったことがある。「定四郎」という名前は『ドン・キホーテ』の主人公が乗る痩せ馬「ロシナンテ」のアナグラム（入れ替え）だそうだ。騎士道物語の虜となり、遍歴の旅に出たドン・キホーテは、衆人から呆れられ、笑いものにされる。というのも、闘いを挑んだ相手は、世の人々にとっては「敵」でもなんでもない、大きな風車だったり、旅の修道僧だったり、またある時は「狂人」ドン・キホーテの奇行を断念させるために村人が扮した「騎士」たちだったためだ。南さんはこの話に夢中になったが、主役そのものではなく、主役の闘いを可能にする、痩せた「乗り物」のほうに自己をなぞらえた。ドン・キホーテの乗るこのロシナンテは「たとえ牝馬がよってたかって誘惑したとしても、決して変な気を起こさない」「おとなしい馬」[1]として知られる。ここに、この馬の名を選んだヒントが見え隠れする。

一方、「南」である理由は、ご自身の出身が樺太であるため、そこから遠い方角にしてみたかったのだそうだ。その「南」への憧憬には、海軍飛行予科練生として沖縄で自決させられた兄への想いも含んでいると思われる。たとえば、『アドン』創刊号では、灯台を背に遠望する男性が表紙を飾り、「カバー・ストーリー」として小説「遠い海」(作：南定四郎)が置かれるが、この小説が、ある少年航空兵を回想する少年の話から始まっていることは象徴的である。以降、劇団「フライングステージ」、LGBT応援マガジン『空とぶ船』と現在に至るまで、舞台や乗り物を連想させる言葉が南さんの足跡に随所に顔を出す。第1節では南さんの人生を、口述で得た内容を中心に、文字資料を補助的に用いてその少年時代から振り返る。

1 南さんの先進性 ── 思想の変転と「ゲイ・インダストリー」

1・1 社会主義に魅力を覚える

敗戦を樺太で迎え、引き揚げてきた南さんの一家は、いわば無産階級として内地に放り出された。母は、漁師が獲った魚を農家に売りに行き、米と交換する。その米を漁村に持ち帰り金子に換えて生活をする。南少年は行商に向かう母を毎日手伝い、大きくなると休日は肉体労働のアルバイトに明け暮れた。長く貧乏のどん底の生活をしていた。精いっぱいの慰めは図書館の本だった。高校時代には社会主義・共産主義の本にも触れるようになる。高校2年で演劇部を立ち上げた。プロレタリア劇作家三好十郎の作品を好んだ。

高校卒業後、秋田市内で就職。風俗雑誌の同性愛記事を読んで上京を志す。上京にあわせて法政大学の夜間部にも通う。だが、定員を大幅に超過した大教室の講義に魅力は薄く、そこで社会主義の薫陶を受けることもなかった。それよりも、スターリン社会の限界を見て実存主義を提唱したサルトルの戯曲や理論に関心を示した。検察庁からニッポン放送音響効果団、次いで演劇出版社に職場を移したのち、単身者住宅における町内会加入の是非についての入居者総会が機縁となり「社会主義研究会」を発足させる。「町内会」の挙国体制の犠牲となった兄の死を無駄にさせたくないという思いからだった。その後、60年安保闘争に加わる。大学セクトに所属していなかったため「誰デモ入れる声なき声の会」に参加する。ここで鶴見俊輔と出会う（堀川2015: 66）。安保闘争では革命が起きると信じ、威圧するトラックの前に人の鎖を作った。死を厭う気持ちはなかった。革命のために散っても構わないと思った〝弟〟は、お国のために殉職を強いられた〝兄〟の現身（うつしみ）たろうとしたのかもしれない。だが、革命は起こらなかった。「長い眠り」から覚めて、命を惜しむ気持ちが急に芽生えだす。孤独な同性愛者としてデモに自己投企したあとの身体が残った。

1　セルバンテス『ドン・キホーテ』牛島信明編訳、岩波書店（岩波少年文庫版）、2015年、第5節。

上京から40歳までのおよそ20年間、南さんは数年で仕事をやめては変えることを繰り返している。〝遠からず同性愛者とバレる不安〟に耐えられなくなるためだった。住まいの単身者住宅では仲間が次々に結婚し、去っていく。その仲間から世話をされ、南さんも32歳で結婚をする。苦労した母親に孫を抱かせてやりたいと思ったからだった。しかし南さんの30代は苦境が続いた。東京建設従業員組合の勤務では、美濃部亮吉当選のための組織票集めで疲弊し、無断欠勤を増やす。その折に関わった郷里の演劇巡業では横領の罪をかぶせられ、最長の22日間の勾留をくらう。示談金は妻が元職場の上司に借りに行き、その借金は南さんがゴム会社で働くことで返した。そのゴム会社は資本家を追い出した自主管理の会社だった。〝理想〟の現場で労働者を体験したい気持ちもあった。

70年11月、三島由紀夫が市ヶ谷自衛隊で割腹自殺をする。『アドン』96年11月号に当時の回想がある。南さんは木造アパートの六畳一間に妻と2人の子どもを抱えて生活していた。「誰も語り合う相手がなかった僕」には「人生を考えさせるには十分に衝撃的な事件」であった。60年安保闘争以降、惰性で生きてきたのではないか、いつかこの時間の流れを断たねばならない、と自問した。しかし生き方を本当に変える起爆剤までにはならなかったという（南1996d: 75）。

それはすでに南さんが三島由紀夫への評価を下げていたことも大きいだろう。同性愛者の地位向上のために頑張ってくれるかもしれないという「期待」は潰え、「非政治」的な「ファッションとしての国粋主義」者として映っていた。インタビューにも出てきたが、南さんは様々な著述の中で「ルドン」（ブランスウィック）に勤めるゲイボーイたちの平凡さをあえて語り、三島によって「装飾過剰」にされたこの店のボーイを脱神話化しようとする。その筆致からは、屈託のない労働者として彼らをとらえようとする南さんのまなざしが伝わってくる。

三島の描いた現実とは裏腹に、モデルとなった『ルドン』の少年たちは幼く、田舎者で、開けっ広げで、お人好しであった。(…)朝の仲見世通りを闊歩しながら、電気工事夫と挨拶を交わす少年たちは、町の労働者と同じレベルの乾物屋や漬物屋の息子なのである。恐らく、一日中、手にした商品の臭気を消すのに躍起になった後に銀座に走るのだろう。(南1996b: 22)

1・2　二度目の転機

南さんはその後も職を転々とするが、39歳でKくんと新宿二丁目で再会してから人生の転機が訪れる。彼は、南さんが20代前半、新宿のゲイバーに通い出した折に「アドニス」で知り合った仲間であった。実業家の「Kさん」になっていた。「私の自叙伝」(南2016)によればその再会は71年12月。半年前に創刊されていた『薔薇族』編集部に遊びに行ったり、原稿を寄稿したりしていた頃と推察される。[2] 南さんがKさんに〝今は自動車業界紙の編集の仕事をしている〟と話すと、ゲイのタブロイド新聞の発刊の話を持ちかけられた。資金は、Kさん、ポルノショップ「アテネ上野店」の店主、「蘭屋」の前田光安さんがその大半を供出した。前田さんは新宿二丁目内に編集室とスタジオを持てるよう便宜を図った。当時、ゲ

2　原稿はその翌年、『ホモロジー入門』(南1972)として第二書房から出版された。

イ向けポルノショップで毎月刷新される雑誌や新聞は、客を定期的に立ち寄らせる上で重要な商品だったと思われる。創刊を前に南さんは家族との本格的な別居を開始し、二丁目に生活の軸足を置く。40代に突入していた。

　月刊タブロイド紙『アドニスボーイ』は72年に発刊された。南さんの編集する硬軟取り混ぜた記事と、Kさんが取ってきた広告が誌面を彩った。先行していた雑誌『薔薇族』では、同人誌的な誌面を保ちたいという意向が編集部と読者との間にあり、広告不要論が根強かった。バーの取材や口コミ情報は75年5月号から、他社広告は77年5月号からとかなり遅い（石田2014: 44）。それに対してこのタブロイド紙は、広告主となるバーを大々的に取り上げた取材記事などからなり、「ぱる」の白地図の貼り出しに着想を得、新宿・上野などに点在するバーのありかを平面図に落として見せた。その手法は、バーを回避したいと思っていた読者に斬新に映ったはずだ。後世、『アドン』を『薔薇族』と対比させて〝アクティヴィズム〟と〝商業主義〟に振り分けることは広く行われているが、『アドン』が社会運動へと方針を変えるのはずっと後のことで、少なくとも『アドニスボーイ』は率先して『薔薇族』より商業的であった[3]。つまりこのタブロイド紙はゲイ・ビジネスの嚆矢だったと言えるのではないか。ゲイの需要を見つけ、ゲイにサービスを供給し、利潤をゲイに還元する、そのための「乗り物」（メディア＝介在物）が雑誌であると南さんは認識していたのではないか。『薔薇族』や〝二丁目文化人〟には、かかる循環的なゲイ経済を構成しないという意味において、南さんは名状しがたい思いを抱いていた。とはいえそうした循環的な経済を「ゲイ・インダストリー」（南1991: 129）と称し、マルクスの生産関係論になぞらえるかのように、これは「ゲイの生産活動を拡大するためのプログラム」であり「経済の仕組み」を「変化」させ、「社会の意識変革をうながす」ための理想であると位置づけるのも、またずっと後のことである。

職住接近した二丁目では、前田さんに請われ「睦友会」の事務局を務めたこともあった。では、Kさんや前田さんとタッグを組んで、二丁目に軸足を移し、商業的なタブロイド紙を刊行した40代の南さんは、「闘争」をやめたのだろうか。おそらくそうではない。２つの闘争をしていた。

ひとつめの闘争は、「性解放」である。この頃の南さんは、「ゲイ解放運動」とは同性間の「エロチシズム」の追求、「セックスの自由」だととらえていた。20代後半の勤め先だった演劇出版社の社長は、南さんにしてみれば「新聞にも月評を書くような」尊敬する人だったが、「本屋のおやじ」と自己紹介をし、南さんに感銘を与えていた。そこで、自分も「エロ本の本屋のおやじ」で「いいじゃないか」と考えた。その謙遜の姿勢は、二丁目の飲み屋で内向きの権勢を張る〝二丁目文化人〟への反発心もあったのだろう。南定四郎名義で書かれたごく初期の文章にこんな一片がある。男性同士の性愛行為による抑圧からの解放が、本当の幸福であると論じられている。

> ほんとの幸福は、それ〔バーのハント〕からあとに展開される裸の人間同士が、すべての抑圧から解放されて、汗まみれ、精液まみれになって愛しあう行為にあるのだ。（南1972: 79）

3　84年の海外訪問後、解放運動の記事は徐々に増えていったが、南さんによれば、大幅な誌面刷新は第２回目の東京パレードの報告をした95年の秋からである（『アドン』１９９６年11月号、１４６ページ）。

今ひとつの闘争とは、『アドン』の〝独立戦争〟である。創刊したての『アドン』は、販路を持てず、販元を（株）ビデオ出版としていたが、ここからの依存脱却を図りたかった。日本の出版界は取次寡占と出版物再販制度を流通の特質として持ち、取次業者に取引口座の開設を認めてもらわないと全国流通が難しい[4]（伊藤2001）。新興出版社の（株）アドンがそれを認めてもらう可能性は低い。このため口利きを得てビデオ出版を版元とし、南さんが『アドン』の編集請負を月25万円で行うかたちをとった。今では編集プロダクションと呼ばれるこの請負形態は、たとえ売上げを叩き出す人気雑誌を作っても、プロダクションの財布を潤わせない。よって独立を申し入れていたものの、当時、経営の思わしくなかったビデオ出版は『アドン』を「金の卵」ととらえており、聞き入れられなかった。折衷案として新会社を設立しての新雑誌の発行をうながされる。こうしてできた会社と雑誌が（株）砦出版と『MLMW（ムルム）』であるが、煽情的なポルノを排したこのライフスタイル系ゲイ・マガジンは時代を先取りしすぎていたし、取次も受け入れなかった。砦出版は多数の在庫を抱えたため、第2号以降はビデオ出版に手数料を払って全国書店に配本することになった。かくしてビデオ出版との主従関係は元の木阿弥となり、南さんは「ホモではない」彼らが「利潤のためにホモを奉仕させる営業活動」に、疑念を深めることになる。[5]ビデオ出版との対立が激しくなると『アドン』の紙質は意図的に落とされたため、そこに頼らない印刷・製本ルートを探した。かたやビデオ出版側は独自のゲイ雑誌を準備し、82年の5月下旬、『サムソン』として世に問うた。これを機会に南さんはビデオ出版からの独立を宣言した（以上、石田2018）。『アドン』創刊から実に丸8年が経過していた。

『アドン』の版元となったことで、砦出版はようやく内部留保を蓄積できる体制に入ったと思われる。

ここから次の転機、ビル・シュアーの来日までは2年もない。

1・3　二度目の転機

84年2月にIGA（国際ゲイ協会）情報局長でありスウェーデン人のビル・シュアーが来日する。[6] 前年2月末に来日したスウェーデンの雑誌『GAY』の取材に応じて特集「JAPAN」の中に登場したことが、彼らに南さんの存在を知らしめる契機となった。[7] 「私の自叙伝」によれば、当時のIGAにはアジア地域の加盟団体が一つもなく、国連登録団体として問題となるので拠点を置きたいというのが来日の主旨だった。その要請に対し南さんは当初、日本でゲイが街頭デモをするとなると猛烈な批判が予想されるので考えられないことだと語り、要請への即答を避けた。ビル・シュアーは南さんの家に投宿し、他のゲイ雑誌にも連絡をしたが良い感触は得られなかった。滞在の過程で、彼は、スウェーデン本国においてもゲイがデモをする環境ではないと言い、その代わりに彼らがしてきたシェアハウスでの食事当番ボランティアや編み物の話をした。南さんは部屋を借りることなら日本でもできると考え、2月14日、

4　ただし、ゲイ雑誌は流通の約半数が小売店の買取になるため一般の書誌の流通における配本・返本の特徴をそのまま当てはめられない。詳しくはマーガレットさんの口述（第3章）を参照。

5　南定四郎「『砦出版』独立戦争の勝利報告」『アドン』1982年8月号、24ページ。

6　当時IGAは本部事務局がなく、スウェーデンに情報局、フランスに行動局、オランダに財政局が分散して置かれる合議制だった（南1996c: 172）。

7　『アドン』1984年3月号、24ページ、および南（1993b: 36）。

ビル・中山晋作さん・南さんの三人で「International Gay Association Japanese Supportgroup」（以下ＩＧＡ日本）を結成、ＩＧＡの加盟団体として登録する。中山さんが会長を、南さんが事務局長を務めた（ＩＬＧＡ第7回年次総会資料、南2016）。

投宿中、ビル・シュアーは運動の理念を語らず、「具体的な話」を語った。南さんはそれに大いに触発された。自分が依拠していた「自己投企」や「革命」による運動理念は、「空想の話」であると気づかされた。それまでゲイ解放を「セックスの自由」と考えていた南さんは、活動とは「生活を含めたサービス」の提供であるという新たなアイディアの源泉を得た。

これが第二の転機で、7月にはヘルシンキでの第6回ＩＧＡ国際会議に出かけていった。パスポートの期限の問題で会議には間に合わなかったものの、事務局でエイズ電話相談のテープ起こしをしている社会学者と出会う[8]。帰国後すぐ部屋を借り、9月8日から「ＩＧＡホットライン」を開設する[9]。渡航で得た資料はボランティアが翻訳を買って出た。そのボランティアから対面のミーティングを開きたいという願いがあり、学習会を始めた（堀川2016）。翌85年3月からはＩＧＡ日本の機関紙『ＪＯＩＮ』を発行する[10]。その3月に日本人のエイズ第一号患者が報道されると、国内ではエイズパニックが起こり、ＨＩＶ感染者や男性同性愛者への憎悪が高まっていく。そこで6月にこの電話相談を「ＡＩＤＳホットライン」へと組み替える（南1993b: 38）。以降、トロント、コペンハーゲン[11]、ケルン、オスロと、秋にはいわば風物詩のように『アドン』誌上でＩＧＡ年次大会の様子が伝えられるようになる。

また、インタビューでは触れられなかったが、ＨＩＶ／ＡＩＤＳに関しては電話相談だけでなく、86年5月からエイズ・キャンペーンの一環としてキャンドルを掲げて街を歩くこともしていた。パレードの原型の一つとも言えるだろう。[12] 89年2月にはエイズ・ボランティアの団体「エイズ・アクション」を創立している。

南さんがＨＩＶ／ＡＩＤＳの問題に関心を示した理由の一つに、精神疾患を抱えた弟さんたちの地域包括をめぐる経験がある。当時、そうした人々に対する地域の受け入れは実際のところうまく機能していなかった。長期入院から地域に戻った弟さんたちは地域社会から再・疎外されていた。では、ＨＩＶ感染者の場合はどのようにして彼らの地域医療が保障されるのか、それが問題意識にあったと後年振り返っている（南1993a: 44-45）。

この著書『エイズとともに生きる』によると、エイズ・アクションの活動の中で、南さんが推進してきた「サービス」に、さらに一考を迫った出来事があった。

エイズ・アクションが、ＨＩＶ陽性者に対する「フレンドリー・サービス」を開始したことを告げる

8　『アドン』84年10月号で、この社会学者の名はオルリイ・スタルストロム、『ＳＥＴＡ』（セッタ）というゲイ雑誌の編集スタッフもしていると紹介される。

9　『アドン』84年11月号、81ページ、１８３ページ。「これにより、日本にもゲイパワーが生まれることが期待されます」と記事が結ばれる。なお、南（1993b: 38）では開設月は11月。

10　『アドン』85年5月号、79ページ。告知広告より。この時はまだ告知のコピーの中にエイズの語は登場しない。

11　ＩＧＡは86年7月のコペンハーゲン世界会議から12月のバルセロナヨーロッパ会議までの間にＩＬＧＡへと名称変更する。ILGA「The history of ILGA: 1978/2012」https://ilga.org/ilga-history　2022.10.10 閲覧。

12　第３回インターナショナル・エイズ・キャンドルライト・メモリアル＆モビリゼーション。5月の第３日曜日に世界同時に行う催し。この日本初回の参加者は約10名。

と、一人の40代の陽性者が訪れた。しかし彼は憤りを湛えた表情で〝自分は健康的で規則正しい生活を送っているので、サービスなどいらない〟と語り始めた。彼の真意とするところは何か、南さんや他のメンバーはくみ取り、活動内容を〝HIV/AIDSのことを含め、安心して話ができる場作り〟へと変更する。その第1回目はその陽性者を招いて鍋料理をつつきながら話を聞く夕食会とした。この回の成功により、「フレンドリー・サービス」は「フレンドリー・プロジェクト」へと改名する。それまで南さんの中には「サービス」を「してあげる」という気持ちがどこかにあったが、彼の指摘で補正されたことを著作の中で認めている（南1993a: 90-94）。

「サービス」概念に修正がありながらも、ビル・シュアーとの接触以降、「サービス」なる視点に基づいた活動はHIV/AIDS以外でも多様な展開を見せる。91年には、「もっと多くの人たちに参加してもらうために」アートの重要性を主張する会員が中心となり「ゲイ・アート・プロジェクト」が開始される。これが土台となり、翌年「東京国際レズビアン・ゲイ・フィルム&ビデオ・フェスティバル」が開催、劇団「フライングステージ」も作られる（南1996c: 176-177）。93年には「AIDS患者」への給食サービスの開始、94年には東京で初回のパレードを開催する。ここに書き切れなかった活動は他にも多くあり、80年代中葉から90年代前半にかけて、東京の活動史に重要な足跡を残したことは疑いのない事実である。[13] ゲイの需要を見つけ、サービスを提供するとともに、社会の意識変革をうながすプログラムを用意する「ゲイ・インダストリー」は最盛期を迎える。

1・4　若者たちの離反

しかし様々な活動のすべてが、南さんの思惑通りとはならなかったことも、インタビューや資料から推し量られる。南さんとしては「段階を踏んだ」メンバー構成でありたかったために中山さんをIGAの会長にして、南さんとを埋める「中間」世代を置いたが、若いメンバーは指示だけをする彼に反発した。「棘の刺さる感じの物の言いよう」をする人だったということもあるだろう。

IGA内での離反の兆候は、86年8月に全国交流集会、その年末にクリスマス・パーティーを成功させたゲイ・ユース・グループの活動にまでさかのぼれるだろう。87年1月に、前月のクリスマス・パーティーのチケット販売をサラリーマン会員は怠ったという批判がなされ、IGA内でゲイ・ユースがイニシアチブを強めた（南2016）。堀川修平（2016: 61）によると、3月には彼らから事務所を居住空間として使いたいという要請があった。南さんがそれを断ると、独立するから権利・敷金を出してほしいと言ってきた。結局、そのお金は寄付を集めて賄うことになった。南さんは初夏のケルン大会に参加、帰国。IGA日本をILGA日本へと組み替えようと提案した時に、会費を理由にユースたちは反対をし、会則案は保留。ILGA日本は活動ができなくなる。提案者の南さん、会長の中山さんを除いて「全部の人間がある意味では脱会同様になってしまった」（南1993b: 39）。春に場所を得た東京のゲイ・ユースが、組織的な独立の機会を窺っていたと推察される。東京のユースたちはアカーを、大阪からIGAに参加していた人たちはOGCを作っていく。独立以前も、学生と社会人とでは立場の差が大きく、たとえ若い世代がアクティブな提案をしても、まだ早い、顔を出すのが怖いとその提案にストップがかかり、「や

13　同様の評価として、伏見（2002: 133）ほか多数。

らないための議論」となりがちだった。よって若いメンバーには非常ないらだちが募っていた（南1996c: 175）。独立した団体が「動く」ゲイとレズビアンの会と命名された理由をここに垣間見ることができる。

ＩＬＧＡ日本は新宿区三栄町の事務所を閉鎖し、翌88年に同区若葉町に移転。活動も再開する。このときメンバーが一新されたという。再開後の最初の中心的な活動となるのが「Iceberg」であろう。それは「氷山の一角（アイスバーグ）」の名の通り、水面上にわずかに見えている、その実深刻なゲイ差別について調査し、報告しあう世界プロジェクトである。記録はユトレヒト大学のホモセクシュアル講座に集積される。このプロジェクトにＩＬＧＡ日本として参加した。当時の『アドン』では活動報告が精力的になされた。

再開後の活動に参加する地方グループとしては、「ＩＬＧＡ日本・札幌ミーティング」と「ＩＬＧＡ日本・名古屋グループ」があった。この札幌と名古屋のグループが合同主催で、92年に仙台にて「地方交流合宿」（地方交流ミーティング）を開く。これを契機に仙台でもグループ「E-betcha（いーべっちゃ）」が生まれる（第7回ＩＬＧＡ日本年次総会資料、南1996c: 175-176）。

地方交流ミーティングはその後、東京レズビアン&ゲイパレードの前後に開催される会合の運営を担うことになった。第1回パレードの地方交流ミーティングは札幌ミーティングが取り仕切った。2回目からは会合名を「全国交流ミーティング」に改めた。参加者は第1回目が60名程度、2回目・3回目は150名程度と、全国から訪れた多くの個人・団体の結節点となった。「裏・地方交流ミーティング」という会合で、南さん抜きで「南さん問題・対策」をしていたという衝撃的な証言もある。[14] 第3回パレード前日の全国交流ミーティングでは、梅木茂信さんなどが前年度の実行委員会の様子をつまびらかに報告し[15]、翌日の抗議行動の着火点の一つとなる。このように、全国交流会が、南さんらの方針に異議申し立てを行う連帯の場として機能したのは皮肉である。

もっとも、若者たちが感じていた南さんとの考え方のズレは、南さん自身も感じ取っていたようである。96年7月刊行の『クィア・スタディーズ'96』には南さんの口述が掲載されており、内容から、第2回パレード以降・第3回パレード以前に収録されたものであることが窺えるが、「特に最近」、「私（南）が何かを提案したり説明したりしても、はたしてそのことが本当に納得されているのかどうか非常に不安」になっていると、心情を吐露している（南1996c: 181）。

南さんと若い活動家のズレが決定的となり、それが広く知られることとなったのは、第3回東京レズビアン&ゲイパレード会場の集会、「プライド集会」での出来事であった。ただこの出来事は会場での異議申し立て行為・場の混乱にとどまらず、それ以前の出来事や、それ以降の対応・再批判を含む、時間的な幅を持つ。この時間的幅を持つ出来事のことを、『札幌ミーティングニュースレター』の表現にならって以下、「一連の事件」と称する。一連の事件によって、南さんは東京の活動から手を引くことになるが、事件の顛末の説明は、パレードの実行委員会の人々と実行委員会を批判する人々との間でかなりかけ離れた内容となっている。加えて、四半世紀が経ち、人々の中でも記憶の風化や修飾が進んでいる。第2節では、「一連の事件」に対する両者の見解を取り上げ、次いでそれらへの反応を整理したいと思う。

14　関根信一・佐藤雅樹「ゲイ・リブ熟女対談」『KICK OUT』22号（１９９９年）、21ページ。

15　「報告 第3回レズビアン・ゲイ・パレード in Tokyo」『札幌ミーティングニュースレター』58号（１９９６年）、5ページ。

今回の南さんへのインタビューでは、生涯にわたる活動を、限られた時間内で話して頂くという制約があったため、一連の事件に関しては、広告費の振り込みの話と、事件後に自死した大会本部長の木村さん（仮名）の話にとどまった。筆者の周囲では、当時の様子をおおむね知っている人でも、木村さんの自死を知らない人が相当程度いる。心に秘めていた語りをしてくださった南さんに感謝するとともに、木村さんのご冥福を心より祈りたい。

2 埋まらなかった溝——東京パレードの問題フレーム

2・1 パレード実行委員会側の「管理売春組織」によるパレード妨害

まずは、パレード実行委員会側の「事件」への見方を要約して提示する。その基礎資料として『アドン』96年11月号の「第3回レズビアン・ゲイパレードで何が起こったのか？」を用いる。磯貝さん、南さん、パレード実行委員長の浜中大輔さん、大会本部長の木村さんなどの主張が採録されている。加えて翌12月号「パレードの妨害者はだれか？」も参照する。

［磯貝さん］①今回のパレードの特徴は政治目標を具体的に掲げた「パレード宣言」[16]にある。大会本部長の木村さんが宣言文を読み上げ、拍手のうねりが続いた。しかし一部の者が壇上に駆け登り、木村さんに暴行を働いた。ＯＬＰやラビリス（ママ）・ダッシュの者たちなどである。しかしこうした者たちは、誰一人宣言の内容について反対理由を言わなかった。ではなぜ「反対」なのか。②第1回パレードを開催

しようとした94年にさかのぼる。企画当時、「パレードをやめろ！」という執拗な嫌がらせ電話が繰り返された。電話の主は誰かという話になり、誰かがそれは売り専業者ではないかと推測した。同性間の管理売春は売春防止法の適用外にあるが、法の下の原則からすればいずれ適用されざるをえなくなる。２年が経過した今、それは現実味を帯びてきた。パレード妨害勢力の至るところに、この管理売春の影を見出した。『バディ』や『アニース』を出しているテラ出版もそれと同系列である。彼らがビジネスを続けていくためには同性愛者は今後も差別され続けなければならず、同性愛者の市民権を求めるこの宣言を妨害したのである。

［南さん］①パレード当日は、多数の拍手でもって採択された宣言を覆すために、力ずくでマイクを奪い自分たちの主張を通そうとした一群がいた。民主的なルールによって運動を推進することに真っ向から挑んだファシズムであり、同性愛者運動に消えることのない汚点を残した。②これまで、性解放によって同性愛者が解放されると思い込んできた人々のそれは、身体の解放、下半身の解放である。その考えのもとでの最大の達成目標はセックス・パートナーを得ることであり、（連帯することなく）ますます非社会化し個別細分化していく。90年代に入ると「性解放」は多様化した。その一翼に「ゲイ・カル

16　「パレード宣言」（案）の内容は、政府・地方自治体に対して、同性愛者・性的少数者の政策参加、報道表現の改善、啓発活動、学校生活の安寧、意識調査の必要性、医療アクセスの実態調査、国際規約第４回定期報告での報告、国連会議の誓約に基づいた施策の実施を求め、国内の当事者団体には、上述の各号における取り組み実態の記録・公表等の行動を呼びかけたものであった（『アドン』96年11月号、４ページ）。Iceberg プロジェクトとの関連性が見て取れる。

チャー」があるが、これは輸入文化であった。こうした人々はパレードの政治化を望まない。市民社会の平等なルールが適用されると「性解放」の「特権」(男性間売春の黙認)がなくなるためである。③対照的に、このパレードは行政とのパートナーシップに関するノウハウを蓄積した「共同」と「調整」の場である。この特徴は、戦後市民運動・政治参加の現在形が持つ性格そのものであり、9年間のエイズ予防運動の中でよその団体から学んだ内容でもある。単なる思いつきや輸入されたゲイ・カルチャーとは異なるのである。

[浜中さん] パレードの1か月前にある出版社の取材を受けた。この出版社はゲイ向け、レズビアン向け雑誌をそれぞれ出している。[17] 取材者は、「客観記事」を書きたいのでパレードに反対する主張も載せると言ってきたが、どう書くかは彼らの自由であり関知するところではない。問題は、雑誌の宣伝が入ったうちわをパレード会場で配布させろと言ってきたことである。配布物はその広告費を含め規定で定めている。しかし彼ら出版社の者は記事が読まれることでプロモーション効果が期待できるから広告費を減額するよう、タダにするよう要請してきた。パレードはタダではできない。また、こうした金銭面以上に大きな負担もある。それは労働力である。ボランティア・実行委員ともに大変ハードな作業をこなしている中、ちらし等の配布はボランティアが行っている。「金も出さず手も貸さない企業(利益団体)」がタダで広告させろというのはひどい話だ。その提案を許せば、ゲイの企業によるゲイ・ボランティアへの搾取を許すことになる。うちわ宣伝費の減額提案については拒絶した。ゲイから搾取を繰り返した「ゲイ・ブルジョワジー」に対しては、厳然とした態度をとらなければならない。

[木村さん] 宣言文採択では、一部の人々がステージに駆け上がり、私を突き飛ばした上、マイクを奪

い、壇上を占拠、自分たちの内輪の身勝手な「演説大会」を始めた。それは一般参加者や、これから出会うであろう若い同性愛者・性的少数者に「パレードは怖い」という誤解を与えた。この夏は私も大変疲れたが、本腰を入れてこれからも前へ進もうと思う。

以上が『アドン』96年11月号の特集の要約である。翌号には今回のインタビューで語られた広告費の未振込問題が明らかにされた。

［アドン96年12月号］[18]　①第２回目パレードの実行委員会では、ある女性が個人参加したが、意に沿わない方針決定に業を煮やし、委員外の議決権のない人々を集め事務所を占拠、言いたい放題の会合を強行した。たとえば、企業から金を集め華やかなパレードにすべき、到着時刻を夕方にし、終着地点を二丁目にすべきと主張した。主張が受け入れられないと分かると、実行委員会は独裁的でありゲイコミュニティを代表していないと批判した。その会合は正規の実行委員会ではなかったため、実行委員は閉会を宣言し退所をうながすことになった。パレード直前には某企業から振込の連絡があったがその１００万円近い金額の振込先は「架空名義」であって、事務所を占拠した集団を手引きしたこの女性が実行委員の名刺を「悪用」して金を「供出」させ、パレードを変質させるために費消した。この前歴があるためにこの女性は第３回パレードの実行委員の登録はせず、代弁者を個人参加として送り込んだ。しかしそうした「遠隔操作」がうまく機能しなかったので「別部隊」が現れた。②それが浜中実行委員長に直談

17　ここから、(株) テラ出版を指していることは明白である。
18　匿名記事であるが、同性愛の戦後史観から、南さんが執筆したと筆者は推測する。

判したゲイ・マガジンの記者だ。取材の中で「パレードの中でパレードを反対するという主張をした場合には排除しますか？」という質問があった。しかしこの質問は、排除すると答えたら「排除の論理」だと騒ぎ立て、排除しないと答えたら反対行動を公然と行うことを認めることになる性質のものである。これはパレード妨害活動の事前通告と言える。③「異議あり」と叫んだ人々は、フリースピーチの場で登壇するもパレード宣言に対する反対意見を全く述べず、ただ「楽しいパレードをやりたい」という発言を繰り返すのみで、宣言のどの部分が問題かを語らなかった。つまり目的は「宣言つぶし」であり、それは男性売春資本の意向であったと思わざるをえない。④戦後50年の〔男性〕同性愛の歴史は、同性愛者の性欲を司る男性売春資本と暴力団が裏腹の関係をつくり権益を拡大してきた。現在、次々とカミングアウトして同性愛者の人権拡張の運動に身を投じていこうとする人々は、そのような暗部とは無縁である。日本の同性愛者がマフィア組織に支配されて生きていくか、自ら立ち上がって市民的権利を獲得していくのかが問われている。

上記が『アドン』に掲載された経緯と主張である。次項では、実行委員会を批判する人々が残した資料から一連の事件に接近する。なお、上記『アドン』も含め、第3回パレードの「事件」について取り扱った閲覧記事を、一覧として**図表2－1**に掲げる。次項の［ ］は記事記号を示す。

2・2 「レズのくせに…」発言

実行委員会を批判する人々の「事件」の見方を知る上で基礎資料とするのは、パレードの翌9月に刊行された『ラブリスダッシュ』2号「1996年8／25パレードで何が起こったの?·」［LD2］である。この記事を基礎資料とした理由は、ラブリスダッシュ編集部が、紛争当事者の一方であるＯＬＰ[19]の田中玲子さん（当時名）・プロジェクトＰ[20]の日比野真さんから記事内容の確認を経ているためである。ただし同誌の紙幅の関係から、田中さん・日比野さんから「説明不足の感が否めない」と言われ、２人の希望により編集部は折込み別紙を同封した。当日の出来事の細部については『ＯＬＰニューズレター』21号から補った。この号の関連記事は読者の反応より前の記事であるだけでなく、時系列で事件の記述があるため、基礎資料の補足となると考えた。なお、ラブリスダッシュ編集部は配達証明を用いてパレード実行委員会にも取材を申し入れたが、返信はなかった。[21]

当日の事件のあらましは次のようなものである。パレード実行委員会は、第3回パレード後の集会（「プライド集会」、正午開会）において、「パレード宣言」（案）を拍手でもって採択しようとした。これに対し、異議ありの声とともに十数人が舞台に上がり、内容の検討不足を理由に宣言の延期を主張した。南さんはこれに対し「パレードの破壊者の扇動にのるな！」と繰り返し叫んだ。集会は混乱、続いて膠着状態となる［LD2］。混乱の中で木村運営本部長が「つまずき、転倒する」。他方、舞台下では磯貝実行委員が

---

19 団体名ＯＬＰは「O…オープンな／大きな／大人の／組織の、L…レズビアン、P…パワー」を意味する。活動趣旨に賛同できる者ならセクシュアリティ問わず会員になれた。［OL21］

20 正式名称は、「レズビアン？ゲイ？バイ？ヘテロ？生と性は何でもありよ」の会プロジェクトP。

21 ラブリスダッシュ編集部はパレードの4日後に質問事項を郵送した。郵便局によれば受領確認はあったものの実行委員会からは返信がなかった。このため編集部は回答期限後に電話を入れ、返事がないということは回答頂けなかったということなのかと尋ねたら「その通りです」という答えが返ってきたという。

図表2-1　第3回東京レズビアン＆ゲイパレードを取り扱った記事

月日	記事内容	記事記号	「レズのくせに…」発言を
1995年			
9月下旬頃	『imago』で「国際ビアン連盟」が第2回パレード言及	IM	−
1996年			
8月22日頃	『バディ』10月号で告知記事	BD10	−
8月24日	OLPやゲイ・フロント関西ほかが排除問題への要望書提出	RQ1	−
8月25日	第3回パレード，プライド集会当日		−
9月16日	『ラブリスダッシュ』2号で記事（本節の基礎資料）（別紙同封有）	LD2	問題視
9月22日頃	『薔薇族』11月号で記事	BZ11	問題視
9月22日	『アドン』11月号で特集（本節の基礎資料）	AD11	擁護
9月27日	『OLP News Letter』21号で特集	OL21	問題視
9月中	札幌ミーティングがNL内で見解表明（11.2に発出）	SP	問題視
10月22日頃	『バディ』12月号で記事	BD12	問題視
10月22日頃	『アドン』12月号で記事	AD12	擁護
10月22日	OLPほかが磯貝氏発言への要望書提出（11.7に再送）	RQ2	問題視
10月31日	『OLP News Letter』22号で特集	OL22	問題視
11月18日頃	『ラブリスダッシュ』3号が見解表明	LD3	問題視
11月29日	『OLP News Letter』23号で記事	OL23	問題視
9月-11月頃	『KICK OUT Jr.』5号で記事	KJ5	問題視
12月15日	ゲイ・フロント関西運営会議が見解表明	GF	問題視
12月頃	『アニース』冬号（1月）で座談会	AW	問題視
12月頃	『シーメール白書』22号で記事	SM	言及なし
1997年			
1月12日	『OLP News Letter』24号で記事・呼びかけ	OL24	問題視
2月14日	『OLP News Letter』25号で特集	OL25	問題視
6月	『OLP News Letter』26号刊行，パレード記載なし	OL26	言及なし
10月	『KICK OUT』18号で転載記事	K18	言及なし

出所：筆者作成。

ＯＬＰのももさんに「レズのくせに何をしやがるのか!!」と発言する。司会を務めていたＩＬＧＡ札幌ミーティングは、「宣言（案）」の採択保留およびフリースピーチの時間を設け、集会の最後であらためて採択を行う旨を発表する。このフリースピーチに参加するには受付登録が必要であり、登録にあたりももさんが「レズ発言」のために来たと受付に告げると、磯貝さんは当初、発言を否定するが「だって、あなたはレズでしょう？　だから私はレズだからレズのくせにって言ったのよ！」と開き直った。またこのとき南実行委員は「登録しなくてもいい」と受付係に伝えた。結局はＯＬＰが登壇するときに一緒に発言するよう申し渡された。集会は混乱のおよそ一時間後に再開し、実行委員会加盟団体のスピーチ、次いでフリースピーチの機会が設けられた[22]［OL21: 16］。その時に、パレード実行委員の団体の一つであるＯＬＰの田中さんから、前日、実行委員会は強引な運営をしていたため、先ほどの異議申し立て行動をしたことが表明された。また、先ほどの混乱時に磯貝さんが「レズのくせに」と発言したこともこの時聴衆に伝えられた。日比野さんからは、パレードに先立ち実行委員として「プロジェクトＰ」の参加申

22　なお、この資料等によると、パレードの前日に実行委員会宛の要望書［RQ1］が提出されていた。内容は、①実行委員会に申し込んで断られた団体・個人の有無ならびにある場合の理由を明らかにすること、②プロジェクトＰ排除は誤りだったことを認め、実行委員会で議決の上、謝罪すること、③継続委員会がプロジェクトＰの参加を断った文書を実行委員会の名において無効・撤回すること、④来年度のパレードは資格審査を行わず、いかなる議題も自由に討論でき決定できる場とすること、⑤翌日のプライド集会の冒頭に上記４項目を実行委員長によって報告・提案し、プロジェクトＰの発言時間を確保すること。呼びかけ人は個人６名、団体４団体。賛同者は個人83名、団体は８団体だった。

込をしていたが、却下されていたこと（「プロジェクトP排除問題」）などが明らかにされた。[23] 田中さん・日比野さんは宣言の内容と採択に関する意見を表明したが、実行委員会側はこの異議申し立てを取り上げなかった。また、実行委員会側は、混乱の中で口にしたことであるから、これは個人の問題で、委員会としては関知しないという回答をした［LD2］。先ほどのももさんの証言によると、磯貝さんはこの時会場からいなくなっており、木村運営本部長が、実行委員の見解を読み上げた。〝公式日程が中断した混乱場面での発言は、いわば対等な関係のけんかであり、磯貝氏が実行委員であろうとなかろうと、実行委員会は何ら責を負わない〟という内容であった［OL21］。プログラムがギター演奏に移行し、終了した時には半数ほどの人が会場を後にしていた［LD2］。3時半ごろに演奏が終わると突然片付けが始まり、驚いた参加者たちが運営本部長に事情説明を求めた［AW］。ある女性が宣言の採択について運営本部長に尋ねたところ〝採択は保留されたが実行委員会であらためて議決をとる〟と答えたことで、残っていた人たちがその周りに集まり、やりとりが始まった。ステージは使用終了時刻が迫りつつあった［LD2］。

以上が実行委員会側以外のパレード当日のあらましの説明である。これらの一連の事件の説明が各種媒体に載ったり、それに対する様々な背景説明や意見表明が出されたりすることになった。

2・3　背景説明や意見表明

参照した資料の中でという限定ではあるが、パレード当日の出来事に対して、最も素早く反応したのが9月16日に出された『ラブリスダッシュ』2号であり、前項2・2の経緯を「緊急報告」するとともに「レズのくせに…」発言を、またそれに対する実行委員会の対応を囲み記事扱いにして問題化した［LD2］。

『薔薇族』も2名がパレードについて寄稿し、両者ともに「レズのくせに…」発言を問題視した［BZ11］。しかし9月22日発売の『アドン』11月号［AD11］では2・1で概説したように、〝「民主的なルール」で進行していたところ「管理売春資本」の手先がパレードを「破壊」しようとした〟という論調に終始したこと、「レズのくせに…」発言に言及しなかったことなどから波紋が広がった。[24] 27日には『OLP News Letter』21号が発行され、当日の経過を報告するとともに、寄稿を「証言」と「意見」に振り分けて掲載した［OL21］。加えて、磯貝さんの発言にはレッテル張りと侮辱があったとして、〝パレード実行委員会は磯貝さんの発言に誠実に対応すべき〟とする要望書の署名［RQ2］を呼びかけた。また同月中には札幌ミーティングがニューズレターで一連の事件への見解を発表した［SP］。その内容は、「プロジェクトＰ」の排除を決めた継続委員会にその権限はなく、「民主的な運営」というパレード基本方針にも反す

---

23 日比野さんの運営するウェブサイトによると、パレードの約半年前の2月に実行委員登録の誘いが来て申し込んだが、4月の「レズビアン・ゲイ・パレード継続委員会」において参加申し込みが断られた。その理由は、パレードには主催者が存在すること、主催者が目的を持ってパレードを行うものであり、異論が出された「第3回Ｌ＆Ｇパレード実行委員会基本方針」について継続委員会はその方針を変更する必要がないと考え、異論の存在を承知で実行委員会を一緒に組織することは不可能であると判断したためである。http://barairo.net/special/3rdParade/index.html 2022.10.10 閲覧。

24 なお、この11月号誌上で磯貝さんが「『差別されたい』人々」において、〝「レズのくせに…」発言は「デマ」「中傷」であり、それを画策したのは「チュウ」という人物だった〟と書いたとして、こののち様々な媒体がその記述を問題視することになる（［AW: 100］［OL25: 17］など）。しかし11月号にそうした記載はない。別掲の磯貝さんの同名記事と混同していると思われる。

ること、壇上の「大混乱」は南氏らの妨害によること、司会を担当していた当会としては「パレード宣言」の提案を南氏らは取り下げたものと解し、採択がなされたという『アドン』の論調は意図的な事実歪曲であること、管理売春資本がパレードを破壊しようとしたという見解はあまりにも荒唐無稽で的外れな認識であること等が書かれた。この文書は11月に外部にも発出されている。いわば、「ＩＬＧＡ日本」札幌ミーティングは、鮮明に本部に反旗を翻したのである。

10月下旬には『バディ』『アドン』の各誌12月号がパレードを扱った。バディ編集部（執筆小倉東）は、この宣言は政治的に重要な意味を持つため「包括的差別法」の提案には十分な討論が必要であることを複数の団体が主張してきたが、実行委員会は議題に取り上げなかったこと、またプロジェクトPを排除したことなどを取り上げた［BD12］。対して『アドン』12月号は前項２・１にあるように初めて「架空名義」への「振込」の件を明らかにしたが、「レズのくせに…」発言には触れなかった［AD12］。31日発行の『OLP News Letter』22号ではパレードに対して寄せられた様々な意見を掲載した。たとえば、拍手による採択に疑問（美弥さん）［OL22: 10］、関西の人たちの行動は一層主体的に動くきっかけを与えてくれた（CHU～さん）［OL22: 11］、デモ行進というくくりは制約上仕方ないところもあるが、音楽、ダンスパフォーマンス等が禁止、さらに過去用意されていたアピールポイントもなく、最高につまらなかった（琉球の風さん）［OL22: 11］等々である。

ラブリスダッシュ編集部は11月中旬に同誌３号を刊行し、『アドン』11月号の報道に対する見解を発表した。団体として抗議活動を行った事実はないこと、本誌はテラ出版オーナーの経営する「ルミエール」で販売されているが通常の商取引の範疇であること、「レズのくせに…」発言は（偽情報ではなく）複数の証言が得られたために報道したことの3点を明確にした［LD3］。秋頃に出されたと思われる『KICK OUT Jr.』5号では、「『破壊者』って誰のこと？」と題し、実行委員会と『アドン』の主張に異議申し立てをした［KJ5］。29日には『OLP News Letter』23号が刊行され、「レズのくせに…」発言に関して実行委員会および磯貝さんの誠実な対応等を求めた要望書（5団体14人が呼びかけ人）が、7団体90人からの賛同を取り付けて提出されたことを報告した［OL23］。

12月にはゲイ・フロント関西が、「パレード総括」と題し、実行委員の承認権限は実行委員会定例会にあり継続委員会にはないこと、5月の実行委員会には「旅費の負担に耐えられず」出席できなかったこと、パレード前日の実行委員会では多くの委員が「宣言（案）」と「プロジェクトP排除問題」に関して意見を出したが誠実に応じられることはなく、「パレード破壊者」という罵声を浴びせられたことなどを明らかにした［GF］。また同月にはテラ出版『アニース』冬号がパレードについての座談会を組み、初回の東京パレードから振り返った。2回目には広告費をめぐって「いさかい」があったこと、3回目は実行委員会の参加資格や規約が議論抜きに既定路線として示されていたこと、パレード前夜には夜遅くまで抗議をしたが聞き入れられなかったこと等を残している［AW］。ほかにも様々な団体・個人が論じている資料があると思われるが、筆者が閲覧できた96年度内の資料は以上である。〝ゲイはレズビアンの問題に関心が薄い〟と言われることがあり、それはあながち外れていないが、「レズのくせに…」発言は当時の複数のゲイ雑誌やニューズレターで問題にされており、実行委員会の発言や対応を厳しく追及していたことは明記しておきたい。

2・4　一つのグループの中における様々な意見

9月から12月にかけて各団体が見解や総括を出す中、渦中の団体の一つであるOLPはそれを見送った。田中玲子さんによると［OL24: 7］、団体としての態度表明はできないという声が上がっていた。OLPは固定した意思決定機関を持っておらず、代表制もとっていない。ミーティングでも会員の総意を完全に取れない。このようなグループの主旨や姿勢に誠実であるためには、「総括」に代わり、できるだけ多くの個人個人の会員の意見を出すのがふさわしいと提案した。そこで『OLP News Letter』24号（97年1月）で、パレードの参加を問わず、意見を広く募集した。

25号（97年2月）には17名の様々な意見が並んだ。各意見の平等な掲載が心がけられているが、ステージ近辺の抗議行動に深く関与したと思われる3人を筆者はあえて抜き出し、その意見の一部の要約を試みる。意見の集約は実際に難しかったことが推察される。

まず、田中玲子さんは、OLPの一人として、また個人登録をした実行委員の一人として、反省的にとらえ返している。パレードでの問題提起の方法は決してベストではなかった。プロジェクトP排除問題という越権行為にはもっと早い時期からの抗議が可能だった。木村運営本部長が「宣言（案）」を読み上げたあとに、結果として壇上占拠のかたちとなったことについては、批判されてもやむをえない面がある。責任逃れをするつもりはないが、不測の事態の連続で、トータルに物事を見ることは難しかった。なお、運動本部の対応のまずさ、発言の性差別性を取り上げる際も、南実行委員らのゲイ・アクティヴィズムとしての功績を否定する必要はないことを忘れてはいけない。批判は非難ではなく、存在の否定ではない。「第4回目」をどう関わるか。現実の「パレード」を置き去りにした思考のための思考であってはいけないと自戒を込めつつも、関西と東京との物理的距離にジレンマを感じている、と書く。

ＳＩＮさんは、〝黒いマントをひるがえして、総会屋のごとく会場をあおりまくり、各方面から偉いと言われた〟と自己のことを書いているように、重要な行動者の一人であったと推測される。しかし彼女は、パレードの前段階から、抗議行動への事後評価までを含む、彼女に対する誘いかけや差し向けられた評価を、肯定的にはとらえておらず、すべてを疑問形にして返している。〝全国の「レズビゲイクィアー」の人たちに会えるかもしれない〟という友人からのパレードの誘いには、今知り合っている人たちだけで十分で、パレードには興味がなかった、説得されたから東京に向かった、パレード自体も誰もいない朝早い街をせかされて歩かされ、やはりむなしいと思った、と振り返る。〝壇上占拠はいかがなものかという意見があったこと〟に対しては、パレード2回目の企画途中から多くの人が問題提起してきたにもかかわらず、ことごとく話し合いの機会を設けなかったのが（継続、実行）委員会であり、その無視・排除に対して表面化させられる唯一の場がパレード（会場）ではなかったかと反論する。現に、マイクが次々にバトンタッチされて自分たちのしたいパレードを語りだしたことから、〝みんなああいうふうにしたかったんじゃないのか〟と疑問を向ける。大変に残念に思ったこととして、東京の人から、誰かが「南グループ」への対抗をやってくれるのなら楽、と言われた話を挙げている。東京は全体的にそういう空気かと尋ねたら、歯切れの悪い答えだった。〝ＯＬＰはすごい〟と握手を求めてきたあれは何だったのか、私にあおられて立ち上がった人たちがこれからどうしたいのかが知りたい、私は「対南グループ」なんてもう意味がないと考える、と手厳しい。

LUKAさんは、〝先頭を切って右腕を掲げ、「異議あり」と叫びながら壇上に駆け上がっていた〟と自己語りしているように、やはり行動者の重要な一人と思われる。LUKAさんにとっては、毎回送られてくる実行委員会の報告書の文章が大変不明瞭で、周りの話から委員会の問題は聞かされてはいたものの、多くの東京の人たちがなぜそれほどまでにパレード参加を敬遠しているのかを理解できないでいたという。参加した実行委員会では、パレードを翌日に控えた忙しい状況とはいえ、予定の議題だけを強引に済まそうとして、他の意見には耳を貸そうとしない雰囲気が満ちていた。南実行委員の暴力的・弾圧的な言葉の連呼に、稲妻が走るような恐怖を感じた。いくつかの実行委員の団体からの緊急かつ重要な異議や提案があったが、〝個人と団体代表という実質的には二重投票の〟11対6の多数決によってそれらは否決された。何人かで話し合った結果、最後にできることとして、パレード宣言案に異議の声を上げること、宣言案とプロジェクトP排除問題に関する意見チラシを配ることになった。もしあの場面で、自分たちの異議申し立ての声をきちんとしたかたちで受け止めてもらえ、正当な手順でマイクを受け取り発言していたら、どんなにか良かったことだろう。（しかし）あの時の誰にそれができただろう。今回、自分の行動があの混乱状態を起こした原因の一つではなかったかという思いは消せないが、今後の活動に活かすために、できるだけ詳しく書き留めた、と執筆動機を振り返る。

『OLP News Letter』のパレードへの意見は様々な立場から書かれているが、SINさん、LUKAさんの記述にあるように、東京の人々が主体的でなかったという論調は、何人かに共通して読み取れる。『ラブリスダッシュ』2号でパレードの取材をした土屋ゆきさんにこのあたりのことを尋ねたところ、もう少し異なる事情も説明頂いた。以下2段落は土屋さんの説明の要約である。

第1回目のパレードでフロートを出し、衣裳を揃え、音を出していたのは、その後自らを「国際ビアン連盟」と呼ぶことになる関東を中心とする人々だけだった。彼女たちの中にはオーストラリアの性的マイノリティの祭典「マルディグラ」に行った人もおり、マルディグラの人を惹きつける部分を吸収して帰ってきた。この、フロートを賑やかにし、揃いの衣裳を着るなどしてビジビリティを向上させるといったパレードの「ソフト」にあたる点を、南さんは考えてこなかった。

第2回目のパレードでは国際ビアン連盟の他に、別の団体から「ビアン神輿」や複数のドラァグクイーンが出るなどし、賑やかさが急に増す。[25] パレード運営側は、こうしたビジビリティの方法を歓迎していなかった。その頃、東京の活動家たちの間では、実行委員の一人から慎重にヒアリングして、時々の状況を細かく伺ってもいた。「一年間、南さんに好きにやらせてみよう、それでつまらないということが分かるかもしれない」という機運があった。ただ当時、移動を伴った交流はレズビアンの中でごく一部で、関東のレズビアン・バイセクシュアル女性とＯＬＰのメンバー層との間に、厚い人的な重なりや頻繁な交流はなかった。きめ細かい連携が取れておらず、南さんの進め方はけしからんと、西から乗り込んできて引っ掻き回しに来てしまったという点はあった。

上記、土屋さんの観測範囲と似た意見は他からも筆者は聞いたことがあるほか、『薔薇族』にも出てくる。

25　この第2回目も国際ビアン連盟は、衣裳を作り、曲を決め、踊りの練習をして「闘うレズビアン」「力強い女のイメージのダンス」で臨んだ。その様子は座談会が収められた『imago』95年11月号の図版で見ることができる。しかし南さんはインタビューで「真っ赤な裏地のマントが開いて、ビキニの水着の、裸体に近い状態で出る」と語っているように、評価をしていないことが感じ取れる。

る。『薔薇族』でパレードの様子を執筆した丸山さんも「地方団体との事前のミーティング不足が、こんなかたちで露呈してしまったわけです」と説明する。[26] 96年の夏はインターネット普及の前夜であり、パソコン通信を利用する一部の人々以外は、電話やファックス、対面のコミュニケーション、ミニコミ誌に情報を頼っていて、知る速度や内容はかなり異なっていたと思われる。前日の全国交流会で梅木さんの訴える場があったように、ある程度のお膳立てはできていたのだろうが、不測の事態の連続だったと田中さんが振り返るように、関西の人々数十名が整然と組織的に行動したとも考えにくい。

性的マイノリティのパレードは、実施後に参加者数が発表されることが多い。ただし参加者が在住者だけで賄われる場合はほとんどなく、多くは人の「移動」を前提として成立している。96年6月の初回札幌パレードに参加したのち、第3回東京パレードの開催を控えた時期に、『KICK OUT』編集長の佐藤雅樹さんが94年の第1回東京パレードの記憶を書き留めている。先日開催された札幌パレードには、東京の有名どころの面々がずらりと集まった。しかし初回の東京パレードの開催が決定した時は違った。友人たちにパレードに参加するかを尋ねたが、「日頃アクティブに活動している人達でさえ、他人事のよう」な消極的な反応ばかりだった。参加・不参加は「カミングアウト度を測る踏絵のようなもの」であり、「地方グループの人たちの積極的な姿勢に比べ、東京のグループの反応の鈍さの原因」だったのではないか、と推測する。[27]

言うなれば性的マイノリティのパレードというのは、半分開いていながらも半分閉じているシステムである。パレードが開かれる都市に住まう性的マイノリティの「ビジビリティ」や権利の向上は、少なくとも部分的に、時によっては大半が、その土地から切り離された人々によって構成され、そうした人々が可視的なマイノリティとしてふるまうことでアピールされてきた。移動を前提とした権利啓発の担い手の〝ねじれ〟がパレードにあるということの状態は、〝互酬性〟として肯定的にとらえることもできるだろう。他方、一つのパレードがもたらす影響は在住者と来訪者の間で異なるということでもある。そのような中、「地元でパレードに出ることは、同性愛を嫌悪する自分にうち克つ方途でもあった」とも札幌ミーティングの鈴木賢（2016: 345）さんは語っている。

おわりに

本章前半は、南さんへのインタビューをもとに、活動の足跡をまとめた。インタビューで聞き足りなかったところは、著作と先行研究から補った。南さんは支配的なイデオロギー／経済体制に対して自己投企しながら疎外された人々の経験や生産活動の奪還を図った。それは戦後レジーム、異性愛主義、異性愛資本の雑誌などであった。84年にはビル・シュアーとの出会いによって「性の解放」から「サービスの供給」という発想の転換に気づいた。『アドン』の利潤が投入され、海外のゲイ・カンファレンス／活動の紹介、HIV／AIDSの電話相談・給食サービス、キャンドル・マーチ、劇団、パレード等のパフォーマンスと、分野を広げていく。筆者からすれば、一貫して、南さんは媒体／供給者に徹する、

26　丸山「第3回東京レズビアン・ゲイ・パレード報告」『薔薇族』96年11月号、115ページ。
27　佐藤雅樹「第1回レズ・ビ・ゲイプライドマーチ in 札幌」『KICK OUT』16号、34ページ。

思想／実践の「乗り物」であろうとしたさまが窺える。「南定四郎」は字句通りに「ロシナンテ」であり続けようと生きてきたのではないだろうか。

２０１９年、87歳の南さんは合同会社「空とぶ船」を興す。「２０１９年の活動はじまる」と題された抱負の文章を引用したい。

多くの人々は『寄らば大樹のもとに』という幻想を抱いて会社という組織に身をゆだねます。その結果、あるときデスクに顔を伏せて号泣せざるを得ない心理的圧迫感に脅かされます。そのような暗いトンネルの中を歩く人生を続けますか？　それとも、自らの意志によってモノやサービスを生産し、その結果に生み出された商品を買い、新たな生産が起きていくという循環のなかからＬＧＢＴの市場経済を創造しますか？　合同会社『空とぶ船』は後者に未来を賭けて立ちあげました。（『S-Net 通信』30号、３ページ）

この文章からは、同性愛者であることの身バレを恐れ、３年程度で職を変えていた20～30代の南さんの姿と、80歳を過ぎてなお、生産関係を変化させることで新しい社会を到来させようとして行動する南さんの姿をみとめることができる。インタビューで語られた直近の活動――農業集団への作業サービスの提供――も、この新しい生産関係の試行の一端と解せられる。

サービスの試みは、成功したものとそうでないものがあった。後者でよく知られているのが第３回東京レズビアン&ゲイパレードの「一連の事件」への対応だった。本章後半はこれを扱った。

当時の人的関係を整理していると、実行委員会に抗議行動をした関西を中心とする個人・団体が東京の「管理売春資本」と密通していたとする『アドン』側の考えは、やはり無理がある。また、パレード実行委員会が「レズのくせに…」発言を、個人の発言として終息させようとし、その後の応答もしなかったことについては、批判のそしりも免れないだろう。この発言は、ゲイ雑誌を含めた様々な媒体で問題にされていたことを確認したが、この「発言にも全く触れないまま、ゲイ業界、さらにはＬＧＢＴのレジェンドとして単に持ち上げられる」現在の状況を「おかしい」とする意見（森2022: 47）にも耳を傾けるべきだろう。他方、レズビアンのミニコミ誌の中においても、特に壇上占拠については後悔を含めた様々な自己省察があり、もっと前から事情の把握と共有につとめるべきだったとする意見があった。南さんの功績を評価しつつ批判をする必要があると留保をつけた意見もあった。

最後に一言二言、インタビューを行った筆者が付け加えるならば、ミニコミ誌や雑誌の〝多様な声〟の中に〈声の不在〉が感じ取られたことも、正直に指摘しておきたい。第１回目のパレードから第３回目のパレードに至るまで、それこそ多面的な説明・意見があるが、実行委員会のやり方に反対する人たちの言説の中には、第２回パンフレット広告費１００万円のゆくえについて、具体的な説明[28]や反論が見当たらない。気になる〈声の不在〉である。南さんの話が正しければ、広告が取れたのならばやはりそのお金はいったん実行委員会の口座に振り込ませるべきだっただろう。しかしそうではなく、南さん側

28　筆者は、その企業の広告費は実はずっと少ない金額であり、音響装置の賃借料等に充てられた程度だったという可能性も捨てきれないでいる。

が企業のお金を受け取らなかったのだという主張も筆者は見聞きしたことがある(例[KJ5])。確かに『アドン』の浜中委員長の筆致からは、企業とは関わりたくない気持ちが読み取れる。だが、Kさんや前田さん、ビデオ出版等々と互してきた南さんの〝したたかな来歴〟を考慮すると、広告費を蹴ったとは考えにくい。けれどもそのお金の流れの実状を知る者がこの件の沈黙を続ける限り、広告費の一件は南さんの〝作り話〟となる。

南さんには統合失調症を抱えた弟たちがいた。彼らの〝妄言〟を身近に体験しつつ、社会から再・疎外されてきた彼らを看取ってきた人生がある。その家族的な背景を斟酌すると、広告費流用の指摘が一つの対立点となってプライド集会での激突が生まれ、大会本部長を務めた木村さんが〝妄想〟にさいなまれて自死を選んだ出来事は、南さんにとって計り知れない打撃をもたらしたと考えられる。ロシナンテだと名乗る自分は、その実「大言壮語」のドン・キホーテなのではないか。私は風車と闘ってきたのか。しかし〝私〟を構成するどの部分が真実で、どこからが他人の「舞台」なのか。自責や疑念に幾度となく囚われたのではないか。そう、後進の人々は考えてもいい時ではないだろうか。

第3回パレードの「一連の事件」は、様々な混線を解きほぐせないまま「現在」に向かって傷口をあけている。この解説をもって解決することはないだろう。本件からどのような教訓を引き出すかは、性的マイノリティに関する「運動」と「経済」、そして「サービス」を展開しようとする未来の人々それぞれに託されている。

第Ⅱ部

マーガレット（小倉東）さん

マーガレット　ドラァグクイーン名。本名，小倉東。1961年8月23日，東京都練馬区に生まれる。17歳の時，雑誌を頼りにゲイ喫茶「祭」を訪れ，その後ゲイディスコで遊ぶようになる。大学へ進学する傍ら，美容専門学校にも通っていた。19歳の時，アルバイトをしていたアートギャラリーのイベントで初めて人前で女装をする。大学卒業後はメイクアップの仕事に従事するが，腕を壊してしまう。1992年，『別冊宝島』（宝島社）のゲイ3部作に関わったことがきっかけとなり，1993年ゲイ雑誌『バディ』創刊に関わる。その後，編集長代理（スーパーバイザー）に就任。並行して，ドラァグクイーン・マーガレットとしても活動しており，司会業も務めるなど活動の幅は広く，畏敬を込めて「東の魔女」とも呼ばれている。2016年11月，LGBT・オカルト関連の蔵書を活かし，ブックカフェ「オカマルト」を新宿二丁目の新千鳥街にて開業。その後，体調不良のため休業，2021年5月31日をもってオカマルトを閉店した。2022年より新宿二丁目・ALAMAS CAFEにてラジオトークバラエティ『マーガレットといっしょ』を毎週日曜日に公開収録している。現在，アーカイブ保全のための法人設立を計画中。2023年1月現在，満61歳。

語り手──マーガレット（小倉東）さん
聞き手──鹿野由行・斉藤巧弥・石田 仁
脚　注──鹿野由行
構　成──鹿野由行
扉写真──マーガレット（小倉東）さん提供

第3章 マーガレット（小倉東）さん口述

――マーガレットさんへのインタビューは、２０１９年8月と11月にマーガレットさんが運営されていたブックカフェ「オカマルト」にて行いました。インタビューでは、数万冊に及ぶマーガレットさんの蔵書から現在では入手が困難な雑誌や写真集なども閲覧しながら進めることができました。このインタビューは、鹿野・斉藤・石田の3名で行いましたが、それに先立って２０１８年に事前インタビューを鹿野・石田の2名で実施し、前のページのプロフィールはその時の内容から一部補足をしています。

ヘアメイクから編集の仕事へ

――マーガレットさんは大学卒業後、ヘアサロンに就職して20代の間はメイクの仕事をされていた際に、腕を故障したと聞きました。

十年くらいかな、一番長く勤めたサッシュ（SASHU）っていう会社をやめたときは腕はダメじゃなかったの。それからしばらくして、フリーでいろんな仕事を受けるようになったときに腕を壊して。力が抜けてブラシがストンって落ちちゃう。それに気づいて「もう潮時かな」って。

——就職して十年経ったらもう『宝島』の話とかが来る頃ですよね？　その時期くらい？

そうなの。美容の仕事をしながら、フリーのライター、エディターをやっていて、その中で腕がダメになったから、「まあ美容ダメでもまあ編集でやってきゃいいかな」って感じで。

——直接的なケガや事故をされたんですか？

帯状疱疹になった後、「帯状疱疹後神経痛」がひどくって。そのために星状神経ブロックをするペインクリニック通ってて、星状神経ブロックやるときにたぶん神経傷つけられてたと思う。だけどペインクリニックって治療じゃないから、自己責任で契約書を書いてるから補償がなくて。おそらくそう。いまだにちょっとピリピリって残るもん。

——私も失明しかけたんですよ、顔に帯状疱疹が出ちゃって。神経ブロックはしていませんが、三叉神経かな？　「視神経まで行ったら失明します」って言われて。

あたしのより1段下の病状ね。そうそう、それがあったもんで、編集の仕事がポツポツ来るようになったから、まあ鞍替えかなって。

——編集を本業のほうにしたんですね。

『バディ』創刊時代

——『バディ』[1]は１９９３年11月に創刊されましたが、当初は記事のライターさんをどのように集めていたのですか？

創刊当時の『バディ』は、とにかく他の雑誌で書いてるライターたちを全部取り込もうとしてたの。結局『薔薇族』だったり『アドン』とかって原稿料が全然ほとんど支払われていないか、ギャラが安いと言われていたので、そこは金に物言わせて全部取り込んでいこうとしていた時期だったから。わりとこうえげつない不動産屋のようなやり方で『バディ』はやってったのよ。「空いてる土地は全部買う」みたいな（笑）

——ものすごく初歩的なことを聞いてもいいですか？〔奥付に出てくる〕平井孝さん[2]は『バディ』の社長なんですか？

平井さんは個人オーナーとして「ルミエール[3]」とかをやっているの。「アンデルセン[4]」とか税務上ど

1　『バディ』　1993年11月にテラ出版より創刊（0号）された男性同性愛者のための総合情報誌。最盛期には約4万部を発行し業界トップとなる。先発のゲイ雑誌と比べ、若年層を中心にしつつ幅広い層をターゲットとし、エンターテインメント性の強い記事も多い。1997年6月号からは「僕らのハッピーゲイライフ」というキャッチフレーズを用いることで、「ゲイ」としてのポジティブな生き方を積極的に作り出していこうと試みていた（斉藤2018）。2008年11月号より成人向け雑誌扱いに変更。2019年3月号をもって休刊となった。

2　平井孝（ひらいたかし）　1970年代後半に新宿二丁目にゲイショップを立ち上げ、1993年よりテラ出版の代表取締役社長を務める。平井についてはフリート横田（2022）によるインタビューも合わせて参照されたい。

3　ルミエール　1986年、東京都新宿区新宿二丁目の仲通りに開店したゲイポルノショップ。

4　アンデルセン　新宿二丁目にあるゲイ男性向けのアダルト・マッサージ店。これらの業態は「売り専」と呼ばれ、ドリンクのオーダーが可能な場合もあるが、ゲイバーとは異なるものとして認識される。

うしてるのか分からないけど、また別でやってますね。

――『バディ』の25周年の記事（２０１９年1月号、74ページ）で、『バディ』は経営企業13社の合同出資であるように書かれていますね。

『バディ』はもともと、『薔薇族』に対抗するためのメディアとして考えられていたんだよね。なぜ『薔薇族』と徹底的に対立するかと言うと、違法コピーしたホモビデオを売っているお店の広告を『薔薇族』が出していたからなのよ。それで、ビデオメーカーの人たちにも声をかけて――本当にどこまでお金を出資させたのかは分からないけど――あんた、ちょっと一口乗ってよっていう。「うちはこんなに軍団がいるんだからね！　あんた、もう勝手なことはできないよ！」って感じじゃない。『薔薇族』に見せるために。

――その会社を細かく覚えてますか？

いやあ『バディ』が始まる前の話だからさ。どこのメーカーだったのかあんまり分からないのよね。

――少し話を戻しますけど、『バディ』創刊時に、当時のゲイビデオメーカーに基本的に声はかけたっていうことなんですか？

じゃない一応？　ほら、戦いを挑むわけだからさ。味方の戦力を作りたいっていうこと。『バディ』は3つの会社の合同出資で始まってるの。それがテラ出版っていう出版社。テラ出版は一応、代表取締役が平井さんで、今は取締役で和田さんがいる。「マンハウス」の和田学さん。

――奥付に出てくる寺本康博さんっていうのは？　寺本さんのあとを平井さんが継いだとか？

そうじゃなくて、最初からその3社で起業してる。寺本さんは、上野とかでポルノショップの「ＢＩ

ＧＧＹＭ」[6]をやってて「ブロンコスタジオ」[7]もやっていた。しかしもうやめちゃいましたし、死んじゃいました。その方と、「クリエイターズ」、「マンハウス」をやっている若林＝和田さん、そして平井さん。この３人がやってる会社が出資して始めたのが『バディ』。

——マンハウスの若林さんと和田さんは同一人物なんですね。

はい。和田がビデオや雑誌のビジネスに関わっているときの名前で、若林が写真家としての名前ね。マンハウスのビデオではアジアに男優を連れていって撮ったり、アジアの青年を撮ったりしていたはず。アジアが好きなんだよね。

——編集をされていたときに、それらのゲイビデオメーカーとかからこういうことを書いてくれ、こういうのは書かないでくれみたいなことはありましたか？　「ＨＩＶとそのリブのことは書くな」みたいな話が平井さんからあったということは伺っているのですが、それ以外で。出資企業からの介入だったり、方向性の要求があったりしましたか。

まあ特には〔メーカーからは〕なかったよ。平井さんがやっぱり絶大な力を持っていたの。ビデオメー

5　マンハウス　日本のゲイ男性向けアダルトビデオメーカー。前身は、ゲイ関連の写真集を刊行していた出版社「クリエイターズ」（１９８３年設立）。

6　BIGGYM　東京の上野・池袋に店舗を構えるゲイポルノショップ。

7　ブロンコスタジオ　１９８７年１月に発足したゲイ男性向けアダルトビデオレーベル（制作メーカー「BPRODUCT」）。現在は「ビッグジム・グループ」内のビデオレーベル（企画・制作「BRONCO」）の一つとなっている（「BIGGYM WEB SITE」http://www.biggym.co.jp/）。

カーなどからすると小売店だからさ。そこのご機嫌を損ねたら自分の会社のお得意がなくなっちゃうから。絶大な権力があった平井さん＝ルミエールには、文句は言わないよね。

――出資したゲイ企業と最初期の編集者たちに密接なつながりがあったということは？

ないない。ただ唯一、若林〔和田〕がね。東風(こち)〔終(しゅん)〕さんって写真家の作品は絶対に『バディ』に載せないと言ってた。というのは、若林さんと東風さんはタッグを組んで「クリエイターズ」を始めたが、途中で見解に相違が生まれてね、和田さんは「マンハウス」として歩み、東風さんは写真家として歩んだんだよ。僕は、東風さんの作品はクオリティが高くて好きだったので『バディ』にぜひとも載せたかったんだけど、『バディ』の発起人グループのひとりである和田さんが東風さんの起用を許さず、それを平井さんも感じ取っていたんだろうね。

そのほかは、平井さんがわりと人の好き嫌いが激しい人で、たとえばミッキーさん。ミッキーさんは、初代「アーティーファーティー（Arty Farty）[8]」や「ＺＩＰ[9]」などのオーナー。彼のお店のことは出すなって言われたよ。でも、理由が何なのかはよく分からない。

『バディ』編集部の中

――編集者の人たちが自分のやりたいように記事を書いていたのですか。たとえば、編集会議はありましたか？　書いてきた記事を書き直せなどの方向性の修正は？

会議はありましたよ。でも修正はない。企画会議みたいな。

――内部での対立や、それによる記事内容の変更などはありましたか？

まあ、そりゃホモが5人、10人集まれば。みんなケンケン仲悪かったりもしますよ。きっと。でも、そこまではないね。もうそれぞれが自分のページを埋めるっていう感じでやってたので。

――この企画が読者にすごく人気で、波に乗ってるとかそういうことはありましたか？

斎藤靖紀（ブルボンヌ）[10]とそのあとのマツコ・デラックスの企画はわりと評判が良かった。

――ご自身の中で思い入れが深いとか、個人的に満足している特集や企画はありましたか？

いろんなゲイの小ネタを集めて紹介する「Jumpin' Journal」っていう企画が創刊当初からしばらく続いていたんだけど、その企画は自分で立てたから愛着があった。本が売れていくごとに好き放題やれるようになったので、最初はモノクロページだったのを、そのうちに2色ページに変えて、そのあとに4色にして。なるべくゲイ雑誌らしからぬページを作ろうと思って、「ドラァグクイーンスペシャル」やっ

8　**アーティーファーティー（Arty Farty）**　新宿二丁目にあるゲイクラブ&DJバーとして1993年7月開店。オーナーのミッキーさんは2014年12月30日に逝去された（「【追悼】「ZIP」「ARTY FARTY」のオーナー、ミッキーさん」『g-lad xx』https://gladxx.jp/news/2015/01/4115.html　2015.1.18 記事）。

9　**ZIP**　1980年代半ばに新宿二丁目に開店した男性限定のゲイバー。ゲイバーとしては珍しくディスコサウンドを流すDJブースがあり、1984年には「今かなりの人気を集めている」有名店の一つであった（『週刊読売』1984年6月17日号、157ページ）。2006年にゲイクラブ&DJバー「The ANNEX」としてリニューアルした。

10　**ブルボンヌ（斎藤靖紀）**　女装パフォーマー、ドラァグクイーン、エッセイストとして活躍している。『バディ』には斎藤靖紀名義で編集に携わり、代議士へのインタビューや神前ウエディングなどを企画していた（「campybar」https://campybar.wixsite.com/website-1）。

てみたりとか好きに作れたから（『バディ』1997年1月号、35〜42ページ）。それはやっぱ思い入れがあるかな。

――以前、「兄貴系にしたくて長谷川（博史）さんは（別れていった）」という話をしてくれたじゃないですか。自由にやるけれども越えない一線は何かあったということなんですか？

長谷川さんが『バディ』離れたのは、極々初期。創刊2号くらいにもういなくなっちゃってるんじゃないのかな。[11]

――そこからは、もっとこうしたいのにとかいうのはなかったんですか？　それぞれバラバラでよろしくみたいな感じですか？

わりと、僕も勝てば官軍。そんな感じだからさ。もう誰にも文句言わせないでいた。

ドラアグとフィスト熱

――ものすごく乗ってるときに冒険してしまったなっていう記事は逆にありますか？　分かんないですけど「フィストファック入門」とか。

ひと頃は「もう『バディ』には女装とフィスト[12]のことしか書いてない」って言われてた（笑）郷司（ごうし）基晴（もとはる）さんっていう（写真集『Calcite 方解石』などを出している）写真家の方がいて、彼とコラボしたやつはフィストの写真を出したりとかした。個人的には好きな企画だったたね。そこらへんからこう、フィスト熱がちょっと続いて。

――拳熱が。

うん。ちょっとやり過ぎたかな、とは思ってる。

──『バディ』を見ていて思ったのは、そのフィスト系の記事って尾上玲二さんっていう方が結構、好きで自由にやってたのかな？　と思ったんですけれども。

うん。そうです。

──その尾上さんがたぶんどこかで抜けちゃうと思うんですけれども、そこからもうフィスト系の記事はなくなっていった感じなんですかね？

かもね。あとはやっぱり雑誌だからさ。時々の流行りというか旬みたいな。当時、フィストってちょっと新しくて危険な、みんなの関心を呼ぶものだったんだよね。

──ちょうど〔有料〕ハッテン場が脱ぎ系にバタバタッと変わっていく時代なので、それでみんなプレイもハードになっていったときですよね。〔石田〕

──今までのお話からすると、時代の空気を読みながらわりと自由にやってたということだと思うんです。たとえば運動、パレードの紹介とか、政治的に「正しい」記事内容も増えていくわけじゃないですか。で

11　創刊1年後に長谷川は独立し、寺本と一緒にゲイ雑誌『G-men』（ジーメン）を立ち上げて初代編集長となる（『バディ』2019年1月号、74ページ）。『G-men』は1995年4月に古川書房（2015年株式会社メディレクトへ社名変更）より創刊された（2016年4月号をもって休刊）。筋肉質でたくましい「野郎系」をコンセプトとすることで、『バディ』と競合せず「親密な付き合い」が行われていた（『バディ』2019年1月号、74ページ）。

12　第4章309ページ脚注14を参照。

もう一方で、フィストや女装あるいはラッシュ[13]など〔当時は合法であった〕薬物を含む、フェティッシュでクィアな欲望について、記事担当者がかなり自由に書くことができたということでしょうか？〔鹿野〕

ある程度自由だったね。

――今だったら「ゲイはこうあるべきだ。だからこういうゲイ〔文化〕は出しちゃいけない」といった制約のようなものってあるのかなと思うのですがいかがですか。

あー。当時それはなかったねえ。

『バディ』編集部のカリスマ

――マーガレットさんが見てきた中でカリスマ性があった人はどなたですか？

マツコ・デラックス[14]じゃない？　表紙を写真にして男の子を出したのはたぶんマツコ。「マチカドパンツ」[15]、後に「マチパン」って呼ばれる企画はスタート当初はマツコが担当だった。

――マチパンは人気でしたよね。

うん。そうなんです。それによってさあ、まあ狭い社会と言っても二丁目を変えたじゃない？「ホモ雑誌にパンツ晒すのちょっとおしゃれじゃない～？」くらいの感じのところまで引き下げたのか、引き上げたのか、よく分からないけど、それはマツコの功績だよね。

――大阪の特集記事が出た時に、同世代の友達とゲイバーで「あんたが載ってるやん～！　連絡来た!?」とキャーキャー言っていた記憶があります。掲載された子はちょっとした読者モデル気分というか。〔鹿野〕

そう。そういえば、表紙を写真にした初期の号の表紙にTが出てるのよ。そのTっていうのがマツコのつてなわけ。たぶん、説得したんだろうね。ホモ雑誌の表紙に出るってやっぱり、なかなかいないわけだから。

——この号ですか？　またイケメンですね！

イケメンなのよ〜！　で、たぶん、マツコとしてもそろそろ表紙の感じとかも変えにゃいかん、みたいに思ってたんだろうね。

——創刊の段階で表紙を写真にしようみたいなことは、全くなかったんですか？

いやあ、あのもう本当にね。最初の頃ひどかったんだって、『バディ』の表紙って。それ見れば分かると思うけど。

——真っ白けですよね。キャッチコピーも埋まってないし…

13　第4章311ページ脚注17を参照。

14　**マツコ・デラックス**　株式会社ナチュラルエイトに所属しているタレント、コラムニスト。美容師を経て松井名義で『バディ』編集部に勤め、2000年にテラ出版を退職した。退職の理由については「人間関係の問題」であったと語っている（マツコ 2005: 201）。

15　**マチカドパンツ**　『バディ』編集部員がゲイイベントなどへ出張し、一般来場者に下着を見せてもらう全ページフルカラーの人気企画。前身の「マチカドボーイフレンズ」では膝上のニーショットが中心だが、「マチパン」では下着を見せてもらうためフルショットが多い。各個人写真には簡単なプロフィールとメールアドレスが記載されており、読者は気に入った相手に連絡を取ることができた。

図表3-1 「僕らのハッピー・ゲイ・ライフ」採用号

出所：『バディ』1997 年 6 月号。

おかしいよね。昔の『薔薇族』となんら変わらない。この号〔97年6月号〕からが「僕らのハッピー・ゲイ・ライフ」よ（**図表3－1**）。本来、僕の好きなテイストではないけれども、誰からも嫌われない、愛される感じのイラストっていうことで。キャッチフレーズ決定を知らせる記事で「島根県の勝也さん」の採用作って書いたけど、嘘ね。すでに自分で決めてたんだよね（笑）

――（笑）そのあとにJonathan[16]さんの表紙。

さらにそのあとにマツコが〔表紙を〕写真に変えてる。

――写真に変えたときの反響みたいなのは来ました？

あー。僕自身そのときはもう編集部にいなかったからさあ。たぶんいろんな意味で反響はあったんじゃない？　やっぱりムーブメント的に『バディ』の表紙になるっていうのがちょっとステータス感が出るようになった。まあみんなこぞって出たがってたし、あとGOGOBOYの子たちがやっぱり宣伝になるわけだから出るようになった。

――売り専やバーなど、店のスタッフの方も多かったですよね。

――広告料を取るじゃないですか。たとえば「ウォーキン・バディ[17]」とかで絶対に取り上げてもらうために何かありましたか。袖の下とか。

いわゆるタイアップ記事的なやつでしょう？　それはなかった。逆にそこらへんを綺麗にしていたからこそ『バディ』に出るということにステータス感が生まれてたんだと思う。お金出せば載れちゃうよみたいなイメージをつけない。そういうものじゃない。だから逆に「ウォーキン・バディ」とかでは一応漏らさずに取材に出たし。

――「ウォーキン・バディ」は全都道府県行ってます？

行ってると思う。岡山とか本当何もなくてさ。城址公園ハッテン場でーすみたいな。そのくらいしか情報がないわけよ～。岐阜とかさあ（笑）なんにもトピックがない。

『アニース』編集部は同居するも独立国家

――同じテラ出版からレズビアン雑誌『アニース』[18]が刊行されましたが、編集部が『バディ』と同じフロア

16　**Jonathan**　『バディ』の表紙を手掛けていたイラストレーター。『アドン』の挿絵なども行っており、『バディ』では1997年6月号から2001年12月号までの期間、表紙イラストを担当している。

17　**ウォーキン・バディ**　全国各都市の繁華街を中心にゲイシーンを取材する『バディ』の地方出張企画。ゲイバーやポルノショップなどの店舗紹介、各地方読者の座談会など内容は多岐にわたる。

18　**『アニース』**　日本初の「女性を愛する女性のための」商業雑誌『フリーネ』（三和出版）の後継誌として、テラ出版より1996年創刊。休刊を挟み、2001年に「レズビアン＆バイセクシュアルのための雑誌」として復刊するが、2003年に再び休刊した。

に入ってたとき、編集アイディアの協力などは？

ない。独立国家。

——ないんですか。完全に？　しゃべりはするけれどもみたいな感じですかね。

あの雑誌に、〔萩原〕まみちゃんが「女を愛する女たちへ」ってキャッチを付けてたのね。これねえ分かんないのよ。「レズビアンの雑誌」とかのほうが、本はやっぱり売れやすいわけですよ。「待って、分かんないキャッチフレーズつけて、あんたこれやめて」って言ったけども、彼女は頑として受けつけない。「じゃあ好きにすればいいわよ。その代わりちゃんと本売ってね」って言ったんだけど、まああんまり売れずで。6号ぐらいで終わっちゃったじゃない？　バイセクシュアルってさ、曖昧模糊とした概念だからさ。商品にするときって、やっぱり弱いんだよ。パンッと言ったほうが物って売れるわけで。そこらへん編集者として考えてほしいとこだわよね。

——『アニース』って、『バディ』と比べて、売上げってどれぐらいだったんですか？

それこそ全然よ。10分の1以下じゃない？

——じゃあたとえば2万部だったら2千部以下ぐらいなイメージですか？　『アニース』も、一般の書店とかに売ってました？　全国の書店で売ってました？

ＩＳＢＮ取って、トーハン・日販の流通通せるようにしてたよ。２千部いってなかったのかもね。

——当時のゲイやレズビアンの雑誌って、どんな経路で売られていたんですか？

いわゆるトーハン・日販などの〔取次による〕書店流通形態があるわけじゃないですか。発売元を経由して取次から書店に流れるのが、雑誌の刷り部数の約半数。で、残りの約50パーセントを、直販と呼ばれるかたちで、全国のポルノショップに直接卸してたの。そっちは全部、買取制度だったから返本がない。取次を通す場合は、何か月後かに返本される可能性もある。

――『アニース』も同じように、半々でやってたってことですか？

やってたけど、当時のポルノショップって、ゲイのものしか扱わなくて、女の子はなかなか買いに行かない。もちろん、お付き合いで何冊かは〔ショップが〕取ってくれていたとは思うけど、『アニース』の場合は〔買取は〕ほとんどなかった。ゼロに近いぐらいだったんじゃないのかなあ？

――それが『アニース』が続くのが難しかった理由でもあるってことですか。

エンターテインメント性にも欠けてたしね。『アニース』。

――『アニース』の内容って、すごく真面目なほうですよね。雑誌っていうよりはなんかムックに近いような内容でしたよね。

精霊流し

――特に『薔薇族』を意識して書いていた記事とかってあります？

それは特にはなかったけど、『薔薇族』の売上げを抜いたときの号の Jumpin' Journal は、薔薇特集をやった（笑）

――ひどいなあ（笑）

ひどかった。ひどいよぉ。5月、6月くらいの時期だった。取次から売上げのデータ報告を受けたの。表紙をリニューアルしたのが6月号だったので覚えてる。薔薇にちなんだ小ネタをまとめたページを

図表3-2　「夏の最後のバラ」特集内文章

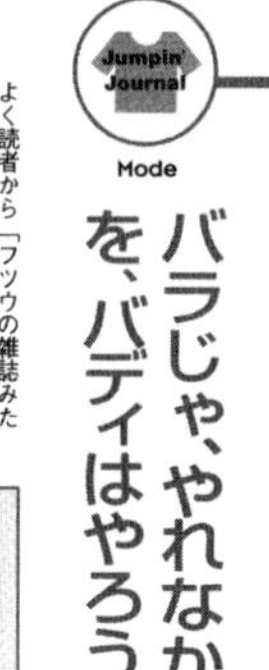

バラじゃ、やれなかったことを、バディはやろうと思う。

よく読者から「フツウの雑誌みたいにファッションページを作ってください」なんて意見をもらう。一方で「そんなの要らない、もっと裸を載せろ」なんて要望もある。はたして、ゲイ雑誌にファッションページは必要なんだろうか？
そもそも、エロ主体のゲイ雑誌にあって、洋服を着せていこうとするファッションのページと、脱がせて脱がせて、修正のスミ消しさえも脱がしていこうとするエロのページとは、目指していく方向性が微妙に食い違う。
こうした矛盾は、読者（すなわち、数多くの同性愛者）が、ゲイ雑誌の「ゲイ」の部分に何を求めるのか、ということによる。つまり、「ゲイである」ことをセックスに限定して捉えるのか、着ることを含め生活のすべてに関わる要素として捉えるのか、という問題だ。もちろん、僕は後者だと考えているから、無謀ともいえるこんなページを毎月、せっせと作っている。けれど、自分を含め、能力ならびに人材の不足は否めない。「ノンケ雑誌ならOKだけど、ゲイ雑誌じゃ、ちょっと……」なんてホモフォビアもあるからね。そこで、スタッフ、モデルを急募！　編集部の小倉まで連絡ちょうだいね。

夏の最後のバラ

ご紹介するのは、この企画のタイトルともなった「夏の最後のバラ」という名を持つフレグランス。実は、僕の恩師であり、敬愛するメイクアップ・アーティストの渡辺サブロオ氏がつくり出した香水だ。甘く、せつないバラを基調に、匂い立つ新芽、草の香り、朝露のすがしさを感じさせる、不思議な香り。女性用なのだけれど、男がほんの微かに漂わせていると、なかなか良い。ボトルも可愛い。
そして、もう一つ。新宿二丁目の雑貨屋さん〈CABINET〉で見つけた、シルバーのボール・チェーン。アクセサリーを着けるなら、どうせならこのぐらいっスね。直径7ミリほどの大粒のボールがなかなかの迫力。えっ、アナル・ビーズみたいだって……（苦笑）。

左／香水「ザ・ラスト・ローズ・オブ・サマー」10000円（ケサランパサラン／全国のデパートなどで発売中）
右／ボール・チェーン　18300円（CABINET／03・3359・2178）

出所：『バディ』1997年10月号。

Jumpin' Journalに作って、「夏の最後のバラ」っていうタイトルにして10月号で「はい『薔薇族』さようならー！」（笑）（図表3−2）

――精霊流しだ。

うん。で、たぶん、僕もそこらへんを境に『バディ』から離れていく。だって目的が『薔薇族』抜くことだったから、それもう完了しちゃったので。

――抜いたのは何年くらいでしたっけ？

97年。わりとねえ、僕が考えていたより早く抜いちゃったのよ。で、そのあとはブルボンヌの時代になって彼がわりと中心的にやっていくようになって。98年1月号でスーパーバイザーをやめる挨拶文をしているよ。だから実際は97年の年末にはやめていた。

――『バディ』が『薔薇族』を抜き始めた時代というのはネットも普及していく頃ですよね。編集の中でネットに対する多少なり危機感みたいなものがあったのでしょうか。

それより「自分たちもネットやらなきゃダメなんじゃない？」っていう感じがあって。それでブル〔ボンヌ〕が「Badi.jp」[19]ってやって。ただ、収益性が全くなかった。ページが増えたっていうだけなわけよ。ネット媒体にハマっただけで、そこで商売が成り立っているわけじゃなかったの。テラ出版にお金というかたちでフィードバックはされていないから、これダメじゃん！ と僕は思ってて。

――〝お金というかたちでフィードバック〟というのはたとえば具体的にどんなことですか？

収益性があるホームページを作らないといけないわけよ。ところが彼は自分の書きたい「デジバディの仮面」とかを書いて人気を博していくわけじゃない？ それって彼の人気、彼のメリットにはつながるけどテラ出版としては1コンテンツにしかならないからさ。会社がやってるホームページとしては、それじゃダメなんだよね。

――ネットを介して何か収益につながるようなことは？

『バディ』はそれが全然できてないわけよ。だから、ネットがワーッと広がっていったときに売上げがガーッと下がっていくわけ。

――確か2002年か2003年くらいから雑誌にDVDを付け始めたじゃないですか。あれはどうだったかっていうのは〔編集部の方から〕聞きました？〔斉藤〕

19　Badi.jp　テラ出版プロデュースによるゲイ・ポータルサイト。出会い掲示板やサーチエンジン、イベント情報、全国のゲイタウンガイドなど様々なコンテンツが盛り込まれていた。

ＤＶＤ付けたら売上げは少し〔上がった〕。それまで落ち傾向だったのが戻ったんじゃない？

――ＤＶＤの内容がどう決まっていたかっていうのは何か伺っていたりします？

それはだいたいグラビア連動で、グラビアの撮影風景とかそういうやつがあって、あとそれぞれ、その月にリリースされた新しいビデオのプレビューが入ってる。で、そのうちにそのメーカーさんと組んでオリジナルのムービーをもらうようにしたりとか。あとはパレードなどがあったら取材のムービーが少し入る。そんな感じ。

――ＤＶＤの編集もとなると仕事が増えますよねえ。そろばん勘定がよくできて、ビジネスのことをよく考えてるなあという編集員はいなかったですか？

仕事は増えたけどいなかったねえ。大局的に『バディ』をどうしていくかを編集会議で話すことが一切ないわけ。でもどう考えたって5年、10年の単位で考えれば、ネットに押されていくのがもう目に見えるわけじゃない？　誰もそういうことに危機感を持たずにいた。

――マーガレットさんが個人でインターネットに接続したのはいつぐらいですか？

パソコン通信とかわりと早いほうで、あの時代から一応ネット環境はあったんだけど、「ホモ」がらみは一切アクセスしなかった。ま、だから、そこらへんをブルには期待してたんだけど…。

続刊の理由

――それでも他のゲイ雑誌が廃刊していく中で今年〔２０１９年〕まで残っていたじゃないですか。それはなんでだと思います？

平井さんの意地。

──意地。出し続けるぞという。

うん。

──平井さんが、意地以外で発行し続けるためにやっていたことって伺っていたりします？　内容を変更していきましょう、雑誌の外部と連携しましょうみたいな。

最後のほうは村上〔ひろし、ヒロ〕[20]に全部丸投げしてたから。本の内容的なことはあんまり口出さなかったから。ただ、村上と平井さんの中では当然いろんなバトルが行われていて。

──そうですか。村上さんは平井さんに気に入られていた？

本当は気に入られて編集長に据えられているんだけど、でもやっぱり村上もさあ、自分が看板となって本を作っていくと経営者とは当然ぶつかるわけで。

──今年〔2019年〕、『BEYOND』で「日本のLGBT30年史」をまとめていて、振り返ると95年から15年間くらい、ネット環境の変化が本当に激しくて。雑誌の受難の時代だったと思うんですね。ミクシィが2001年なので、バーに行かなくても友達ができちゃうようになった。〔石田〕

──ゲイ・ビジネス以外でその時代をうまく読み、売上げたものってたとえばどんなものがあります？　「続

20　村上ひろし（ヒロ）　『バディ』のモデル経験を経て、2006年テラ出版へ入社。成年誌への変更を機に退社するが、2011年10月復帰し編集長となる。その後、会社を離れるが2016年1月に復帰、休刊まで編集長を務めた（エスムラルダ「ゲイ雑誌『Badi』をつくった編集者たち 第5回 村上ひろし 前篇」『GQ JAPAN』https://www.gqjapan.jp/culture/column/20190419/japanese-gay-magazine-badi-5　2019.4.19 配信分）。

図表3-3　「アイコン」システム

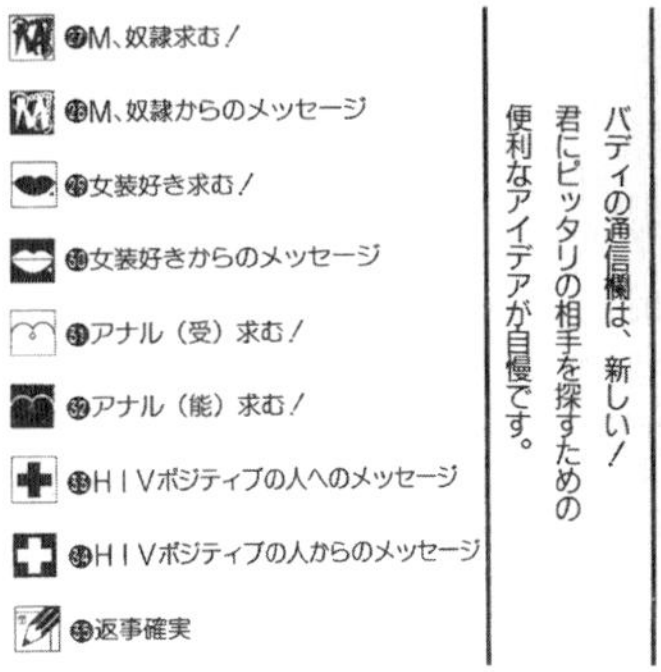

バディの通信欄は、新しい！
君にピッタリの相手を探すための
便利なアイデアが自慢です。

㉗M、奴隷求む！
㉘M、奴隷からのメッセージ
㉙女装好き求む！
㉚女装好きからのメッセージ
㉛アナル（受）求む！
㉜アナル（能）求む！
㉝ＨＩＶポジティブの人へのメッセージ
㉞ＨＩＶポジティブの人からのメッセージ
㉟返事確実

出所：『バディ』創刊号。

きはウェブで」の逆版ってことですか？〔鹿野〕

まあブルがネットやりたいって言うから、ブルには「あんた、収益性だけはちゃんと考えてね」って言ってすぐにGOを出したわけよ。だって本誌のほうの仕事もあって新しくそれもできるから。どっちかをお留守になっちゃわないように収益性だけは作ってねって言って。その段階でマッチングシステムみたいな通信欄を全部ネットに移行したいっていうのが僕の中では一応、青写真としてあった。まあそれのためのアイコン[21]でもあったわけだから（**図表3－3**）。

だからタイミングもあるなっていうのと、そのくらいの時期はまだ動画配信ってあんまりやられてない時代で、第1期黎明期のビデオメーカーさんでもう店閉めちゃってるところが結構あったのよ。「YBスポーツ」だったり「オフィスカワサキ」だったりとか。そういうメーカーの権利を全部買い取れって思ってたわけ。そうするとその動画配信で金稼げるし。メーカーがつぶれちゃうのなら権利を売っちゃったほうが得かなと。その2本をやっておけば『バディ』はウェブメディアとしてまだ頑張れていたかなあ…。

平井さん企画の雑誌

――『バディ』で漫画を集めた『パレード』っていうのを一回出したことがあると思うんですけど、売れました？

売れるわけないじゃない〜。もう〜。『バディ』が調子良くて、『バディ』で回るようになっていったら平井さんが、自分も何かやりたいみたいなのが沸々と湧いてきて。で、企画したの。

――平井さんが企画ですか？　えー！

全部、平井さんがやったの。お気に入りのアルバイトの子たちに、やらせたっていう感じ。だから全然、つまらない。雑誌としてはもう全然…ダメな感じ。

――平井さんが漫画がすごく好きだったたっていうことなんですか？

じゃない？　っていうか、『バディ』がわりと情報誌みたいになっていっちゃって、もっとエンタメ色の強いものをという思いがおそらくあった。で、漫画本に至ったんじゃない？

――平井さんが自分で企画してっていうのが驚きですね。そういう感じの方なんですか？

あの人って本当は自分がやりたい。けど、自分に能力がないのも分かってるから人を使ってるんだけど、それで『バディ』がうまくいっちゃったもんだから。なんかやっぱり沸々と…。『夢少年』っていう雑誌も平井さん企画。

21　**アイコン**　ゲイ雑誌の購買動機のひとつに通信欄を介した出会いがあったが、投稿者の呼びかけの内容を『バディ』はシンボル化した記号で表現できるようにした。読者にとっては膨大なページの通信欄の中から関心のある相手を選び出すことが容易になり、投稿者にとっては限られた紙幅に他のPRを入れ込めるようになった。前川（2017）によると通信欄による出会いの原型は、1952年創刊の男性同性愛者向け会員誌『ADONIS』に見ることができる。

——児童ポルノ法ができることが分かって、規制がかかる前に少年が好きな人のマーケットを最後に頂こうとして何号か出たやつですね。

——ある時期まで、たとえば『薔薇族』とか『アドン』とか増刊を出してましたよね。定期的に。年数回だったんじゃないかなと思うんですけど、あの理由って分かりますか？　ボーナスの時期だからだとか、決算の前の経費とするために増刊を出すとか…。

いや、分からないです。お金が云々というより、ご褒美的な部分がちょっとあったんじゃないかな。『薔薇族』とかわりと売上げが良かったんじゃない。それで、好きに作っていいよ、みたいなのかなって思うんですけど。

『薔薇族』はゲイ・ビジネスか

——今回のインタビューのテーマの一つがゲイ・ビジネスなのですが、『薔薇族』はゲイ・ビジネスと言えるでしょうか。

ゲイ・ビジネス。ああ…、うーん…。まあ定義によるねえ。資本だったりとか、そのお金の収益が、ゲイのとこで完了していくものをゲイ・ビジネスと呼ぶならば、『薔薇族』は違うね。

——「AiSOTOPE LOUNGE」などを運営する「カペラシスティーナ」[22]はどうですか？

あれはゲイ・ビジネスじゃないですか？

——カペラのトップっておそらくノンケの方ですよね？　そこの差は何ですか？

たぶん、カペラのトップって関口さんだと思うのよ。「ageHa」[23]とか、あそこらへんやってる人で。カペラをやっているのはクラブ業界だから、新宿二丁目とかをベースに箱を持っとくのも悪くないんじゃないのかみたいなので、小原〔たかき〕[24]くんを社長に立ててやっているのでは。分かんない、でももしかするとすごい儲けてるのかも（笑）

——では、ココロカフェ（CoCoLo café）[25]はどうなんでしょうか？

いや、ココロは途中で代替わりしてるのね。今のオーナーのこと全然分からないけど。その先代の方も全然知らない。でも一番最初のココロカフェはアキヨシさん〔川口昭美さん〕よ。アキヨシさんって、バーの「ＺＩＮＣ」や、ハッテン場「ＰＡＲＡＧＯＮ」をやったりとか、アキ総合企画でビデオ作ったり、「マリンボーイ」っていう売り専やってたり。そのアキヨシさんがココロカフェ立ち上げて。死んだあとに別の方の手に渡ったんじゃなかったっけな。ゲイ・ビジネス、なあ、『薔薇族』も入れとくか（笑）

22　**株式会社カペラシスティーナ**　エンターテインメントスペースを運営する会社。「AiSOTOPE LOUNGE」のほか、新宿二丁目内にゲイクラブ、カフェ、ゲイバーを計4店舗運営している（代表取締役社長：関口朋紀）。

23　**ageHa**　東京・新木場に存在した日本最大級のエンターテインメントスペース「STUDIO COAST」のイベント・クラブおよびブランド名（「STUDIO COAST」は２０２２年1月借地契約満了に伴い終了）。当初の運営母体は株式会社マザーエンタテイメントであったが、後にカペラシスティーナの代表である関口を含む3名による株式会社アゲハプロダクションズとなった。

24　**小原たかき**　前述のカペラシスティーナの系列店舗の統括プロデューサー。

25　**ココロカフェ（CoCoLo café）**　２００1年に新宿二丁目にオープンしたカフェ＆レストラン。ＬＧＢＴのカルチャーを積極的に発信し、ドラマのロケ地にもなるなど新宿二丁目のシンボル的なスポットであったが、新型コロナウイルス感染拡大の影響もあり２０２1年1月31日に閉店となった。

――逆に言うと迷うところにあるわけですね。

うん…。僕は特にほら、『薔薇族』に思いが強いからさ。「ノンケの思い」〔を雑誌にして〕で金巻き上げて軽井沢に美術館なんか建てやがってみたいな。というのも、あの伊藤文學が、『薔薇族』で大儲けしたわけよ。それで彼、自分の趣味で、ルイ・イカールっていう画家の作品を買いあさって。軽井沢にイカール美術館っていうのを建てたんですよ。[26]

――節税対策？

なんだろうね。ここら辺の業界の人間は、「ホモ」からかすめ取った金で、美術館なんか建てやがってってわりと口々に言っていた。平井さんもそれは言ってたから悔しかったんだろうね。逆に言えば、その時にゲイ側の人たちは「自分たちのお金！」っていう感覚があったってことよね。

――ゲイ・ビジネスの話と絡めれば、ある意味において『薔薇族』は（当事者メディアかという意味で）ちょっとグレーなところがあって、それに反応して、ゲイたちが自分たちのビジネスを何かやり始めたみたいな、そういう抵抗めいたものはあったりはしたんですか？

結局〔『薔薇族』は〕、ノンケがゲイに稿画料も満足に払わないで、ゲイから原稿集めたもので作って、売上げを全部ガメてるっていう思いがあった。だからそうじゃなくて、ちゃんとゲイの作家さんにも稿画料も支払うような雑誌を作ろうっていうんで立ち上げたのが『バディ』だから。

――敵対視してたのは『薔薇族』ってことですか？

ああ、もちろんそうですね。

――その他の雑誌について、ゲイ雑誌についてはそのときどういうふうに考えたりしたんですか？

『さぶ』[27]は、僕は〔目標として〕狙ってなかったと思う。業界シェアトップが『薔薇族』だったから、とにかく『薔薇族』を抜くっていうことだけを考えて作られてたから。

――どちらかというと、対抗軸を出すというよりは、同じ路線で追いつくという感じ？

『薔薇族』がやってたところに『バディ』がストンってハマることを考えてたのかな。

――平井さんは、オールジャンルに幅広くを目指したってことですか？

趣味性に特化した雑誌はすでに『さぶ』とかあった。昔は、２冊買いっていうのがスタンダードだったのね。まず1冊『薔薇族』を買って。今月は『さぶ』を買って。次の月は『アドン』を買ってというような2冊買いが消費傾向としてあった。そのベースとなる1冊。これやったほうが商売的にもいいわけじゃん。だから、『バディ』の創刊あたりの特集とか見てるとほんとひどくてさ。

――どういう意味でマーガレットさん的に「ひどい」んですか？

『薔薇族』狙うのに、こんな特集組んだら売れねえだろうっていう「兄貴」とか「毛」とか。それはそれで面白いんだけどさ。でもお商売的にはね、スパイスで入っていればいいだけなの。全体がそんな流

26　伊藤文學は新潟県西蒲原郡弥彦村にあったロマンの泉美術館（１９９３年設立、２００９年閉館）のほか、東京・下北沢でイカール館という喫茶店を経営していた。喫茶店は２００９年頃に閉館したと思われる（伊藤2020）。

27　『さぶ』　１９７４年11月創刊のゲイ雑誌（サン出版）。キャッチコピーは「男と男の叙事詩」。取り上げる男性のタイプが異なるため、先発誌である『薔薇族』から離れた三島剛、間宮浩、大川辰次らによって企画された。２００２年２月号をもって廃刊（石田2018）。

れであったにもかかわらず、長谷川さんとか寺本さんが、『さぶ』みたいなのを作ろうとしたから、もめたんだよね、きっとね。社内的には。

——『バディ』のときに、もめたんですか？

もめたから〔『G-men』へと〕別れたんじゃん。

——「『さぶ』みたいなの」っていうのは？

兄貴路線。平井さんはそこら辺、すごく冷酷に考える人で。『さぶ』も確かに売れてはいるが、もうマックスが見えてるわけ。それよりはもっと幅広い人たちに買ってもらう雑誌を作ろう。『薔薇族』に代わるものを作ろうっていう発想があったから。そこら辺は、寺本さんと長谷川さん、やっぱちょっと方向性がズレてたかもしれないよね。

なんかやっぱりね。長谷川さんは編集経験ないんじゃないかなと思ってるんだよね、いまだに。彼が自分で作ったページとか見たことないしさあ。普通だったらかつてこんな雑誌を手掛けてきたとか、こんな企画をやったみたいなの出てくるはずなんだけど、彼、過去のことは一切言わない。でも口だけ達者で。だからまあ編集ゴロみたいなのをやってたのかなあと思って。本当にどこまで編集能力があるのか。なんかよく分からないんだよね。あの人。

——わりと編集後記は欠かさず書いてましたけどね、『G-men』で。そこに「ずっとやってきて」みたいなことも書かれてましたけど。「編集ゴロ」ですか。

結構いるのよ。口八丁で編集・出版業界、渡り歩く人。その類いなのかなあと思って。

——『バディ』の読書層の年代っていうのはどう考えていました？　雑誌って、読者の年齢層がだんだん持ち上がっていくじゃないですか。ただゲイ雑誌は、通信欄があるんで、ある程度は新陳代謝が図られていたのかなとも思うのですけど、ゲイ雑誌の年齢層が業界全体で持ち上がっていたところに『バディ』が入った、みたいな想像もしておりますが。

『薔薇族』が若い読者層を取りこぼしていたってこと？

――「少年」みたいなのが、だんだんフィクションの少年になり、「ちょっとこれ違うかな」と思いながら若い読者が読んでたのかもしれないと。〔石田〕

――わたしも同時2冊買いだったのでその気持ち分かります。自分と近い世代のはずなのに、『薔薇族』の少年はあまりに遠い…そんな印象でした。〔鹿野〕

この言葉はあんまり好きじゃないけれども、『バディ』に関しては「等身大のゲイ」みたいな。その当時のメインの年齢層の、20代半ばぐらいの、まんまの何かを作りたいと思っていた。

――常連で買ってくれている人と新規の人では、雑誌記事で刺さるところが全然違うと思うんですが、そこらへんで工夫や注意をされていたことはありますか？

もっぱら新規狙いをしていました。だってベテラン読者は買うもの。そこに労力を割くよりは若い世代を取り込んだほうが先々まで読んでくれるわけじゃない？　だから若者向けの雑誌って印象はすごい強かったと思う。最終的にはその世代がゲイ雑誌から離れていったからゲイ雑誌も売れなくなっちゃったけど。ベテランの読者たちは『バディ』に見切りをつけて、どこ行っちゃったんだろうね。ネットに移行したのか。

――『サムソン』[28]ぐらいの年代の人たちからの反応というのは――サムソン高橋さんからいろいろあったのは知ってますけど――なんかありました？

特には。サムソンの世代の人たちとは棲み分けされてたから、ケンケンすることはなかったし。

――じゃあほかの、『ザ・ゲイ』[29]とか、いろんな…。

全然全然。他誌ともめたっていうのは、やっぱ『薔薇族』との古くからの確執と、あと『アドン』じゃないですか？　やっぱり。

いわゆる主力5誌以外

――ゲイ雑誌の歴史を見ると、『薔薇族』とか『アドン』などの主力5誌のほかに、『恋男（こいびと）』や『スーパーモンキー』、『浪漫倶楽部』などが出て、出ては消えたりしてたと思うんですけど、何か特徴や成り立ちに記憶はありますか？

『恋男』とかを出している出版社の「アローインターナショナル」は結構長く続いてるけど謎が多いねえ。個人的なつながりも全然ない。必ず「APPLE INN」[30]とかの広告がついてるから、もしかしたらこの「APPLE INN」あたりが出してた雑誌なのかなあ。ここにあるのは76年のだね。

この雑誌、毎号毎号、写真、結構きっちり撮り下ろしてんのね。当時のことだからさ、ここまでの写真を撮ってるってことは、別にも利用されてるって思うわけよ。わざわざこの『恋男』のためだけに撮り下ろしたとは思えないので。で、じゃあ何に使われてたのか。ビデオ？　とも思うけど76年。まだこの時代はビデオ〔を家で再生して楽しむ〕時代じゃないからさ。

――この広告だと「シングル8」の形式のビデオがありますね。

白坂ビン

ずっと考えてたんだけど、みんなはゲイ・ビジネスって、どう考えている？

――写真集は完全にそうかなって思いますね。〔白坂ビンさんの〕『ビーチパトロール』とか。

え？ 『ビーチパトロール』は宝島社の出したノンケ向け写真集では。ん、ノンケ向け…？（笑）

――でも『ビーチパトロール』が、「ビーチパトロール」をしている人たち自体を写したという意味だけでなく、そういう半裸の人たちを見つけるために「パトロール」しているゲイたちっていう二重の意味が題

---

28 『サムソン』（SAMSON） 海鳴館より1982年に創刊され、2020年6月号をもって休刊となった日本最後のゲイ雑誌。1980年代後半にふくよかな中年・高年者を愛する雑誌として路線変更を行う。2000年以降も文通欄を継続し、インターネットが使えない読者の受け皿となっていた（みさおはるき「3つの時代を繋ぎ38年の歴史に幕を閉じたゲイ雑誌サムソン 4代目編集長・三上風太さんの想いとこれからの新しい形とは？」『newTOKYO』https://the-new-tokyo.com/samson/ 2020.6.18 配信）。サムソン高橋はかつてゲイ雑誌『SAMSON』編集部に所属しており、現在はフリーライターとして活動している。

29 『ザ・ゲイ』（The Gay） 社会運動家・政治活動家の東郷健が1981年に雑民の会よりリニューアル創刊したゲイ雑誌（前身は1978年創刊の『The Ken』）。若年モデルを中心に誌面が構成されていた。また、東郷健が代表を務める雑民党の機関誌でもあった。

30 APPLE INN ゲイ男性向けのポルノショップ（女性入店不可）。最盛期には東京店・名古屋店・大阪店の3店舗を構えていた。

に込められていると思うので、ゲイ・ビジネスかなとは思ってるんです。話ついでに〔白坂ビンさんが関わっている〕『スーパーモンキー』について伺っていいですか？　ポルノショップで販売されてましたよね。

「ブックスローズ」ね。ゲイのポルノショップで、二丁目にありました。菊地さんっていう方がやってて。若くして亡くなっちゃったんだけど。

――『スーパーモンキー』、売ってる場所は限定されてたんですか？

うーん、ルミエールとかで並んでたのかなあ。

――取次に半分卸したって話がさっきあったじゃないですか。そうではなかった？

なかったですね、きっと。限られたお店でしか買えなかったんじゃないかな。

――ゲイのポルノショップに置くのと、ゲイ雑誌の通販欄に載せるぐらいってことですかね。

『スーパーモンキー』に白坂ビンとか、わりと積極的に関わっていて。ブックスローズの菊地さんも出資をしていたんじゃないのかなあ。でも、『スーパーモンキー』の一番コアになる人は誰だったのってなると、よく分からんのよね。

――白坂ビンさんは、執筆ですか、編集？

編集に関わってた。「ゲイリブ入門」とかやったりしてわりと先鋭的だったんじゃない？

――どれぐらいの部数とかまでは全く分からないですよね。

白坂の写真は見たことある？

――ないです。

『遊ち組』（工作舎）に載ってる。これが白坂ビンで、こっちが小林君っていう『ぷらとにか』[31]のメンバー。

——キャプションに「白坂ビン」「ゲイリブ派。意欲満々のゲイリブ派。」とありますね。79年ということは、白坂さん今おいくつくらいなんでしょうね。写真に東郷健もいますね。

この『遊ち組』というのは、松岡正剛っていう伝説的な編集者がいて、その人が工作舎から出した「遊」っていう雑誌があった。ちょっと、カルチャー寄りの。「遊3部作」という組み本で、ち組・へ組・は組だったかな？　その「ち組」が「ホモ〔エロス〕特集」だったの。

——松岡さんはノンケの方だってことですか？　それはゲイ・ビジネスですか？〔鹿野〕

ノンケ、ノンケ。すごく有名な方で。ゲイ・ビジネスではなかったんじゃないのかなあ。

——わりとノンケ向け〔の作り〕ですよね。なんていうか、ムックっていうカテゴリーがない時代の、ムックっぽい作り。〔石田〕

あれは画期的な本だったなあ。この頃『黒の手帖』（黒の手帖社）や『藝能東西』（新しい芸能編集室）でもホモ特集があったよね。

——白坂さんの他の著作は何かありますか？

31　『ぷらとにか』　1977年に発足したゲイリブ団体「プラトニカ」によるミニコミ誌であり、ゲイを新しい視点から捉え直すことを編集方針としていた（編集：白坂ビン）。その後1979年にJGC（ジャパン・ゲイ・センター）を発足し、マスコミへの抗議運動を中心に活動を展開していった。

そうだねえ…。『ゲイの贈り物』などを見てみようか〔『別冊宝島』3部作を見る〕。これ、年に1回ずつ出てるのね。〔執筆者一覧を見て〕ほぼ分かんないね。だけどこれらに出てくる伊佐山幸雄は私。マーガレットと書くとお手盛り感がすごく出るから、そういう時はね、このペンネームを使って。

——小林チキンは〔マーガレットさんとは〕違う人？　上田理生が白坂ビンさんでしたっけ？

小林チキンは違いますね。上田理生が白坂ビンでございます。

——他にマーガレットさんの変名はあるんですか？

この中では小倉東名義だけですね。

——他のところで変名は使ってたりしてました？

南風雛菊っていうやつ1回使った。

——南風雛菊〜！　それはどこで使ってたんですか？

それはね、『G-men』で。伊佐山幸雄名義のほうは『G-men』でわりと使ってた。小倉東は、『バディ』やドラァグクイーンのイメージがあるから、『G-men』ではいかんせん「女々しい」でしょ？（笑）で、伊佐山幸雄。

他にもあると思うけど、埋め草の記事作る時は適当に題付けて入れてたから名前すら覚えてない。南風雛菊はちょっと気に入ってるから覚えてる。

——（一同笑）でもそれは1回だけだったんですよね。

「これいいじゃん」って1回だけ使った。〔他の〕どこで使うんだよ、みたいな名前だよね。

——そのほか、歴史的に押さえておくべき方はいますか。

香西さんなる人物はやっぱりすごく興味深い。ゲイのいろんなところに顔を出して何かやってるんだよね。あの『薔薇族』の立ち上げにも関わっていたり、あと「スカイジム」[32]とか。

——ビデオボックス「ロン」[33]に座っていた「ロン爺」さんが香西[34]さんって話がありますが。

って僕もそう思ってるんだけど。かわいい男の子が〔来ると〕缶のコーヒーくれるって。それでお尻をペロンと触るって。アタシも1回もらったことがある！　一度だけどな（笑）

ゲイサイト：ゲイ・ビジネスの規定は難しい

——今昔のゲイ雑誌や、直接モノを売る場合は、ゲイからお金を取っていますよね。他方、〔ゲイ向けとされる〕今のインターネットサイトは、どう思われますか？　あれは広告の収益ですよね。お金払ってるのは、〔サイトを〕見ているゲイではないし。複雑なお金の流れがありますよね。

ネット自体が分からんからな。

——『バディ』も一時期「Badi.jp」をやってましたよね。それが雑誌の首を絞めたっていう意見もあります

32　**スカイジム**　新宿二丁目に存在した有料ハッテン場。ラシントンパレス（羅府会館）の最上階にあったが、2004年にビル解体が決定し、閉店した。

33　**ロン**　東京・新中野にあるビデオボックス系ハッテン場。2017年10月に移転し、リニューアルオープンした（「ハッテンナビ」https://www.hatten.jp/）。

34　**香西正之（こうさいまさゆき）**　1960・70年代に全国のゲイバーやハッテン場などの場所を記した情報誌『GREEN LETTER』（アドニス経済研究所）の編集人・著作権者。

が。紙からネットへという流れの中で、無料でサービスを利用することが一般的になってきました。何をもってビジネスと定義するか、現在利用されているサービスは「ゲイ・ビジネス」と言えるのか、そのあたりいかがお考えですか？

「GENXY」[35]は、ノンケ資本の会社が大元なんだよね？　で、あと、なんだっけ、後藤純一がやってるやつ。

——「g-lad xx[36]〔グラァド〕」。

あれは、ゲイの旅行代理店かなんかが出資してる。それと、あと大手は「new TOKYO」[37]でしょ。『バディ』の元編集長だった村上くんが、『バディ』のあとに始めたやつ。パンツ屋さんなども広告を出してスポンサーを〔している〕って感じかな。

——ツイッターなどを見ていてもゲイサイトの情報はあんまり回ってこないですよね。

今のゲイウェブメディアってそんなもんなのよ。前はなんとなくみんな共通で、『バディ』は、買う買わないは別として、なんとなく見てくれてたわけじゃない。最近は知ってるサイトしか見ないでしょ。ほかのサイトを知らない。そういう状況になってきてるんじゃないかな。

——本棚に並んでるように、なんとなくぱっと見れるところがないんですよね。

だから、僕個人的には、「new TOKYO」は頑張ってもらいたいなあと思ってはいるんだけど。

——そこも含め、広告から収入を得てる。

収入を得てるでしょうね。今はもうウェブだけで収益上げるのがまず不可能ですからね。

——そうですよね。不思議な新しい〔収益の〕かたちですよね。

——マーガレットさんが「ホモ本」などを連載されていた「2CHOPO」[38]はまだあるんですか？

もうないです。「2CHOPO」は、DMMが出資をしてP社長っていう人とバブリーナ[39]にやってもらうことになったんだが、いろいろと問題があったらしく…。途中でP社長は抜けて、バブがなんとか立て直して頑張ってやっている時に、バブから呼ばれたの〔が連載のきっかけ〕。

それで、内実はやっぱひどいもんで。僕のやったら長い連載が、実はカウント数を一番稼ぎだしていて、そこから派生していくつか連載持ったんだけどね。DMMからもまあまあ喜ばれて。バブが抜けた段階でいろいろ相談を受けたこともあった。どうしたらいいんでしょうねって。でももうそのとき自分は何にもできないからさ。ライターだったら全然やるよって言った。けれどDMMも企業だからさ、ある程度やったけど回収できなくて打ち切った。わりと冷酷にスポーンと。

35　GENXY　株式会社amaterasの運営するゲイのための「ライフスタイルWEBマガジン」。

36　g-lad xx（グラアド）「ゲイコミュニティのための総合情報サイト」として2010年5月に開設されたオンラインマガジン。編集長の後藤純一は、1996年から2007年まで『バディ』編集部に在籍していた。

37　new TOKYO「新しいことは楽しいことすべての人にnewを届けるライフスタイルマガジン」として『バディ』編集長であった村上ひろしにより立ち上げられた。運営は「GENXY」と同じ株式会社amateras。

38　2CHOPO「新宿二丁目発！虹色の交差点」として2012年3月に発足し、国内外のLGBTに関するニュースやコラムを発信してきたポータルサイト。小倉は「マーガレットの発見！今週のホモ本」を連載していた。現在サイトは閉鎖されている。

39　バブリーナ　タレント活動も行っているドラァグクイーン。自身のツイッターに、2014年10月31日をもって「2CHOPO」編集長を辞したことが書かれている（@BUBREENA、2014年11月1日19時48分）。

——じゃあ「2CHOPO」はゲイ・ビジネスなんでしょうか？

ね。少なくともP社長は金儲けだと思う。

——「2CHOPO」が始まったのは何年頃で、呼ばれたのはいつぐらいなんですか？

始まったのは分かんないんだよね。呼ばれたのは…、オカマルトが今〔2019年11月で〕だいたい3周年でしょ？　その前。今から見て5、6年前じゃない？　オカマルト始めるときには「2CHOPO」はもうなかったから。わりと短命だったのかな？

ゲイ・ビジネスはやっぱり「この条件を満たしていたらゲイ・ビジネス」みたいなことが言いようがない。さっき言ったパラメーターみたいなので、ゲイがたくさんお金を儲けたゲイ・ビジネスとか、ノンケがたくさんお金を儲けたゲイ・ビジネスとかって振り分けていくしかないかな？

ゲイメディアの将来：雑誌的なメディア

——たとえば10年後くらいに『シニアバディ』創刊みたいなことで編集長になってくださいというお願いがあったらどうですか？

ああー。その時分にはアタシはシニア売り専をやっているから…（笑）今、必要なのはオール・イン・ワン・パッケージ型のゲイメディアだと思っている。紙なのかウェブなのか分かんないけど、雑誌的なメディアはちょっとありかなと思ってるんだよね。だって今さあ、情報を得ようと思ったらなんか大変じゃないですか、みなさん。海外のゲイが今どんなことが起こっているというのを調べるっていうならそれなりにウェブサイトもあるし、今どんな本が売れてるのかって言ったら、まあそれなりに紹介しているサイトもある。〔けれど〕それを一個一個探していかなきゃいけないわけなのよ。手間なのよ。たとえば、今ゲイの映画でどういうものがあるかって言ったら「ゲイ　映画」とかで検索をしなきゃいけない。それで出てきたものの中からさらに選んでいく。もうねえ。手間、手間。時間取られ過ぎ。

そういうところで、やっぱり雑誌ってパラッと見たらなんとなく全体像が見渡せる。そういうものがネットで展開できたら面白いなあと思ってる。平井さんがウェブで失敗したっていうのは自分でもよく分かっていて、ウェブをてこ入れしたがっているのよ。で、グラちゃん、グラちゃんってずっと店〔オカマルト〕に来ていて、でも私はとってても手をつけられないからさあ。店があるから。「じゃあ誰か紹介してよ。誰か紹介してよ」って言うから１人か２人紹介してあって。そこが今後どうなるのか。ちょっと楽しみにしてる感じかなあ。

ＬＧＢＴブームにおけるゲイ・ビジネス

——ちなみに、とりあえずどういう基準であるかっていうのは措くとして、これまで、ゲイなりＬＧＢＴ関連なりのいろんなビジネスがあったと思うんですけれども、その中で、みんなが怒ってたものとかあります？　さすがにこれはノンケに搾取されすぎているだろうみたいなのとかっていうのはありますか？

いわゆる、セミナーものよね。あれは完全にノンケに搾取されてんじゃねえかと思うね。

——講習会みたいなやつですよね。

あと、最近めちゃくちゃ増えてるのが、ＬＧＢＴフレンドリーな店でーすっていうのを、ゲイ・ビジネスに入れるかどうかよね。美容院とかさ、カフェとかさ。なんかご飯屋さんとか。やってる人はノンケ。で、うち別に、ゲイの人だって来てもらって全然構わないよみたいな打ち出し方をしてるところが、最近やたら増えてるじゃない？　なんか虹の旗とかさして。ああいうのもゲイ・ビジネス。

——美容室でそんなん増えてるんですか？

まあまあ。

——それはゲイの人がやってるんじゃなくてってことですか？

ノンケさんの美容室。お友達とかがおかまが多いから。そういうアピールをしだしたんですね。

ニッチなゲイ・ビジネス

——ちょっと突拍子もないゲイ・ビジネスってありました？

二丁目の中にゲイのインテリアショップがありました。さっき話に上った初代アーティーファーティーとかＺＩＰとかをやっていたミッキーさんって方。

——ミッキーさんはゲイなんですか？

もちろんもちろん。その人が、わりとテックスメックスな雰囲気のインテリアショップを二丁目に作っていました。まあおしゃれって思って。でもすぐつぶれちゃったね。

——置いてあるものは、男性器を模した美術的な作品やインテリアですか？

全然全然。かわいいタペストリーがあったりとか、おしゃれな花瓶を売っていたりとか。名前忘れちゃったな、なんか。

——いつ頃ですか？

えーっと、『バディ』をやっていたとき。90年代の後半、4、5、6、7ぐらい。

——そのお店はどうやって広告を出していたとか、どこに売っていたとか、ご存知ですか？

いや、広告とか出してなかったんじゃないのかな。

——昔のゲイ雑誌などでは、会員や仲間のお店を使いましょう、旅館も使いましょう、服も買いましょうとかありましたよね。それらはゲイ・ビジネスとして最初から当て込んで作ったというよりは、すでに近隣の異性愛者を含めた顧客が存在していた。しかし、その〔ミッキーさんのお店の〕場合は、二丁目っていう、ゲイコミュニティのある場所に、最初から当て込むかたちで作ったっていう感じですよね。

だろうね。なんかたぶん、そのミッキーさん自身がわりとこう、新しいことをやりたがってる人で。たぶんゲイはおしゃれなインテリアとか、スタイル提案を求めているだろうから、そのお店を作ったみたいな。現在は、ドヒャーンとなるようなゲイ・ビジネスはあるのかねえ。

ノンケに門戸を開くゲイ・ビジネス

——二丁目にある観光バーは、マーガレットさんにとってゲイ・ビジネスですか？

ゲイ・ビジネスなんじゃないの？　で、たぶん、そのオーナーだったり資本出してる人たちもゲイの人たちじゃないのかな？

——こないだ出演されていたUneeQ[40]はどうですか？

40　UneeQ　２０１９年11月３日に大阪・梅田のCLUB PICCADILLY UMEDA OSAKAで行われたドラァグク

あれはゲイ〔・ビジネス〕、うん。

――あれはゲイイベントですか。お客さんはどうでした？

あ、ノンケさんもすごい来てたと思う。半々ぐらいじゃないかな。根っからのドラァグクイーン好きっていうのはあるんですよね。

――それにしても、連休の中日にピカデリーをオールで一晩借りようと思ったら、相当お金がかかりますよね。さらにクイーンさんの宿泊費と…。

交通費出して。

――もちろん出演料も要りますしね。

まあねえ、でもそれはやる前から、彼も覚悟の上で、やるって言ってたから。

――それにしても、本当に盛況でしたね。入口に長蛇の列がずーっと続いていて、大阪で行われたノースエ〔ノーパンスウェットナイト〕を上回るぐらいの列ができてました。

ノースエに勝ったドラァグクイーン…（笑）

お見合いビジネスとＨＩＶ

そういえば先日、ゲイの紹介ビジネスについて、根掘り葉掘り聞いちゃったよ。うちのお客さんが、「彼氏いるんだ」とかって言うから、「ええ素敵、アプリ？」って聞いたら、「〔相手を〕紹介してくれる会社を介して知り合った」って。今の彼氏と出会ったのは、２社目だそうよ。

――２社ですか。縁談？

その前に別の会社に2年間登録していたけれど、そこは月2万円ぐらい払わなきゃいけなかったみたい。最初のエントリーシートには、自分の年収から何から書くんだって。でも、そこはどうもダメかなあと思ったらしく、別のとこ〔2社目〕に行って今のパートナーと知り合った。

——年収や病歴も明らかにしないといけないこともあるみたいですね。HIVステータスについても当然書かないといけない。しかし誰にでも簡単に開示できる情報ではないですよね。いまだに健康なゲイでないとセックスをしたり、彼氏を作ることが難しいという状況は変わっていないんだなぁ…。

でも、逆から物をみれば、HIVの人にとっては、最初から、お互い訳知りで付き合えるということじゃない？

——その会は最初から〔HIV〕陰性じゃないと入れないみたいなんです。広告に、うちの利用者にHIVの人はいませんといった内容が、書いてあった気がします。

ポジティブ〔陽性〕だとダメ？　それはなんかやだなあ。

——90年代だったら活動団体が黙ってないですよね。池袋のお見合いの会では、HIVネガティブの診断書のコピーを出すと割引になるみたいですよ。

しかし月2万払うってちょっと嫌だなあ…（笑）

エイズとリブの関係性

イーンのショーイベント。全国のドラァグクイーン総勢45名が出演した。

――ＨＩＶの話が出ましたので、ここからは社会運動についてもお伺いしたいと思います。『統合失調症のひろば』（２０１9年春号）の対談記事に書かれていたと思いますが、「70年代のゲイたちってとても楽しくしてた」、「それはアメリカの良い時代のゲイを知ってるから」と話をされています。さらにその後の語りでは、楽観的な10年の後に、地獄に叩き落されるというこのくだりは、ＨＩＶ問題の登場についてだと思っています。まさにマーガレットさんがデビューしたのって70年代後半で、より活発に活動し始めたのは80年代になってからじゃないですか。社会の情勢についてどう受け止められていましたか？

１９６1年の生まれだから、ちょうど20歳になったときっていうのがわりといろいろ人生の転機で、20歳になったときちょうどＨＩＶの一号患者のニュースが日本にわっと入ってきた。でもまだあまり知られていないし、多く人の口の端にはのぼっていなかった。それで、ちょうど20歳になったときに母親が成人のお祝いに実印を作ってプレゼントしてくれたの。そのときに母親が「人相学の先生にみてもらったらね、お前の名前はね、配偶者で苦労するって言われたのよ」みたいなこと言われて（笑）なので「いいタイミングかな」と思って、そのときに「ああ、ホモだから結婚しないからたぶん配偶者で苦労することはないと思う」って言い方でカミングアウトしたの（笑）僕ね、エイズという病気について初めて聞いたのはバスの中。仕事かなんかで北海道に行っていて、観光バスじゃないけどわりと長距離バスの中でニュースが流れていて、それでエイズのニュースを聞いたような記憶がある。

――そのときにはもうすでにＨＩＶは「ホモの病」だってニュースが出ていたってことですか？

そうそう。「ホモ」だ、「同性愛者に特有の病気」みたいな。「ガン」だったのよ、そのとき。「同性愛者だけがかかるガンがアメリカで流行っている」とか、そういう言い方をニュースがしているのを、たぶんバスの中で聴いてるんだよ、僕。それはわりとハッキリ覚えてるんだけど。なんて言ってたのか分からない。ちょっと記憶にない。

――そのあとのその変化〔ＨＩＶや社会運動をめぐる変化〕について、そのときデビューされたマーガレットさんはどう思われてたんですか？　たとえば、若いときの伏見[41]さんと「ＢＡＴＳ」[42]でお会いされて、そのときにリブのことをバカにしたんだったか、バカにというかちょっと鼻で笑ったというお話を〔以前〕お聞きしました。

伏見をバカにしたの（笑）リブのことはバカにしてない。[43]

――そうなんですか。80年代の同時期にエイズ問題が広まり、ご自身でも動こうと考えていたこともお話し頂きました。当時、そのあたりをどう思われていたのか気になります。

だって時代的にはまだ原因がよく分かってない病気。ゲイリブとエイズの問題は今でこそ活動があっ

41　**伏見憲明（ふしみのりあき）**　作家、小説家。小説の他に、日本のゲイや新宿二丁目の歴史についてなど多数の著書がある。１９９１年にゲイであることをカミングアウトし、90年代のゲイ・ムーブメントに大きな影響を与えた。また、『QUEER JAPAN』（勁草書房）、『クィア・ジャパン・リターンズ』（ポット出版）の編集長を務めた。２０１３年より新宿二丁目にてゲイバー「A Day In The Life」を経営している。

42　**BATS**　新宿二丁目にかつて存在したゲイバー。マーガレットさんは22歳から数年間、昼はヘアサロンで働き、夜はＢＡＴＳで店子（スタッフ）をしていた。

43　80年代前半の当時の様子を、伏見さんは「小倉さんたち七〇年代リブのひとたちがみんな撤退した後で、『あんた今さらなにやってるの？』っていう感じで肩透かしにあったの（笑）」と語っている（小倉ほか1999: 75）。

てつながっているけれども、その当時は全く別に存在するような問題だったの。少なくともエイズの問題は〔一般の人にとっての〕社会問題ではなくて、〝ゲイの〟社会問題だった。もしくは〝医療の〟問題だった。

――それが徐々に明らかにされていって、それで「僕も何かしたい」っていうふうに動いて流れに乗ったってことですか。

それで、池上千鶴子のセミナーとか受けた。あたし、わりと生真面目だからさ。そういうところ押さえとこうかなって思って。大学生のころだから、21、2歳。

アメリカのパレードの印象

――海外のゲイリブの影響をどのように受けていたのか、それを自らの中にどのように取り込んでいたのかが気になっていました。ドラァグクイーンの話なんですけど、ここの107ページのところ〔『男性同性愛者のライフヒストリー』（矢島正見編、学文社、1997年）に収録されているインタビューのこと。倉田薫の名で収録されているインタビューは小倉氏のもの〕に「大学1年の時、初めて女装したのですが、実はゲイの女装についてはその頃のアメリカのゲイリブの影響で、否定的でした」と書かれています。ゲイリブの影響で女装に否定的だったたっていうのがどういうことなのかなとちょっと気になって。これ何か覚えてたり…。

全然覚えてないねえ。もしかしたら〔執筆者が〕文意を取り違えてるかも。だって、僕そういうような語りをしてるのって他にないでしょ？

――ちょっと特異的ですよね。しそうにない語りですよね。

僕もこれできた時に特にちゃんと読んでないのよ。しゃべりっぱで終わっていて。今それ言われて「は？」ってなって。僕がノーチェックで流しちゃったかもしれない。なぜならば、アメリカのゲイパレードのドラァグクイーンの姿で一番印象に残ってる最初の記憶は、『ＧＯＲＯ』だかそういう成人雑誌なの。おしゃれ系成人雑誌で、向こうのパレードのルポのページが５ページから８ページぐらい特集が組まれているのね。大判雑誌だからＡ４かな。それが８ページカラーだからすごく印象にあって、その中にディヴァイン〔アメリカのドラァグクイーン〕とかの写真があって、「まあなんて素敵なんでしょう！」って思った記憶がある。それがたぶんアメリカのパレードをビジュアルで見たわりと最初のころなので、そういうのを見てる時はあんまり否定的な思いはなかった。

――じゃあ、この語りは間違いだと考えていいんですかね。

そう考えたほうがいいと思う。その違和感は正しいよ。

新しい運動の模索

――もう一つ、ゲイリブに関する話で、ここ〔『男性同性愛者のライフヒストリー』〕の１０５ページにストーンウォール25周年の時の話について書かれています。そのまま読み上げると、94年の「6月にニューヨークへ２週間程度旅行に出掛け、『Stone Wall Riot』の25周年パレードを見に行きました。本当のアメリカのゲイリブを見て、自分の中のそういったものへの憧れを、いったん終わらせるつもりでした」っていうふうに書かれているんですけれども、これは記述としては？

それは合ってます。パレードとかゲイリブなる活動をいったんやめよう。それはいわゆる何だろう、〃政治的な〃活動は日本にはやはり馴染まないということがその段階でうっすらと分かってしまっていて、違うやり方を模索したかった。

——アメリカのゲイリブが社会に対して正面から向かっていくものだと受け止めていたと。

うん。これは日本じゃなかなか難しいだろうなと思ったのよ。それでそういったものはいったん終えておこう。その後にカッコイイ・楽しいっていう戦略になっていくわけ。マルディグラ、つまり商業主義と楽しい・カッコイイみたいなものが日本の運動には馴染むのではないかと思って。マルディグラのほうにガーッとシフトして、『バディ』を使ってガンガンやっていくような戦略を立てた。やっぱりアメリカ25周年というところもあったのでとても政治的なアピールが強いパレードだったんじゃないかな。そういうのはあったんじゃないかな。

——なるほど。じゃあ、終わらせる想像をしてたものを見に行ったたって感じですかね。

そうですね。

——「政治的だなあ。これは馴染まないな」と思いながら？

でも見に行くときは〔ずっと批判的に見ていたというよりは〕ウキウキ楽しく〔参加した〕。「やーん！」って（笑）

——じゃあ、たとえばマルディグラショックみたいなものの前に94年ぐらいの段階で、社会運動ゴリゴリでやっていくのは限界だなと思われていた。その時期はちょうど宝島3部作が回ってる時だと思うんですけど、そこら辺の関係ってどうなんでしょうか。

まあこの3冊見て頂いても、そんなにゴリゴリの感じにしてないでしょ。とにかくゴリゴリの社会運動としてのゲイリブって、それこそ70年代リブのあたりから馴染まないのよ。日本のゲイに。二丁目的なコミュニティでは。

――ゲイにアピールしないっていう意味で、社会へのアピールとはまた別の意味ですか。

〔社会にアピールが〕できたとしても何のための活動よ。ゲイのための活動でしょ。ゲイにアピールできなくて何やってんの？　って話。まあいまだにそういう活動してる人って多いけど。だからすごく内向きなのよね。

――そのあたりって、たとえばご出身の和光大学って社会運動バリバリですよね。そこを見ていての何か感情みたいなのはあったのでしょうか。

いや、大学ほとんど行ってないからな（笑）

――行ってない（笑）

たとえば僕が高校生の時に、いわゆる成田闘争だったりとか釜ヶ崎や寿町闘争みたいなもの〔に人々が〕ワーって行っているけど、周りを見渡すと同じ高校の同級生とかは全くそういうのに興味がない人たちが多かったのも、〔僕の運動の方向性を決めたきっかけとして〕どっかにあるんだろうね。〔だから〕社会運動が難しいっていう〔気持ちも僕の〕中にある。二丁目に出てきてゲイリブなんて口にしようものなら「あんたはモテないブスだから」と言われるような社会。

平井さんをパレードに…

運動論みたいなところ…。『バディ』が運動やゲイ・ムーブメントに何か役に立っていたとするならば、とにかく僕はこの目の前にいる平井孝なる人物をパレードに歩かせるっていうことがまず目的だったかな。

——平井さん〝を〟パレード〝に〟歩かせる？

そう。で、実現してるからね。というのは平井さんはそういう旧世代のゲイの象徴的な存在だと僕は思っている。南〔定四郎〕さん、伊藤〔悟〕[44]さんなんかと考えは違う、やっぱゲイは夜の街のお遊びっていう。そこが楽しければいいじゃないっていう発想の人だから。それこそ最近よく言っているんだけど、「ゲイリブとエイズは記事にしないで、売れなくなるから」という言葉を平井さんから聞いた瞬間、私がやるべきことはこの人をパレードに歩かせることだって。で、もうほとんどそのためだけに尽力してきた。

——それ実現したのはいつなんですか？　平井さんがパレードに歩いたっていうのは。

僕自身が東京のパレードに距離を置いてきたから分からないけど。〔札幌の〕パレードに『バディ』がブースを出すようになって、そのブースには出入りをしていた。パレードというもので言うならば、札幌パレードは歩いている。札幌のパレードでは10周年の時に功労者みたいなものを表彰するって企画があったの。最初、僕のところに表彰させてもらえないかって来たんだけど、辞退したの。「僕を出すくらいだったら平井さんを出しなさい」と言って。〔それなら〕歩くわって。でも、一人だけだと平井さんが出にくいので、それならば、ということで一緒に出ました。だから、僕と平井さんの2人が表彰されている。でも、平井さんは結局〔表に出たがらないという〕あの性格があるので、ステージに上がらないってことが分かっていた。だから、ケンタ[45]は何かしらの方法であの場に上げたかったんでしょうね。その時に、僕は平井さんの代わりに受け取りに上がる〔ということにした〕。

——10周年というと2006年ですよね。

かな？　確かにね、僕と平井さん両方2人の名前が出ていると思う。平井さんほら、出不精な方だから長いこと歩かないのよ。ただ、大阪のKO[46]（ケーオー）のやったパレードは歩いている。一緒に歩いている。まあ要するに平井さんとしては不利益がなかったら全然何でもいいわけなのよ。でもそういうのがあったからこそ、いわゆるニューヨーク型の政治ゴリゴリよりはマルディグラの商業的なイベント、お祭りのほうが日本には馴染むんじゃないかなという思いがあったの。

——個人の部っていうことで平井さんと小倉さんとM☆NARUSE[47]さんが表彰されていて。

おお、NARUSEか。M☆NARUSEはね、DJずっと長くやっていたから。

44　伊藤悟（いとうさとる）　著作家、アクティヴィスト、非常勤講師（東北芸術工科大学ほか）。1994年、パートナーの簗瀬竜太とともに、性的マイノリティへの理解を呼びかける「すこたん企画」（「すこたんソーシャルサービス」を経て、現「すこたん！」）を創設し、全国で講演・ワークショップを行う。

45　ケンタ　2003年札幌パレードの実行委員長。詳細については第5章を参照されたい。

46　KO-COMPANY　1994年9月京都に設立されたゲイの総合商社（現在の本社は大阪市北区豊崎）。ゲイ総合ポータルサイト、ビデオ制作・販売、マッサージなどのホスト事業、ゲイバーを含む飲食事業など、手掛ける事業内容は多岐にわたる。

47　M☆NARUSE　第5章363ページ脚注34を参照。

——パレードでは、企画の部っていうのでテラ出版が表彰されていますね。

すごいね。三冠王。やっぱりでも、まあ平井さんにしてみたら地方進出の足がかりにしたいっていうのがあって札幌に相当つぎ込んでいたっていう。パレードに協賛をするようになったりして、〔『バディ』の地方特集で〕ウォーキン・バディ札幌を頻繁にやっていたりとか。

札幌への投資

——平井さんが地方都市の足がかりにしたいからと言ってパレードにとてもつぎ込んでいたという話ですが、どれくらいつぎ込んでいたのかというのが気になりました。〔斉藤〕

パレード関連の記事をとにかく開催近くなったらずっと毎号、必ず出しているし、それは編集部記事で出しているから、パレード側からしてみたらお金は全然かからないわけじゃない？　そういうのをつぎ込んでいるというもののうちに換算するならば、毎号毎号出している。それからもうちょっと大きいところはコンボイ。[48]〔札幌に〕コンボイをまず出店したっていうこと。それとともに「札幌ゲイシーン」みたいなものを活性化させていきたいという企みがあった。

——札幌にマンションを借りていたというのは〔前にお聞きしましたが〕、マンションを借りるくらいみなさん、札幌に来ていたということですか？

わりと。うん。

——それは基本的にパレードとコンボイなどの運営ということなんですか？

うん、うん。

——なんで札幌なんですか？

ケンタがいるから。

——そこと最初につながったのは誰でどういうきっかけだったんですか？

高松〔尚志、札幌の運動に携わっていた人物〕が、東京に出てきていた時期があるのよね。その時に、「パレードをやるんです」、「あ、そう」って話を聞いたの。あたし、ああいう〝変なコ〟好きじゃない？　なんか（笑）高松が『バディ』と僕に近づいてきたのは、いろんな協力をしてほしいから。そういう下心はもちろんあったの。東京に来たけれど、あんた今何やってんの？　って聞いたら「なんにもしてない」って言うから、それじゃあアルバイトしなさいって言ってテラ出版に入れた。平井さんに、これこれ、こういう子なのよ〜、ちょっと変な子だけどよろしくお願いします、みたいなことを言って。それが平井さんの全国展開の野望みたいなものとうまく合致したのよ。じゃあ札幌ねっていうところになったんじゃないかな。それからケンタも来るようになって、平井さんに挨拶したりとかして…。平井さんは商売を一生懸命したがる子に優しいのよ。それでケンタのことをかわいがるようになり、っていう感じじゃないかなあ。

——コンボイができる前にはもうゲイショップは札幌には一応ありました。でもたぶん、それとはまた別のお店を出店したかったということなんでしょうね。〔斉藤〕

48　平井孝はゲイポルノショップを、新作・新品を取り扱うルミエールと、中古買取・販売専門のコンボイに分けている。北海道唯一のゲイポルノショップであったルミエール&コンボイ札幌店は2020年に閉店。

あとは、やっぱりあの時代、ゲイの中で札幌の盛り上がり感って、やっぱりすごく伝わってきていたし、そういう盛り上がりのあるところに出資をするのはビジネスマンとして当然のことだろうから。そんな幸運な偶然が重なって平井さんも札幌にガーッて〔つぎ込んだ〕。だから大阪より札幌のほうが早いんじゃないかな。で、大阪とかはもう〔ゲイシーンが〕できあがっているわけじゃない？　ショップとかもあって。そこに途中参入するよりは白紙の札幌のほうを先に手中に収めたいっていう感じ。

札幌の運動と『バディ』

――初期の札幌のパレードってすごい、いわゆる政治っぽかったという印象です。だから当時の映像とかを見ていても「差別やめろー！」とかシュプレヒコールみたいなのを叫んでいたと思うんです。それって『バディ』の当時の方向性みたいなものと結構合致しないような感じもして…。

そうかねえ？

――マーガレットさんの話をお伺いしていても、カッコイイがキーワードなのかな、と。

いや、あのさあ、平井さんがゲイリブやエイズのことを書くなと言っているのは売上げが下がるから。この一点なの。だから売上げが下がらなかったら平井さんはどうでもいいわけよ。政治的なことを言うことによって、どうのこうのみたいなことは考えていないわけ。エイズのことも同様で「売上げが下がるから！」。売上げが下がらなければ全然何やってもＯＫ。で、載せても売上げが下がらないじゃないっていう実績を作ってからは、平井さん何も言わなくなったの。だから最初は『せかんど・かみんぐあうと』（朝日出版社、１９９５年）の大石敏寛くんに連載を持ってもらったの。『バディ』のエイズ関係の最初の記事はそれじゃない？　それは奇しくも長谷川〔博史〕さんではないの。

――最初に何か載せたとき、パレードについて何かやると言ったときに平井さんからは？

まあ特に〔何もない〕。もうそのときにケンタとか高松とかをもう顔合わせさせてるし、それで気に入っているみたいだから。

――パレードの記事はやっぱり売れました？

どうだろう？　その北海道の記事を載せたから売れてたのかどうか分からないよ？　でも時代的にまあまあ『バディ』が右肩上がりで売上げ伸ばしている時期だから。

――パレードに『バディ』が出資なりとかいろんなかたちで関わるにあたって、お互いからこうしてほしい、ああしてほしいとか、こういうことをしましょうみたいな働きかけ、協力は結構ありましたか？

ホテルを取ったことがあるんじゃないかな。読者に向けて「だからこれを機に北海道旅行しませんか？」みたいな。「パレードも出て北海道を堪能しましょう」みたいなことでお宿を借り上げて、ツアーまではいかないけど参加者を泊めて。そんなことまでやったよ。平井さんは、みんな集めてワイワイするようなことがわりと好きみたい。

――札幌のパレードにバディフロートが出たのが確か2001年だったと思います。そのときって参加されていました？

あ、そう。2001年は行ってないんじゃない？

――行ってないですか。「バディ・アニース・フロート」って名前でした。初期のパレードって全部いらっしゃっていました？

わりと立ち上げのときから何回か行ってるよ。

――じゃあ96、97、98、99年とかは?

うん。たぶん。いったん、途中で区切れるじゃん?

――2000年やってないんですよ。

2000年やってない? じゃあ99…までは行っていたかなあ。まあ最初の3回くらいは必ず行っていると思うよ。

圧力釜

あたし札幌ですっごい面白いのを聞いたの。すごい印象深く思ってるんだけど、ゲイリブをやってるホモたちのことを札幌では「圧力釜!」って呼んでたのよ(笑)

――聞いたことあります。

圧力釜って、これは見事な表現だ! すごくいい表現だなと思った。札幌で聞いたからすっごい覚えてる。東京では圧力釜とか言わなかった。でも南さんはくそダサい圧力釜系のパレードだったわけじゃない(笑) これは絶対批判されるし、パレード自体大きくなっていかないと思っていたので、とにかくカッコイイ、楽しい、みたいなことを取り込まないと運動としてはつらいんじゃない、みたいなことがきっと言いたかったんだと思う。

――当時は裁判専とか圧力釜って言ってました。

裁判専って言葉もあった? 何かというとすぐ裁判起こすって。あれ、ゲイのことで裁判ってやっぱりアカー裁判？

——それ以降ですね。90年代後半に研究者の村上隆則さんが指摘していて、その時初めて裁判専と圧力釜を知って。ことごとく運動をシニカルに見る言葉なんですよね。〔石田〕

水商売と札幌のパレード

これ、ちょっとこっちでも話題になったんだけど、札幌パレードの最初にニューハーフバーか何かのフロートが出たらしいの。[49]
——何をもってフロートと言うかが難しいと思うんですけれども、ただ最初のパレードのときからいわゆる軽トラ的なやつにドラァグクイーンが乗るみたいな、でかいヒールの模型を乗せてみたいなものはありました。
それとは別の。向こうでやっている『ニューハーフショー』パブみたいなやつのフロートが出たっていうのを聞いて。そのとき東京のパレードはすごい有名でいわゆる二丁目系、水商売系をどちらかというと排除するパレードを作っているから「おおー！　さすがだねえ！　北海道！」って感動した覚えがある。ちゃんと目配せをしていたらしくて。札幌ミーティングも。水商売系の人たちも参加ができるよ

49　ケンタさんに確認したところ、ニューハーフバーの協賛はあったがフロートはなかったことが明らかになった。おそらくは、札幌から東京へと話が伝わる過程で、内容が変質したのだと思われる。第5章357ページ脚注30を参照。

うな枠を作りたい〔と思っていたのかな〕。

——ちょっとそれは初めて聞きました。面白い。

どうしてもほら、水商売系と運動って乖離しちゃうから。それをちゃんと立ち上げのときから考えて動いていたって。

——でもゲイバーからは、すごい反発があったみたいですね。〔斉藤〕

——そのニューハーフフロートに？〔鹿野〕

——いや、パレードとかリブに対してっていうこと。ニューハーフとゲイバーは、それぞれパレードに対する考え方が違っていたのかもしれませんね。『バディ』はリブをやっていこうみたいな意図があったと思うんですが、それに対してはリブ批判みたいなものはありましたか？〔斉藤〕

面と向かっては来ないよ。だって、そういう方向性を明確に打ち出している雑誌にわざわざ批判なんかしないでしょう？　その人が買わないだけなんだから。でも、圧倒的数字の部分で押し切れるわけじゃん。何言ったって売れてるもん、うちの本。って言えば済む話だからさあ。

クラブとディスコ

——ここからは、ドラァグクイーンやクラブなど、ゲイナイトシーンについてお話をお伺いしたいと思います。初めてのクラブ体験はどちらですか？

実はカンタベリーハウスがディスコデビュー（笑）　あとツバキハウスでしょ。

——おいくつくらいですか？

カンタベリーハウスに行ってたころは高校生。17〔歳〕くらい。

——早いですね！　20歳くらいからツバキハウス？

はい。

——いろんなジャンルや箱がありますが、どういうクラブに遊びに行かれてたんですか？

GOLD、ジュリアナ、トゥーリア、Jトリップ、ベルファーレ、マハラジャまでは行ってるね。

——ジュリアナとかも行かれてたんですね。

一応、だって観光名所だったから。「覗いてみる？」みたいなもんよ。どんなもんじゃいって。

——ゲイナイト[50]ってディスコなのでしょうか？　クラブなのでしょうか？

ディスコとクラブって最初の成り立ちが全然違うものなの。日本の場合は途中でディスコもクラブもほとんど変わらないものになってしまったけど。

——ナンパなどが主な目的となるような、出会いの場として機能するのはディスコという認識でいいですか？

うん。そもそもクラブとディスコの違いっていうのは、ディスコはそこのお店が企画運営をする。ク

50　**ゲイナイト**　かつては「大きなディスコを一日だけ借り切ってゲイを対象としたパーティーをプロデュースするというのが通常のスタイル」であったが、現在では箱の大きさによる違いはない（『バディ』1994年3月号、70ページ）。風営法では、ディスコやクラブはかつては風俗営業（3号営業）として規制され、24時閉店が原則であった。しかし、2016年の改正風営法により規制対象から除外され「特定遊興飲食店営業」許可を取得すれば、深夜営業が可能となった。

ラブというのは、あくまでも場所貸し。オーガナイザーに「この日のパーティーをやってくれ」〔と依頼する〕。オーガナイザーが会場を使って自由に〔イベントを〕やるっていう形態がクラブ。なんだけど、日本の場合だと箱貸しの賃料ばっかり高くなってしまって、借り手〔＝オーガナイザー〕がやっていくのが大変なわけ。莫大な箱代を払うために、ものすごい集客をしないといけない。クラブがちょっとかげりをみせたときに、クラブ自身が自主企画で営業をするようになったの。つまりディスコ的な営業を始めてしまったから、「クラブという名目で、やっていることはディスコ」っていうのが日本の今のクラブ状況なの。

——箱の人がオーガナイズをする。

そう。それは「箱打ち」と呼んだり、「箱の店企画」みたいな言い方もする。〔前述のゲイクラブの〕アイソ（AiSOTOPE LOUNGE）なんてのも、それの半々くらいでしょ。

——かつての芝浦「GOLD」[51]の高橋透[52]さんは、レジデントＤＪとして毎週土曜日には活躍されていましたね。「箱づきＤＪ」というのもあるんですか？

うん。そういうのもいるの。

——クラブでは外からの企画に対しては誰がＤＪとして入るのでしょうか？

もともと日本って賃料がすごい高いので、クラブというものの運営自体が限りなく難しくて、基本ディスコ経営だったんじゃないかな？[53] GOLDといえども自主企画。それを「クラブっぽくオーガナイザーを立てて、やってるふうに見せていた」と考えるほうが自然かもね。だから、日本には実はクラブ文化がなかったのね。

―なるほど、クラブ文化はなかった。

でも、嘘から出たまことで、今の小箱系のところは、まあいわゆるクラブだよね。[54]

―マーガレットさんはセックスや出会いが主な目的であるクラブなどにも行かれていましたか？

当時「PRIVATE PARTY」[55]と「ラジオシティ」の2系統みたいな流れがあった。ラジオシティでやっ

51　GOLD　1989年12月にニューヨーク風の一体型クラブとして芝浦にオープン（95年閉店）した。バブル期の地価上昇に伴い、停滞気味であった都心部から離れ、新たに注目されたのが芝浦など東京湾岸地域（ウォーターフロント）であった。

52　高橋透（たかはしとおる）　芝浦「GOLD」のメインDJ。70年代に活動開始、80年代にニューヨークへ移住しゲイ・カルチャー全盛期のクラブシーンを経て、帰国後は日本国内にハウス／ガラージを浸透させた（高橋2007）。

53　賃料は店舗の立地や面積によっても異なっており、新宿二丁目のAiSOTOPEでは土曜夜は35万円～（「AiSOTOPE LOUNGE」https://aisotope-lounge.net/）。東京・新木場のageHaは土・祝前日（22時～翌9時）は200万円～に設定されていた（「ageHa」http://www.ageha.com/main/）。

54　クラブは大きさや収容人数によって大箱／中箱／小箱に分類されることが多い。厳密な定義はないと思われるが、大箱は1000人以上、中箱は200～800人程度、小箱は100人未満を指す場合が多い。

55　PRIVATE PARTY　1989年から15年間続いた男性限定のクラブイベントパーティー。新宿花園町の「ミロス・ガレージ」、歌舞伎町のライブハウス「LIQUID ROOM」、東京・芝浦の大箱クラブ「GOLD」などでも開催された伝説的な大型ゲイナイトである。「ラジオシティ」は大和実業が運営していたディスコクラブ。大阪（梅田・アベノ）、名古屋、東京（日比谷・新宿）にチェーン展開をしていた。1986年、旗艦店である日比谷店が開店、ディスコブームの終焉した1998年に閉店した。

ていた「MEAT NEAT MEAT」っていうのはどちらかというと「出会い目的」、PRIVATE PARTYは「音よりダンス中心」みたいな色分けがあった。[56] クラブ好きの人は両方通っていたし、ラジオシティは両方行ってる人がほとんどだったんだけど。そういえば、「ナイト」っていう〔縮めた〕呼び方は札幌からよ？　札幌で初めて聞いた。

――そうなんですか！

東京だと「ゲイナイト」って呼んでた。ナイト…、ああ、やっぱり札幌の人は「ゲイ」って口にしないんだあって。そうやって呼ぶんだあって。

――へー！　そうなんだ。

クラブ×クスリ

――90年代後半〜2000年代前半だと、小箱では「エロ」をメインのテーマとするゲイイベントが増えて、音楽で飛ぶという楽しみ方は少なくなるけれど、中・大箱では「音もの」として音楽に力を入れるイベントも増えますよね。その流れの中で、ゲイクラブカルチャーのダークサイドというか、薬物との関係がどうなったのか気になります。

もう蔓延でしょう。

――あ、やっぱり蔓延してたんですか。2000年代前半に大阪の大きなイベントのトイレで酔ってつぶれているような人がいると思っていたけど、今思えばクスリをつかっていたのかな…と思ったりします。PRIVATE PARTYの明け方なんて、もうみんな目キラキラしてたし（笑）

――らんらんとしちゃって（笑）

なんか、とても幸せな光景だったよ。平和な。クラブの最後のあの時間帯はみんなで楽しく時間を過ごしたいっていう。

――そのころって、ＬＳＤですか？　覚せい剤ですか？

いや、ＭＤＭＡ、ケタミンがクラブでは主流なのね。時々、ＬＳＤも回ったかな。

――「90年代のゲイナイトでクスリが結構蔓延していた」と時々聞くのですが、それはクラブ文化全体ですか？　それともゲイナイトを中心にクスリが蔓延していた？

もうそのころはゲイパーティーにしか行ってないから、ノンケさんがどんな状況かは分からない。けど、大きいゲイパーティーはもうみんな楽しくやっていた（笑）

幸・インターナショナル

――90年代にマーガレットさんが参加されていたイベントはどなたがオーガナイザーをされていたのですか？

PRIVATE PARTY は「幸（ゆき）・インターナショナル」の加藤ユキヒロがオーガナイザーよ。

56　日比谷ラジオシティで行われていたゲイナイト「MEAT NEAT MEAT」は「スポーツジム系野郎ノリ」を生み出し、ゲイシーンに定着させた。これ以降、ゲイナイトは容姿や音楽ジャンルなどによって、細分化していくこととなる（『バディ』1998年5月号、52ページ）。

図表３-４　HEAT 広告

出所：『バディ』1997 年 4 月号。

図表３-５　PRIVATE PARTY 広告

出所：『バディ』1995 年 5 月号。

——幸・インターナショナルは、どのような会社ですか？　イベント会社？

ユキちゃんが個人でやっていて、〔芝浦〕GOLD で PRIVATE PARTY をやって、そのあとにタイミングはちょっと分からないけど、新宿の LIQUID ROOM で PRIVATE PARTY をやって、deep っていうイベントやったり、BLEND をやったり、まあいくつかパーティーをやっていたかな。

——幸・インターナショナルの活動期間は？

ずいぶん長くやってたと思うよ。GOLD の終わりくらいからずっと。会社をいつ立ち上げたかはちょっと分からないけど、20年くらいは活動してたかな。15周年のときにお祝いしてる。

——90年から始まったとしても、２０１０年くらいまではやってたってことですか？

うん。あ、HEAT もたぶんユキちゃんでしょ。

——「GOLD の血筋はここにあり」って書いて

ますね。[57]

HEAT、champs…。ユキちゃんがやってたパーティーがGOLDの血筋だっていうことでしょ。

――GOLDはすごい大きな箱ですけれど、PRIVATE PARTYをGOLDでやったとすると、上から下まで全フロアを借りてたということですか？

少なくともユキちゃんはそうだったね。結構すごいたくさん人が入ってたし（図表３－４、図表３－５）。

――ユキさんは日本のゲイナイトやドラァグ文化の黎明期を作り上げたわけですが、アメリカなどに行かれた経験があったのでしょうか？

そう。

――ユキさん自身はイベントに女装で立たれていました？

〔女装をして立ったことは〕あります。けど、オーガナイザーの仕事をしているから、普段パーティーでは全然踊らない。パーティーか、周年だかなんだか分かんないけど、なんかの機会に女装をして出てたね。でも、オーガナイザーの仕事って女装なんかしてやってらんないから、それは本当に特別なイベントだったんじゃないかな。

――ユキさんのドラァグ名は？

57　『バディ』１９９８年５月号、53ページ。特集「楽しいゲイの歩き方」の各イベント紹介の記事の中で、イベントのフライヤー（広告）横のキャプションには「新宿リキッドルームでのゲイナイトもすっかり定着。ゴールドの血筋はここにあり」と記されている。

ユキちゃんの女装名、ドラァグ名はマダムフルフルっていう名前だったわ。

BLEND

――BLENDというイベントについて聞かせてください。

BLENDというイベントはその名の通りに、いろんなセクシュアリティとか、性別とか国籍やなんか越えてみんながブレンドしようってイベント。

――BLENDで活躍されていたクイーンさんたちは、主な客層であるヘテロ（異性愛者）の人を楽しませることに意識を割いていましたか？

ヘテロかゲイかは問題ではなくて、イベントとしてお客様に見せるには、それなりのクオリティがないといけないっていうのがユキちゃんの哲学だった。

――どのようなクイーンの方がステージに立たれていましたか？

BLENDビューティーズと呼ばれるhossy、メデューサ、ガーリー、チッコーネ、ジャスミン、ヘルメス…。

――BLENDビューティーズ？

BLENDビューティーズっていうのは、「貧乏女装」[58]の人たちがキレイ系っていう言い方で〔BLENDに出演するクイーンに〕対抗してきたので、ブレンドの側はBLENDビューティーズって〔呼ばれるようになった〕。

――BLENDでは主にどのようなショーをされていましたか？

お立ち〔ステージでＤＪのかける音楽に合わせて自由に踊ること〕。

――PRIVATE PARTYではクリスティーヌ・ダイコさんがリップシンクをされていましたよね。BLENDではなかったのですか。

なし。その代わり、クイーンに関してはユキちゃんも何も言わなかったから、好きに遊んでいられた。だから好きな曲がかかればリップシンク紛いなことをする。

――ショータイムの時刻などがあらかじめ決められているわけじゃないんですね。

初期のころは全く〔タイムスケジュールなどの〕時間はない。その後、BLEND〔のイベント〕がものすごく混んで賑わうようなってから、一応数回はみんな勢ぞろいしようねって、だいたいの時間を決める。でも、その時しか〔ステージに〕立ってはいけないわけじゃない。上がりたくなったら自由にステージに上がる。そうなると、なんとなく自然発生的に「じゃあ衣装どうする？」、「じゃあこの回はみんなで赤いの着ようか」みたいな話になって。それも無理のない範囲でやれる人はっていう感じ。でも、それがショーアップされたものとしてお客さんには見えていた。

58　１９９４年、ブルボンヌ（斎藤靖紀）によって立ち上げされたゲイのためのパソコン通信「UC-GALOP」の周年パーティーをきっかけに、女装パフォーマー集団「UPPER CAMP（アッパーキャンプ）」が結成（現在は解散）された（「インタビュー：ブルボンヌとエスムラルダ 東京の女装、20年を振り返る」『Time Out』https://www.timeout.jp/tokyo/ja/lgbt/bourbonne-and-esmralda　2015.2.4配信）。アッパーキャンプは自らを「ブス・貧乏・場末」の「３Ｂ」政策をとる「貧乏女装集団」と位置づけていた（サセコ・ジュンコ・ナヨミ・森村昌生・伏見憲明「ブスでも女装でもオネェでも」『QUEER JAPAN』２０００年3号、30ページ）。

図表3-6　『THESE』表紙

出所：『THESE』（1996年）。

――ショーの際に使用する曲はあらかじめクイーンがDJに指定するわけではなく、DJがかけている音にクイーンが合わせるんですか？

そう、ダンスに関しても阿吽の呼吸。やっぱり、クイーンに向く曲ってあるじゃない。DJも〔クイーンがステージに上がる〕時間が決まるようになってから、クイーンのために選曲をちゃんとしてくれるようになって、そういうのをかけてくれるようになった。

『THESE』

――我々のために『THESE』（デラフィック、1996年）を用意してくださって、ありがとうございます（**図表3－6**）。こんなに大型の本なんですね。しかも「創刊」って書いてある…。

いや、これはこれ作る人に壮大な企画があって、それにだまされて出て、結局ぽしゃったの。

――その壮大な企画というのは？

本がずっと続けて出ると思ってた。撮った写真はその後にコンピュータ加工をしてコラージュにして、それを作品にした上で載せるって言ってたんだけど、そのコンピュータ加工が全くされていないから白バックのまま。背景がごちゃごちゃ加工されるっていう前提でみんないろいろやってるもんだからポーズから何からおかしいのよ。できあがってこれだからびっくりしちゃった。そのままで出すんだったら一言言ってよって。みんなも「えっ！ えっ⁉」みたいな。

——真っ白なのは、意図的な演出ではなかったんですね。でも巻末の対談はいいですね。

ここでhossyとかアタシがしゃべっていることがこの後だいたい同じように何回も繰り返されていく。クイーンについて聞かれたらこう答える、みたいなテンプレートの原型がここにある。

「ドラァグクイーン」

——ドラァグクイーンという表現はいつ頃から使われているのでしょうか？

「ドラァグクイーン」って言葉が使われるようになったのは、紙の資料で出てるのは『ヴェガス・イン・スペース』[59]の映画のパンフレットが最初だと思います。

——映画『ヴェガス・イン・スペース』についてはどういう経緯でお知りになりましたか？

アップリンク（UPLINK）の浅井さんがこの映画をパルコかなんかで上映して、そのときに「ドラァグクイーン割引」みたいなことをやったのよ。[60]「ドラァグクイーンで来てくれたらタダで入れるよ」みた

59 『ヴェガス・イン・スペース』（Vegas in Space） 1991年にアメリカで制作された映画。「男子禁制の惑星に性転換で女性になって訪れた宇宙船乗組員たちの冒険」を描いたSFミュージカルコメディ（『キネマ旬報』1994年5月15日号、182ページ）。監督・制作・編集・SFXはフィリップ・R・フォード。1991年制作、日本では1994年に公開された（配給：アップリンク）。

60 東京渋谷パルコにて1月22日より上映しており、毎週土曜日は「女装サービス・デー」のため「ドラッグ・ク

いなことをやったような気がするが、そんなドラァグクイーンがいるわけもなく、結局仕込みであたしとかが呼ばれて行ったという感じかな。

この中で字幕をつけた翻訳の方〔字幕：北原京〕が、映画のパンフレットで「ドラァグクイーン」という言葉についてコメントというか解説をしていて、そのときに「小さいア（ァ）表記」をしている。あくまで脚注のようなかたちで、「『DRAG』は日本語で表記すると、〝ドラッグ〟より〝ドラァグ〟のほうが近い」みたいなコメントがあったの。ただ、誰もそこを気に留める人はいなかったね。

――映画についての雑誌記事〔『バディ』１９９４年2月号、16ページなど〕に「小さいア（ァ）表記」が反映されていないのは、記者が気に留めなかったからなのですね。

プレスシートとかパンフレット、宣材って映画の公開に合わせて作るから、たとえば雑誌とかにレビューをお願いするときにDVDだけ渡すこともあるし、試写の時には資材をまだ配れないこともあるの。チラシとかだけだったりするから。たぶんそのズレがあって目にしてないのかもしれないし、あんまり気にならない方だったのかもしれない。

――映画のパンフレット以前にマーガレットさんたちは、「ドラァグ」という言葉を仲間内で使っていたのですか？

ない。

――１９９５年8月の第2回の東京パレードについて、マーガレットさんが『バディ』に記事を書いていますね。そこでは「『プリシラ』[61]の影響もあって、ドラッグ・クイーンが注目されている」とあります（『バディ』１９９５年11月号、３９０ページ）。

これは「ッ」になってるね。「Jumpin' Journal ドラァグクイーン・スペシャル」っていう特集〔『バディ』97年1月号〕は手元にある？　そこには明確に「小さいア（ァ）表記」のことも書いていると思う。『バディ』の中ではそれ以降は全部「小さいア（ァ）表記」になるはずなのよ。「小さいア（ァ）表記」を提唱してたりするので。〔それ以前は〕僕の中でもたぶん表記をどうするか問題は、まだ曖昧としていたのかも。「ドラァグ・クイーン〔ドラァグなかぐろクイーン〕」にしてたしね。

ゲイバーの女装とドラァグクイーン

――ゲイナイト「GOLD」では定期的に女装コンテスト「ミス・ユニバース」が開催されていましたよね。出演されていましたか？

うん。どの回に出たかどうかは分からないが、出てるよ。1、2回か、2回かな？

――この「ミス・ユニバース」というのは、あえて男性に〝ミス〟を使っていましたか？

うん、男性に〝ミス〟です。ドラァグクイーンたちが各国の代表にちなんだ衣装で出てくる。

――〝ドラァグクイーン〟という名称ですか？　この時期に？

うーん、〝ドラァグクイーン〟って名前ではなかった。だから「ミス・ユニバース」なんじゃない？

イーンは無料」であった〔『バディ』1994年2月号、56ページ〕。

61 『プリシラ』(The Adventures of Priscilla, Queen of the Desert) 1994年にオーストラリアで制作された、2人のドラァグクイーンと1人のトランス女性の旅を描いたロードムービー。監督・脚本はステファン・エリオット。日本では1995年に公開された（配給：ヘラルド・エース）。

ほら、〝ドラァグクイーン〟なるものの存在がまだ認知されてないから。〝女装の人たち〟を仕分けるために、「ミス・スイス」とか「ミス・アメリカ」、「ミス・ロシア」のように国と衣装を結びつけて呼んだの。

——第何回から出られていました？

記憶にはないけど、知ってる人たちが出ていました。オフィーリアとか、ガンコ、ジンコ、ケイコとか…。ジンコはマット・ビアンコっていうお店で、ケイコはKID'Sってお店の経営者かママをやっていた。ケイコとジンコは、日本のドラァグクイーンのわりと最初のほうの人たちだね。彼らは〔新宿〕二丁目で働いている店のママや従業員で名前があまり〔クイーンっぽくない〕。彼らはあまり「自分たちがドラァグクイーンだ、ドラァグクイーンだ」って言ってなかった。たぶんドラァグクイーンのブームが始まる前からお店で女装をしてた人たちだから、あえて〔クイーン名を〕名乗ることはなかったのね[62]。

——90年代、関西では「ダイアモンド・ナイト」[63]のように現代アートに携わっていたクイーンさんも多かったと思いますが、東京はそのあたりはいかがでした？

そのぐらいの時代に東京で活動していたクイーンってほんとに限られた人しかいないと思う。私、hossy、オナン・スペルマーメイド、クリスティーヌ・ダイコ…。hossy、ダイコは〔アパレル関係や美容師など〕ファッション寄りの人だった。

——服を作るのが得意な人と、メイクに関わる仕事をしている、あるいはメイクが得意な人に分類することは可能ですか？

いや、服とメイクはほとんど同一のものだから、それで区分けることは難しいんじゃないかな。基本的にパーティー単位でものを考えたほうがたぶんいいような気がしていて、たとえばファッションショーの打ち上げとか、ファッションショーのフロアなどに呼ばれるタイプのクイーン、呼ばれないクイーン、そういうふうに考えたら〔いいと思う〕。

——違いは何ですか？

おしゃれ？

「ひどい」ショー

——日本では90年代からシス女性のドラァグクイーンさんも多数活躍されていましたね。当時のクイーンさんで特に印象に残っているクイーンさんやショーなどはありますか？

ルチアーノのショーはいいですね。ルチアーノは。

——今でも活躍されているんですか？

62　ゲイ・バイ男性を主な客層とするゲイバーでは、通常営業の際、スタッフの性表現は男性であることが多い。ただし、店の周年記念やスタッフの誕生日など、限られた日にのみ女装や仮装が行われることがある。その際の名前は、通常営業と変わらない。

63　**ダイアモンド・ナイト**　1989年にシモーヌ深雪、DJ.LALA、ミス・グロリアス（故）によって立ち上げられたワンナイトクラブイベント。現在は「Diamonds Are Forever」として京都を中心に活動を展開している。出演メンバーには古橋悌二ことミス・グロリアスをはじめ、マルチメディア・アーティスト集団「ダムタイプ」に所属していた者も多い。90年代京都におけるアートシーンやHIV／AIDSの啓発など社会運動の結節点の一つでもあった（『MAMリサーチ006: クロニクル京都1990s——ダイアモンズ・アー・フォーエバー、アートスケープ、そして私は誰かと踊る』森美術館、2019年）。

いやもうお母さんです。ノンケの女子だもん。

——カッコイイですよね。唇にインパクトのある印象的なメイクだったと記憶しています。

パワフルなのは唇だけじゃないわよ。ほんと「ひどい」ショーやってた。二丁目のクラブのゲイパーティーで、彼女はショーに出てきてすっぽんぽんになるの。ゲイ〔の客〕は「女だわあ!?」みたいになって、そしたら股間から紐が垂れ下がって、タンポン〔を引き抜いて〕こうやってポンって投げるのよ。もう、阿鼻叫喚よ。「きゃあー!!」みたいな。そういうショーをやる人だったの。

——90年代の札幌のナイトの映像を見ましたが、メイクをその場で落とすし、普通におっぱいも出してすごいなと思いました。股からタンポンを出すのは先ほどの「おしゃれ」ですか？

ルチアーノはおしゃれよ、それ。

——その他に、「ひどい」、おしゃれな、素敵なショーで思い出深いものはありますか？

これまでいろんな人のを見てきてるんだけど、すごいなって思ったのはそんなにない。でも、クリスティーヌ・ダイコのショーはいつもクオリティが高くてほんとに素晴らしい。PRIVATE PARTYってメン〔男性〕オンリーのパーティーだからクイーンは基本的にフロアにいないわけなんだけど、3時〔間〕に1回GOGO BOYによるショーがあって、その内の1回にダイコのショーもあるの。映画『タイタニック』が流行っていた時期で、セリーヌ・ディオン〔のMy heart will go onの曲だった〕。ショータイムが近くなると、カーテンの幕が下がって閉まってみんなでそわそわしだすんだけど、タイタニックの曲が流れ、フロアの幕が開くと、LIQUID ROOMの端から端まで船の舳先が作られていた。その先端のところにダイコが出てきて、1曲口パクして、さーってカーテンが閉まる。一晩の内の1曲だけのためにそのセットを組むの。ほんと素晴らしい。

――素晴らしいですね！　ダイコさんのショーはよく見られていたのですか？

ある時は、BLENDかPRIVATE PARTYだったか分かんないけど、当時『エビータ』〔同名のミュージカルをもとに作成された映画作品〕が流行ってたの。ダイコが伊勢エビの衣装着て出てきて、『エビータ』の〔主演の〕マドンナのバルコニーシーンを1曲だけやって終わるっていう（笑）その3分のために衣装を作る、そういう素晴らしいクイーン。あと…オナンは「ひどい」ね。オナン〔・スペルマーメイド〕は相変わらず〔現在も〕やってるから今しゃべらなくてもいいでしょ。

プロのクイーンとは

――マーガレットさんは以前「僕はショーをするのが嫌なんだ」と話してくださいましたね。

欧米のクイーンたちってクイーンがステージに上がったり、お立ち〔台〕に上がって踊るだけでもショーって呼ぶんです。日本の場合は「落ち」が付くようなものしかショーと言わない。そこがちょっと違う。どっちかっていうと日本のドラァグクイーンは女装芸人なんだよ。

ばってん荒川とか、女装して笑いを取るっていう女装は、芸人だからまあそれはそれであってもいいし、面白いものだからいいんじゃない？　でも僕はあまり興味がないし、やりたくない。ユキちゃんはそういういわゆる女装芸人みたいなのは好きじゃない。それよりも、踊っている中でお客さんがいい気持ちになって、楽しんでる時に〝奇妙〟でキレイな人がステージに上がり、GOGO〔ダンサー〕が踊ってより気分が高揚するっていうのを演出効果として狙っていたわけ。そこへ、そこら辺の吊るしで買ってきたようなワンピース着て、きったない化粧のおかまが上がってきたら気分が下がっちゃうわけじゃん。

『ドラァグ・レース』以前以後

――今の若いクイーンたちを見ていて思うことはありますか？

最近のクイーンの子たちにジェンダー批判みたいなものはあんまり感じないね。我々の中で〔クイーンたちが競い合うアメリカのリアリティ番組〕『ドラァグ・レース』[64]以前、以後のクイーン〔という線引き〕がありますね。

――以後のクイーンは何が違うと思われますか？

何が一番変わったかっていうと、今の若いクイーンたちはドラァグ・レースに出てるクイーンみたいになりたいと言って始めるわけ。我々〔の世代〕は少なからずともグレタ・ガルボになりたいとか、マレーネ・ディートリッヒになりたいとか、日常的な女ではないけれども、女に憧れて〝女〟をパロディにすることをしてきた。けど、今はクイーンに憧れて、クイーンを目指そうとしている。それは大きく違うと思うのよ。

――シモーヌ深雪[65]さんも同じことを話されていました。今の子たちは今いるクイーンたちの真似をしようとしてるのかもって。

世代論なのかしら。おそらく今、ドラァグ・レースとかに出ている人気者のクイーンの子たちは儲かってる。だからビジネスとして成功を掴むためには彼女たちみたいになればいいっていう発想がどっかにあるのかな。たぶん時代遅れの映画女優とかに憧れてキャッキャ楽しんでいるようなのは、最もお金を気にしないタイプなわけじゃない。そういう違いがちょっとある。シモーヌとかもお金のためにクイーンをしているわけじゃないでしょ。

――そのあたり、東京の地域特性などはあるんですか？

そこに対して何か言いたいけれども、大阪の状況が分かってないからちょっと何とも言えない。

――クイーンの商業化、またはお金儲けのためにクイーンをやる方がいるということですか？

もちろん、いるだろうね。

――そんなにクイーンって儲かるんですか？

儲かるような雰囲気だけはある（笑）

――ディナーショーとかに呼ばれる話とかではなく、動画配信や、ＣＤデビューとか？

ＣＤデビュー、それはまた別のイシューとして語りましょうよ（笑）やっぱりゲイプライドなんちゃら、みたいな代々木公園のところでおっきな企業看板キャンペーンガールとして、クイーンが「はい！」みたいなことやってたらさ、さぞかし金もらってるんだろうって、傍目からは見えるよね。実際いくら

64　**『RuPaul's Drag Race』（ル・ポールのドラッグ・レース）**　アメリカの有名ドラァグクイーンであるル・ポールが主催するコンテストの中で、様々なクイーンが賞金を目指して課題に挑戦するアメリカのリアリティ番組。

65　**シモーヌ深雪**　シャンソン歌手であり、「西の女帝」として日本を代表するドラァグクイーンとしても知られている。自身がオーガナイザーを務める「Diamonds Are Forever」（毎月京都で開催）は、日本で最も歴史あるドラァグクイーンの出演するパーティーの一つ。

でギャラが支払われてるか知らないけど、華やかにも見えるじゃない。テレビに出てるというだけですごい金もらってると一般の人は思う。僕もコメンテーターみたいなかたちでも〔もらうのは〕せいぜい3万円よ。なんだけど、一般的にはクイーンってスターで人気者みたいな。まあ、あと、たぶん副業的にYouTubeでカウント稼いだりとか、物売りしたりとかしてるクイーンが今多いから、そういうとこでちょこまか小銭稼いでるんでしょうね。それは別に東京に限らないんじゃない。

ドラァグクイーン=性の境界線を引きずる者？

――『バディ』（97年1月号）では、〝ドラァグクイーンはバカらしいヘテロ（異性愛）社会を笑い飛ばし、その境界線を攪乱させるものであり、とても政治的なものだ〟と書かれていますね。あらためて「Jumpin' Journal ドラァグクイーン・スペシャル」は、手前味噌だが、画期的な特集だと思ってますよ。

――札幌のパレード〔99年のパレード〕のガイドブックに、ドラァグクイーンをやり始めた時には政治的な意識なんてなかった、政治性は後から取ってつけた理由なんだ、と書いてありました。政治性をドラァグクイーンに結びつけるようになるきっかけ、時期についてお話し頂けますか。

何でまたこんなことわざわざ書くかって言うと、そこら辺のことが次世代の戦略足りえるような気がするから。っていうことがそれの答えかな。もうとにかく昔からゲイリブってだせえ活動だ、モテないブス〔の集まり〕だよって〔多くの人が思っているから〕。

――自分がデビューした頃にもそういう意識は強固にありましたね。

とにかくカッコイイ、楽しいみたいな雰囲気を盛り込まないと、運動としてはつらいんじゃないかと言いたかったんだと思う。

――２０００年の『SPA!』にも同様の内容の記事を書かれていますね（『SPA!』２０００年3月22日号、94ページ）。

ドラァグクイーンを語る機会はすごく多くあって、その時にやっぱり読者とかどういう人に向けるかによって相当言い方変えてて、もしかしたら相反するようなこと言ってるかもしれない。ドラァグクイーンになりたいゲイの子たちの中でただ楽しそう、カッコイイから、みたいなん〔気持ち〕でやるような子には、「それじゃダメよ。バカね」、「ちょっと考えなさい」みたいなこと言ってる。ノンケメディアとかには「楽しいのよ。実は楽しいところにはこういう意味があるのよ」という言い方をする。ゲイのコミュニティ向けと、ノンケ向けでは相当言い方変えていた。最初のころはね。やっぱりドラァグクイーンの認知が広まるにつれあんまり〔記事の書き方に〕差をつけられなくなったし、世の中的にもジェンダー〔概念〕みたいなものが浸透していってる時期じゃない？　少なくとも僕がクイーン始めた頃っていうのはいわゆる研究者とか学者の世界は別にして、一般の人の中でジェンダーって言葉を知ってる人ってほんとに限られたフェミ〔ニズム〕とかをやってるような人たちぐらいしかいなかったからね。なるべくジェンダーっていう言葉は使わないように説明をしてきたような気がする。最初から「こういうジェンダーがなんとかかんとかで、そういう行為なんです」って言ったら誰も〔ドラァグを〕やりたがらないじゃない。母数増やしてかないと、物事ってうまくいかないから。

――マーガレットさんがドラァグクイーンという言葉を知った時には性の境界を引きずる者だという意味合

いはすでにありましたか？

ない。私が作ったから。

——ええー（笑）　伏見さんたちが90年代にクィア（とかキャンプ）とかいろんな概念を輸入したりしていたと思うんですけど、お互いに影響はありましたか？

〔伏見さんが論じていた〕ジェンダーとセックスは違うベクトルのものだっていうことはたぶん一般社会にすごい新鮮に受け止められていたけども、決してそれ自体は新しいものじゃない。〔彼の議論に〕影響受けてというよりは、どちらかというとそういうジェンダー論にドラァグクイーンなりを結びつけて、ちょっとメッセージができたらいいかなというので、その「引きずる」っていう言葉をかけて捏造した。

——たとえば大学などに講演呼ばれてドラァグってこういう性の境界線を引きずることですよって話して、学生が「ほー」ってなってるのをマーガレットさんが見て、「信じ込んじゃって」とか思ったりするんですか。

一応〔説明を〕やっとくかって感じ。でもあたし、これは名文だと思ってるのよ。そんなに的外れなことじゃないし。ただ、それが語源的にどうかっていうことを言われてしまうと、もう捏造してるものだからそんなのはちょっともう怖くて言えないけど。そこはなるべく触れないように避けてきてる…。

クイーンという「化け物」

とにかく〔ドラァグクイーンを〕やる人を増やしたい。っていうのでわりと分かりやすく、ある意味おバカキャラみたいな〔記事の書き方をしてきた〕。でもそうなるとほんとに楽しいだけでやってくバカが増えてくる。

僕がすっごい不愉快だったことが一つあるの。ドラァグクイーンが出演する小さい箱で行われたパーティーに、タイからニューハーフの子たちが〔遊びに〕来たの。その時に「え、あの子たちはクイーンじゃないよね。ニューハーフだからあんな人入れちゃダメだよね」とかある子〔ドラァグクイーン〕がしれっと言うわけよ。

――ニューハーフだから…。

〔これまで書いてきた記事などで〕「楽しいよね」「カッコイイよね」みたいなのをあまりにも言い過ぎてしまったから、自分たちがカッコイイ・偉い存在だって勘違いするクイーンが出てきたんじゃないかと思った。そんなもん視点変えれば、ニューハーフだろうが、ドラァグクイーンだろうが、ノンケの人たちから見たら変わりはしない化け物なんだ、というところが全然伝えきれていなかったという事件だった。

――お話を聞いていると「化け物」って言う言葉に愛着を感じているように思います。

「化け物」、愛着ありますね。だって化け物だって思われてきてるわけだから。

パレードとクイーン

――現在、ドラァグクイーンはＬＧＢＴのパレードの華となっていますが、初めからこのような関係性が築かれていたのでしょうか？

第１期の南定四郎のパレード〔１９９４年第１回東京レズビアン＆ゲイ・パレード〕の時は南さんがドラァ

グクイーンのことについてそんなに考えがないから特にない。砂川パレード〔2000年 東京レズビアン&ゲイパレード〕の時は、最初の3年間とかは、前夜祭とかでクイーンたちがたくさん出たり当然パレードに出ていたんだけど、当時は2ちゃんねるが全盛の時代で、「化け物は出すな!」、「ああいう子は間違ったゲイの印象を社会に広める」みたいなことはすっごい言われてた。

――パレード出演者側からの「ドラァグクイーンは出るな」みたいな発言は?

それが出始めたのは第2期の砂川[66]のパレード〔2010年〕からかな。[67]〔2005年の〕おかべ〔よしひろ〕が代表をしていた時代は、もう明らかにクイーンはいなかった。[68]

――出ないでって言われてたんですか?

無言の圧力みたいなのがあって、クイーンがいにくい、出にくい、参加しにくいみたいな雰囲気がもうできていたんだろうね。

最初はみんな楽しくて自分の意思で参加してたけど、その後のおかべが団体の代表になる頃にはパレードの前日には仕事が入るようになるし、仕事明けはつらいから翌日は出たくないっていうのでどんどん人が出なくなった。それは何でかというと、クイーンたちに対してタダで当然って感じで使われていたから。どうせパレードに出てもお金にならないし、だったら前日のクラブイベントに仕事で出たほうがいいって思うでしょ。パレードが大きくなればなるほど、当て込んだイベントがどんどん打たれるからクイーンたちはそっちに持っていかれる。それでパレードにはどんどんクイーンが少なくなるっていう、ある種の悪循環。サンフランシスコのパレードを見ているスタッフが、ゲイパレードにクイーンがいないなんて…って思いで一生懸命頑張ってくれていた。

少なくともそういう状況があって、とあるスタッフが孤軍奮闘してドラァグクイーンを会場の募金集めのスタッフとして、パレードの中にクイーンの場所を確保してくれた。どういう経緯か分かんないけど、そのスタッフとおかべが雁首揃えてやってきて、クイーンが今全然パレードにいないからクイーンを集めてもらえないかって頭下げてきた。あたしはもう第1期砂川パレードの時に散々嫌な思いしてるから、パレードには全然協力する気はなかったけど、パレードにクイーンが出ないのも癪に障るし、そのスタッフがクイーンを活かすように頑張ってくれてるのもあるから、「じゃあ、クイーンをステージに上げてやるからその代わり、過去の問題を総括してくれ。それが取引条件だ」って言っておかべと約束をして、ずらっと〔クイーンをステージに〕並べたわけよ。だけど、おかべが約束を果たさずとんずらこいたっていう。

——ああ、全員集めて謝罪してもらうっていう。

ううん、全員じゃなくてパレードの関係者。とにかく誰がやってもいいけど過去の問題を総括をして

66　**砂川秀樹（すながわひでき）**　文化人類学者。90年よりＨＩＶ／ＡＩＤＳに関する活動や研究に従事する。主著に『新宿二丁目の文化人類学』（太郎次郎社エディタス、２０１５年）。２０００年の東京レズビアン＆ゲイパレードほか、数度の実行委員長を務めるなど、東京のＬＧＢＴシーンに重要な足跡を残している。

67　パレードにおいて、女装およびドラァグの排除はなかったという見解もある（砂川秀樹「東京パレードに『女装排除』はあったか」『すなひで』note、https://note.com/sunagawa/n/nda99828ce522　2022.3.5 配信）。

68　パレードの名称と歴代代表および理事は「口述者3名の年譜」を参照。東京におけるパレードの変遷の詳細については山縣（2017）を参照されたい。

くれってこと。だからあたし、みんなに出てもらう交渉をした。楽屋まで自腹切って用意したのに。その時から、過去の問題が総括されない以上もうパレードには一切関わらないって決めた。その内幕みたいなことを今までは言わないできたけど、最近は言うようにしてる。そしたら、また中田〔たか志〕が「最近あなたおかべの悪口言ってるみたいじゃない」みたいなこと言ってきたりとか、福島光生が出てきて何かのイベントで「昔のことを今もグダグダ言ってる人がいるが」みたいないやみなこと言ってきたりするわけよ。その2人が一番言われたくないことなのよ。僕の〔言う〕問題は。触れられたくない自分たちの責任の所在が明らかになるから。だからもうしばらく言い続けてやる！（笑）

——過去のトラブルというのは??

砂川のパレード。

——2000年のパレードでトラブルがあったんですか？

2000年パレードが立ち上がる段階で向こう3年分代表が決まっていたの。それは民主的なパレードの運営の仕方だとは僕には思えなかった。それが分かっていて、それでも毎年僕は出ない出ないって言ってるけど、向こうから出てくれ出てくれって〔言うから出た〕。その当時は僕も〔同じテラ出版で『ファビュラス』の編集をやっていたが〕『バディ』のマーガレット／小倉というイメージがあったから「わたしが出ないってことは『バディ』がパレードに協力的じゃない」っていう印象を与えるのが嫌だったから無理して出てたのよ。で、いよいよもう3年目になった時に、観客たちはもう次の年の代表が決まってることに誰も疑問に思わない。これは絶対間違った方向に行くなと思った。結局それって南さんがやろうとしたことと同じことをやろうとしたわけ。主催者側が決めて、参加者はそれをＯＫしているっていうかたちをもう一度作ろうとしている。で、福島光生のところに〔パレード開催の〕一週間前くらいに行って、「あんた、こういう話を聞いたんだけど、これってほんとなの？　それクリアにならないと僕もパレードのイベントに気持ち悪くて出れないよ」って言ったら、あいつは「いいじゃない。出てよ。友達なんだから」って。それが代表の人間の言う返事だったんだよ。「は？」とかって思って。結局僕なんかボランティアで呼ばれて、出てみたら僕が出た3回分のギャラは全部もらってないわけだから、ギャラを寄付しているかたちになるわけよ。でしょ？　あたしもお金出してんだけど、って思うわけよ。

関西レインボーパレード

——大阪のパレードには参加されたことはありますか？

あれでしょ？　KOグループが仕切ったパレードでしょ。御堂筋パレード[69]。

——レインボーパレードのことですよね？

一番最初って、あたし行ってるから覚えてるんだけど、あれはKOが相当お金をつぎ込んでる。

——最初の時ですよね。

KOグループは、早くから全国制覇を目論んでいたと思う。KOはビデオメーカーなので、テラ出版

69　第1回目の関西レインボーパレードは、2006年10月21日に開催されたイベント「PLuS+」に合わせ、翌22日に行われた。以降、2010年まで毎年同時開催している。中之島公園から御堂筋を南下し、なんばの元町中公園を目指したことから、御堂筋パレードとも呼ばれた。

としてはいい関係を作りたかったから、『バディ』として〔パレードに〕行ってる。あたしそれ平井さんと一緒に菓子折り〔を持って〕行ったもん。そういう記憶でしか思い出せなくなってる（笑）

——今はだいぶ変わってはきているみたいですね。それでも東京と比較すると規模は小さいですが。ドラァグクイーンが多いイメージはあまりないですね。２０１０年までは同時開催された「PLuS+」[70]っていうイベントもあって、大きく盛り上がっていた記憶があります。来場者にドラァグクイーンも多く、関連イベントも複数行われていたし。

シモーヌが仕切ってたの？

——クイーンさんはそうなのかな？　主催は「ＭＡＳＨ大阪」[71]ですね。

私「PLuS+」は毎年出てた。

——そうなんですか！　たくさんのクイーンの方が出てましたよね。

まさにいいイベントだった。

——予算も潤沢だったのかもですね。

でしょうね。厚労省から出てた。

——運動にとってお金は必要だけれども、それぞれの思惑もありますし、難しいけれども重要な問題ですね。

——今回のインタビューでは、これまで小倉東／マーガレットとしてそれぞれ独立しているように見える仕事が、どのようにつながっているのか。また、それぞれの仕事を通して目指されていたビジョンについてあらためて知ることができる貴重な機会となりました。今回のお話はこれからの運動やビジネス、カルチャーにとってきわめて重要な視点であったように思います。さて、大変長くなりましたが、これに

てインタビューを終了いたします。どうもありがとうございました。（了）

インタビュー：２０１９年８月９日・11月22日実施。東京都新宿区ブックカフェ「オカマルト」にて。
事前インタビュー：２０１８年６月４日実施。東京都新宿区「ココロカフェ」にて。

70　PLuS+　２００４年から２０１０年まで大阪市北区の扇町公園で行われた複合イベント。「エイズの予防啓発と、陽性者への支援・共生」および「コミュニティの活性化」をテーマとしていた。主催はＭＡＳＨ大阪／PLuS+FINAL実行委員会、共催は大阪市保健所・厚生労働省・財団法人エイズ予防財団。

71　ＭＡＳＨ大阪　大阪地区のＭＳＭ男性（男性と性行為をする男性）に対してＨＩＶ／ＳＴＩの感染予防とセクシュアル・ヘルスの増進を目的に１９９８年に設立された任意団体。相談支援事業としてコミュニティセンター「dista」（大阪市北区堂山町）の運営も行っている。

左から鹿野・マーガレットさん。石田撮影。2023年2月25日
新千鳥街前（東京・新宿二丁目）にて。

第4章　〝ゲイ〟を生きる

——分裂と統合のその先に

鹿野　由行

はじめに

はじめに、私とマーガレットさんの出会いから話をさせてもらいたい。私が彼と初めて会ったのは、彼が司会を務めていたパーティー「デパートメントH」であった。私は事前にSNSで連絡をとり、会場へは『リボンの騎士』[1]のサファイアの仮装をして参加した。そんな私を複雑な顔で見ていたのが、幼少期にサファイアに苦い思い出のあるドラァグクイーン・マーガレットであった。

1　『リボンの騎士』　漫画家・手塚治虫原作の少女漫画・アニメ作品。天使のいたずらによって、男の心と女の心を持つサファイア王女が、「男装の麗人」となって悪と戦うストーリー。1953年連載開始。

「女王の名に恥じぬ、当代一のドラァグクイーン（ド派手な女装をするゲイ）。プライドはいかなる山よりも高く、業は七つの海よりも深い。その生きざまに泣く子は黙り、へそは茶を沸かす」

これはマーガレットさんが好んで使用している自己紹介文である（多摩芸術大学2017年11月9日講演会など）。だが、本書のインタビューだけでは、マーガレットさんの「生きざま」や「業」を十分に読み取ることは難しいだろう。マーガレットさんについては、これまで仮名のものを含め複数のライフヒストリーが書かれている（倉田ほか1997、小倉2019bなど）。私たちはそれらについてマーガレットさんからあらかじめご教示頂き、それらを読んだ上でインタビューに臨んでいる。そこで、本章ではマーガレットさんの半生について、事前インタビュー（本章脚注2）など、今回のインタビュー以外の資料の助けも借りながら、彼の「業」へと接近することを試みたい。その際に重要となるのが「分裂」と「解放」である。マーガレットさんは、幼少期に全身麻酔をした状態で自身の盲腸が切り取られるのをおぼろげに眺めながら、初めて自身の意識と体の「分裂」を体感したという（倉田ほか1997）。ゲイリブとは1960年代から1970年代中盤にかけて欧米を中心に展開したカウンター・カルチャーであり、日本ではゲイ解放運動とも訳される。マーガレットさんは、学生の頃にゲイリブの思想に触れたというが、彼はいかにして「分裂」する自己と向き合いながら、自らを「解放」してゲイとしてのアイデンティティを構築したのか。第1節ではマーガレットさんの内面の葛藤について、幼少期から辿っていく。

1 ゲイとホモの間に

マーガレットさんは、中国共産党員であった台湾人の父と、日本人の母との間に、次男として生を享けた（小倉2019b）。保育園に入ってしばらくしてから、兄を含む二人の面倒を見てもらうため男子大学生が雇われるが、マーガレットさんは臀部にできたおできに薬を塗ってもらうことが、恥ずかしいと同時に嬉しかったと記憶しており、この頃から男性を性的対象として見るようになったと回想している（倉田ほか1997）。すでに自身が男性に惹かれていることを自覚していたマーガレットさんは、自身を女性なのではないかと悩む。その後、自らを男性と再認識してからはジェンダー越境的もしくは曖昧なものを避けるようになる。幼少期、買ってもらったレインコートに『リボンの騎士』のサファイアが描かれていたのが嫌でたまらず、切り取ろうとして穴をあけ、親から叱られたことを強く覚えているという。当時のマーガレットさんにとって、テレビに出演する「オカマ」タレントや、サファイアのようなジェンダー規範から外れた、または「不明瞭」な存在は嫌悪の対象であり、その根底には自らと結びつけられることへの恐れが存在した。[2] 恋愛においては、小学校2年生の時に同級生の女子を好きになるが、その後は男性アイドルの写真を机に貼るなど、男性の身体に興奮していることに自覚的になっていく。しかしその一方で、男性は女性を好きにならなくてはならない、という異性愛規範に悩まされていく。

2　事前インタビュー（2018年6月4日）。場所：ココロカフェ、聞き手：鹿野・石田。

中学生になる頃には、兄の影響でロック雑誌や男性誌を読むようになり、70年代初頭の隆盛を極めるアメリカのゲイ・ムーブメントの記事を読み、その肯定的な記事に希望を持つようになる。それはエイズ禍が起こる前の「ゲイの黄金時代」であり、「夢見る強さ」を持たせるほどの輝きであった（小倉2019b: 154）。また、デヴィッド・ボウイなど女性になることを目的としない化粧、股間を強調するタイトなパンツ、華やかな服装など、女性のような服装をした男性たちの姿を〝奇妙〟だと思う反面、憧れに近い感情を抱くようになっていく。

1・1　自己の分裂

高校生になる頃、ゲイリブについての記事を読んでいた影響もあり、それとなくゲイであることを態度に出すなど解放の実践として「カミングアウト」を意識するようになる。当時の日本のゲイ雑誌にも触れるようになり、『ＭＬＭＷ』と『薔薇族』を読むようになるが、カルチャー色の強い『ＭＬＭＷ』に居心地の良さを感じて購読していたのに対し、『薔薇族』はマスターベーション用に万引きを繰り返して入手していたようだ。肉欲を嫌悪しながら自らの性欲を発散するこの行為は、その後のマーガレットさんを長く苦しめていく。その後、新宿の映画館で見知らぬ男性に性器を愛撫されたり、雑誌の情報を頼りに訪れた新宿五丁目のゲイ喫茶「祭」で出会った男性と性的接触をするが、男性を性対象とする自らの性欲と、そのような自分への嫌悪という自己の分裂に悩むようになり、リストカットやシンナーなどを常習するようになる。

１９７９年、ゲイであることをカミングアウトしているイギリスのロックグループ TOM ROBINSON

BANDが初来日することを知ったマーガレットさんは、レコード会社に手紙を送り、返信の手紙からゲイリブ団体「プラトニカ」の存在を知る。その後、プラトニカの会合へ参加し、親しくなったメンバーの家へ招かれ、性的関係を結ぶこととなるが、性的な気持ち良さは全くなく、ゲイリブの体現者と思い描く相手と、嫌悪するセックスを行ったことへのギャップに戸惑うようになる。その後、別のメンバーと交際するが、会のメンバー同士で過去に複数人が付き合っていたという話を聞き、ゲイとは「乱れた」ものなのではないかという疑念と、ゲイに対する不信感を募らせ、「そういうゲイにはなるまい、立派なホモになる」ことを望むようになる（倉田ほか1997:100）。また、より多くのゲイリブの情報に触れる過程の中で、ゲイリブが常に女装／女性性を肯定しているわけではないことを知るようになる。

ゲイとホモにどのような意味の違いがあるのだろうか。一般的には1960年代、「ゲイボーイ」は「シスターボーイ」や「メケメケ」[3]などの呼称とともに、異性装（女装）や薄化粧を伴う女性的な男性同性愛者を指す言葉とされていた。[4] 70年代になっても、「ゲイボーイ」とは時に女装を伴う女性的なものであり、男性的なホモとは異なるものだと『薔薇族』編集長の伊藤さんは語っている。[5] 70年代は、女性的

3　**メケメケ**　1954年発表のフランスのシャンソン。原題は **Méqué méqué**。日本では「メケ・メケ」として1957年に丸山明宏（現・美輪明宏）が訳詞し、日本コロムビアより販売して大ヒットした。それが転じて、女性的・中性的な男性同性愛者を「メケメケ」と呼ぶことがあった。

4　岡部寛之「新関西ムード夜話（3）」『週刊土曜漫画』1962年1月26日、62〜63ページ。西塔哲「大阪のメケメケ・バー」『風俗奇譚』1964年8月号、170〜173ページなど。

5　伊藤文學「倦怠期を円満に！スワピングの楽しさと〝隠花植物〟の美学」『週刊実話』1977年4月14＝21日

な男性同性愛者を指す「ゲイボーイ」と、アメリカの新たな社会運動としてのゲイリブに由来する「ゲイ」が流入し、混在していた過渡期であった。

他方、マーガレットさんは先ほどのインタビューの文脈において、「ホモ」や「ゲイ」を異なる意味合いとして使っていたように思われる。「立派なホモ」とは、清廉な運動として理想化されていたゲイリブの影（女性性への批判的まなざしや、自身の性欲に忠実な姿）への反発として、乱交的で男性的な同性愛者として生きようとするいわば開き直りであったのかもしれない。かつて『薔薇族』では同性との関係を求める既婚の男性読者も多く[6]、社会や家族から隠れ、同性との性的関係を満喫するライフスタイルが最も支持されていることに深い絶望を覚えたと、マーガレットさんは回想している[7]。女性性を排除して成立する自らの欲望に忠実な「ホモ」への絶望と、解放（リベレーション）を伴いながら新しい生き方を求めて社会を変革しようとする「ゲイ」には憧れつつも女性性の忌避やセックスと恋愛に伴う不信感をぬぐえない。その間で揺れ動いていたマーガレットさんの苦悩を垣間見ることができる。

1981年、大学に入学したマーガレットさんは、ゲイバー「クロノス」で店子として働くことになる。マスターのクロさんは、〝変態〟であることを大切にした、体制に与しない「孤独な美学」を持つ人物であった。そんな彼を慕って多くの人が店を訪れており、南定四郎さんもその一人であった。彼らとの交流は「立派なゲイ」を目指していたマーガレットさんにとって、学ぶべきことの多いものであったようだ。しかし、一人の客と交際したことをきっかけに再び三角関係に陥り、性欲に対する嫌悪感をぬぐえないまま再び「ゲイ」への不信感を持つようになる。

この頃、アメリカで同性愛者に特有のガン（カポジ肉腫）が発見されたというニュースが日本でも報道されるようになる。[8] 1985年、厚生省はエイズ第一号患者を発表した。[9] マーガレットさんは、当時は医療あるいはゲイの問題とされていたHIVという病に関心を持ち、セミナーに参加する一方で、人格を伴う親密な関係性を構築するセックスを恐れ、サウナなどのハッテン場において薬物を使用しながら不特定者との関係を結ぶようになる。「それで死ぬことになっても、セックスでの一体感を味わってみたい」という願望が強く、分裂した自己の統合がその時点では果たされていないことが窺える（倉田ほか 1997: 103）。

1・2 女装を楽しむ

大学に入学後、以前から関心のあったメイクアップの学校にも並行して通い始めるようになる。

6 『薔薇族』において男性同性愛者と女性の結婚は創刊当初から常に語られてきたテーマであり、既婚者男性が同性との関係を求める内容の語りは誌面にて繰り返されてきた。『薔薇族』誌面における結婚をめぐる議論について研究した前川は、現実的に男性同性愛者たちが社会的な地位などを最も多く得られるライフスタイルとして「同性愛を道徳の問題から切り離そうとする『男性同性愛者』アイデンティティ」が都合よく用いられていると指摘する（前川 2017: 183）。

7 エスムラルダ「ゲイ雑誌『Badi』をつくった編集者たち 第2回 小倉東（マーガレット）後篇」『GQ JAPAN』、号、170〜177ページ。
https://www.gqjapan.jp/tag/japanese-gay-magazine-badi　2019.3.29 配信。

8 『朝日新聞』1981年7月5日「ホモ愛好者に凶報」。

9 『朝日新聞』1985年3月23日「エイズ患者 第一号確認 厚生省検討委 米国在住、日本で受診」。

この頃、原宿のアートギャラリーでアルバイトをしており、イベントで人生初の女装を体験する。しかし、当初は女装に対して否定的であった。その根幹には、幼少期より続いていた女性性を連想させるものや、性別不明瞭なあり方への忌避という二元論的性別観が強力に作用していたように思われる。

マーガレットさんがなぜ、かつて否定的であった女装をするようになったのかについて、2018年のインタビュー内容も参照しながら進めていきたい。1976年、ミュージカル・ホラー映画『ロッキー・ホラー・ショー』が日本で公開された。同性愛や異性装、乱交などのエロティックな内容も相まって、カルト的な人気を誇る作品である。当時、テレビで紹介されていた公開直前の内容に、15歳のマーガレットさんは釘付けになった。同時期、日本では歌舞伎役者の坂東玉三郎や片岡孝雄による「孝玉ブーム」の最中であったが、歌舞伎の女形にはあまり魅力を感じなかったという。『ロッキー・ホラー・ショー』に魅了された理由を、マーガレットさんは2つ挙げている。1つは今日のドラァグクイーンにつながるような「非日常型」の派手な女装への憧れ、2つ目に、ゲイリブにも通底するアメリカのゲイ(・カルチャー)の楽観的とも言える明るさである。「非日常型」の女装は、時間・空間的に制限されることで、自らのゲイとしての男性性を完全には手放さずに、気軽に女性性を楽しむことを可能とする、迂回路でもあったのだろう。

また、新宿二丁目で知り合った遊び仲間の影響も大きかった。一緒に遊んでいた歌舞伎好きの友人は、言動が女性的ないわゆる「オネエ」であり、時に女装をする人物であった。この頃、新宿二丁目で遊ぶ10・20代の間では、開店時間前のゲイバーを借りて誕生日パーティーを開き、より多くの人を集めるのがステータスだとされていた。マーガレットさんは、大学2年の時に100人ほどを集めて誕生日パーティーを行い、その際に友人に背中を押され女装をしている。

幼少期から抑圧していた自身の女性性とその表現のひとつである女装願望を、健康的で明るいアメリカのゲイリブを経由することで肯定していく。そして、イベントを口実に行った女装に楽しさを見出すようになり、それ以降、イベントなどで「非日常型」の女装を行うようになる。

2 新しい生き方の芽生え――ムーブメントを構想する

1985年、大学卒業とともにアルバイトでお世話になったデザイナーの紹介で、ヘアサロンSASHUで働く。この頃は、新宿二丁目から離れ「バブリーなブランド・ブームのファッション馬鹿オカマ」をしており、直接的なゲイリブ活動は行っていなかったという（小倉ほか1999: 71）。その後、恋愛をしていても、どこかセックスに居心地の悪さ、かみ合わなさを感じていたマーガレットさんだが、1990年（29歳）の頃、自身の内面に大きな変化を感じるようになる。それまで感じていた分裂していた自己を、自分なりに消化し、解釈できるようになったことで「自己の分裂に正面から付き合っていこう」という心境に至るようになる（倉田ほか1997: 104）。また、この年はゲイ・ブーム[10]の最中でもあり、マーガレットさんのもとにはライターなどの仕事が舞い込むようになる。その後しばらくは副業をこなしつつヘアサロン会社勤めを続けていたが、腕を壊してしまったこともあり、92年にヘアサロン会社を退職して本格

10　第5章333ページ脚注9を参照。

的に編集の仕事に携わることとなる。その時に手掛けたのが、宝島社から『別冊宝島』として出版された『ゲイのおもちゃ箱』（1993）、『ゲイの学園天国！』（1994）である。

出版された際、新宿二丁目のポルノショップに置いてもらうために、宝島社に呼ばれて共同編集の大塚隆史さんと一緒に挨拶へ行ったことが、平井さんとの初めての出会いであった。本来、そうした挨拶回りは出版社の営業部が行うものであり、外部の編集者が同行するのは珍しい。後にテラ出版の社長となる平井さんにはこの時すでにゲイ雑誌を作る構想があり、編集者を遣わせたのだろうとマーガレットさんは推測している。平井さんを見たマーガレットさんの第一印象は、チャーミングな人であり、恋に落ちたようだったという。その後、大塚さんは企画から抜けるが、マーガレットさんはゲイ雑誌『バディ』創刊号の編集会議に呼ばれることとなる。

ここからは、ビジネスとゲイリブが『バディ』誌上でどのように結びついていったのか、両者の関係を掘り下げてみたい。マーガレットさんによれば、平井さんはゲイに原稿料を払える媒体を作ることを志してテラ出版を始めたのだという。ルミエールのオーナーでもある平井さんが、ゲイ雑誌『バディ』の創刊を決意した背景には、南さんと同様に『薔薇族』がホモを相手に雑誌を販売しながら、原稿料を払わないなど、売上げをホモへ還元していないことへの不満や怒りがあったようだ。創刊時に『アドン』を含むどのゲイ雑誌よりも高い稿料を払ってライターを集めた手法は、一見すると「金に物言わせ」た「えげつない」やり方に見えるが、平井孝という人物のゲイ・ビジネスの理念に基づくものであったと見ることができる。

かつて日本のゲイポルノショップでは『薔薇族』や『アドン』などのゲイ雑誌を、取次を介さず、直接仕入れて販売していた。[11] これらのゲイ雑誌は一般書店でも購入可能ではあるが、新宿二丁目などゲイタウンの中にあるショップであれば読者はより安心して手に取ることができた。ポルノショップなどの小売店は、ゲイ雑誌がいかに売れるのかを目の当たりにしており、自らメディアを作りだして自らの店舗で売ることができれば高い利益を得ることができるであろうことを、経営者の平井さんは見逃さなかった。

『バディ』に関わりだした当時、マーガレットさんは「ゲイリブとエイズの記事はやめてね。売れない」と平井さんから釘を刺されている。「府中青年の家事件」の裁判が続いていた当時、ゲイリブは先発のゲイ雑誌を二分する争点であった。[12] そのことからも、社会運動に批判的な層が一定数いることは明らかであり、創刊時においてその存在を無視することは難しかったと思われる。また、当時のゲイ雑誌は巻末に全国のゲイバーなどの広告が掲載されており、大きな収入源のひとつであった。エイズ記事によって読者の消費行動が停滞する可能性を懸念することも、経営者としてやむをえなかったのかもしれ

11　一般的な雑誌・書籍は、出版社から取次（問屋）を介して、各書店に流通されるが、ゲイポルノショップでは、取次を介さず、出版社から直接仕入れることもあった。実際、ルミエールでは出版社から直接買取を行っていた。この小売店による直接買取は、返品される可能性がないため、出版社にとっては利益が確約された販路であった。

12　**府中青年の家事件**　第1章49ページ脚注20を参照。この事件に対して、『薔薇族』では裁判に批判的な主張が、『アドン』では裁判を支援する主張が展開された（風間2019）。

ない。[13] しかし、この発言はマーガレットさんに、平井さんをパレードに歩くよう仕向けるという野望を持たせ、「ゲイ・リブのメッセージを載せるメディアとしてだけでなく、『バディ』というメディアそのものを使ってゲイ・リブをやろう」と奮い立たせることとなる（小倉ほか1999: 79）。

かねてより、マーガレットさんには『ＭＬＭＷ』のようなカルチャー色の強い雑誌を作りたいという思いがあった（倉田ほか1997）。当初、編集部内には「カルチャー物は売れない」、ゲイ雑誌に「顔を出す〔ことを望む〕モノがいるわけがない」といった反対意見も根強かった（小倉ほか1999: 79-80）。だがその後、マーガレットさんは自身の発案した通信欄のアイコンが大いに活用されたこともあり、編集長代理（スーパーバイザー）に就任して本格的に誌面の変更に着手していく。

ゲイリブとゲイ・メディアをいかに結びつけ展開するか模索していたマーガレットさんは、社会や国に対して正面から抵抗するやり方は日本に馴染まないのではないかと思うようになり、94年にニューヨークのパレードを訪れ、気持ちに区切りをつけている。その後は「政治色を強め」るのではなく、「意識的に『楽しむ』ということを方法論にしている」オーストラリアのマルディグラに活路を見出していく（『バディ』１９９８年６月号、１０４ページ）。マーガレットさんは、３泊４日の「バディ・ハッピー マルディグラツアー」企画を担当し、特集記事を複数回組むなど、並々ならぬ熱量で取り組んでいたことが分かる。

97年には、それまでの雑誌のキャッチコピーである「強い男のハイパー・マガジン」を変更するため、読者に募集をかけている。ただしこれは出来レースで、自らが考案した「僕らのハッピー・ゲイ・ライフ」を一読者からの案かのように発表して採用した。そこには、「男」という表現によって同性愛者であることを隠蔽した、いわばホモフォビアに裏打ちされている既存の「ホモ・メディア」への批判と決別を示すこと、そして「ゲイ」という新たな生き方が現在の読者から自然発生的に芽生え始めていると見せることで、ムーブメントを起こすことが目論まれていた（小倉ほか1999: 81）。

ムーブメントは他者を巻き込みながらゆっくりと動き始めていく。その一例が、雑誌の作り手の顔を出すことで読者との距離を近づける試みであり、これは後の「マチパン」企画へ接続していく。「マチカドボーイフレンズ」や「マチパン」企画によって若年層を中心に一般読者を誌面に登場させたことは、編集部にとっても「歴史に残る事件」であった（『バディ』1999年3月号、39ページ）。下着を見せながら笑顔で写る彼らは、ソフトなポルノグラフィとして売上げに貢献しただけではなく、「僕らのハッピー・ゲイ・ライフ」を体現する等身大のリアルな「ゲイ」像を仮託されてもいただろう。

マーガレットさんは、ムーブメントを起こすことを画策しつつ、雑誌（ひいては会社）の利益に結びつけねばならないというビジネスの視点を持ち続けていた。そこには、雑誌の売上げを確保するためにゲイリブやエイズを取り扱わないという、従来のゲイ・ビジネスの論理を優先する平井さんを説得するために、雑誌の発行部数（売上げ）と店舗展開というビジネスの論理の中でムーブメントを育てるという、新たなゲイリブとビジネスのモデルの発芽を90年代のテラ出版を中心とするムーブメントの中に見るこ

---

13 『バディ』では巻末の広告が雑誌全体の半分に達することも少なくなかった。これはテラ出版に大きな収入をもたらすとともに、読者にとっては全国のゲイバーやイベントについて最新の情報を知る重要なツールでもあった。

とができる。それは、ケンタさんや高松さんといった後の札幌パレードのキーパーソンがテラ出版を訪れた際に、平井さんとの橋渡しをすることで、『バディ』を札幌パレードというゲイリブに結びつけるとともに、ポルノショップであるルミエールの全国展開の野望を持つ平井さんの利益にもつなげたことにも表れているだろう。マーガレットさんにとって『バディ』誌上でパレードを取り上げ、資金的な支援を行い、平井さんを札幌のパレードで歩かせ、2006年に功労者として表彰させたことは、紆余曲折はあったとしてもビジネスと共存するゲイリブのあり方を結実させたトリックスターとしての真骨頂であり、十年という遠大な歳月をかけた目標のひとつの到達点であった。

3 『バディ』にみる3つの分裂と超克

マーガレットさんは自らの中に複数の分裂があることを『男性同性愛者のライフヒストリー』(矢島編 1997)の中で語っている。そこで語られているのは、意識と体、性欲と性欲への嫌悪という2種の分裂である。マーガレットさんは30歳の時に、自身の意識と身体の分裂に向き合う決心をしているが、その後どのように自身の分裂と向き合ったのだろうか。1つ目の分裂の超克のヒントとなる語りが記されているので、少し長いがそのまま引用しよう。

まだ実践するかは分かりませんが、フィスト・ファック[14]に最近興味を持ち始めています。夏頃から親しくしている友人が、フィスト・ファックをする人で、その友人から聞いたのですが、フィスト・ファックをする人は、通常は自由にならない肛門の筋肉を意思の力でコントロールするらしく、それは長年考えてきた「意思と肉体の一致」ということではないかと思えるのです。（倉田ほか1997: 106）

肛門は2種類の筋肉[15]によって便が漏れないよう締められているが、肛門でフィストファックを行う場合、手が入るまで拡張するには意図的に「イキまないと広がりにくい」という[16]。マーガレットさんは、男性同性愛者間で培われてきたプレイのひとつであるフィストファックをする上で重要となる随意筋／不随意筋によって常に締めようとする肛門を意図的に広げる過程に、分裂した肉体を意識下に置く可能性を見出している。『バディ』におけるフィストファックに関する一連の記事は、ハードなプレイに関心のある読者の要望に応えてもいただろうが、マーガレットさんにとっての精神と肉体の分裂の超克の過程でもあったのだろう。

また、マーガレットさんは高校生の頃から、自身の男性への性的欲望とそれを嫌悪する自分との分裂

14　フィストファック　肛門や膣にフィスト（握りこぶし）を入れるプレイ。

15　人間の肛門は自らの意思でコントロール可能な外肛門括約筋（随意筋）と、自律神経のはたらきで意識とは無関係に筋肉を締める内肛門括約筋（不随意筋）の2種類があり、睡眠時など無意識下では内肛門括約筋が緊張しているため便漏れは起こらない。

16　斉藤綾子・尾上玲二・松沢呉一「フィストファックの聖性 男性の身体はどこまで性器化するのか」『QUEER JAPAN』1号（1999年）、59ページ。

に悩んでおり、人格を伴うセックスへの嫌悪感を持ち続けていた。ある時はドラッグ（クスリ）で解決を試みたこともあった。『バディ』では「ラッシュ」[17]をはじめ様々なセックス・ドラッグが度々紹介されており、97年4月号の特集「SEX中毒」では、様々な国の11種のラッシュや、「ヤク中毒」の体験談も記載されている。

マーガレットさんは、自身がかつて薬物依存者であったことを明らかにしている（小倉2019b）。18歳の頃にラッシュに凝るようになったのが始まりのようだ。その後、社会人になると「セックスで得られない忘我感をクスリに求め」ながら、クスリを併用したセックスに没頭するようになる（倉田ほか1997: 103）。彼は「セックスでの一体感」を得るためにドラッグを使用していた。それは性的欲望の嫌悪の原因である人格を忘却し、肉体から意識を解き放つための方法の模索であったのかもしれない。ここではマーガレットさんの性的欲望の分裂を考察するにあたってドラッグとの関係に触れたが、当時のゲイ男性にとっては雑誌を購入するついでに入手可能な、ごくありふれたものであったことは急ぎ付け加えておきたい。

マーガレットさん自身が直接語っているわけではないが、男性としての性自認と自身の内面における「女性的」なものへの恐れを、ここでは3つ目の分裂として仮定したい。マーガレットさんは幼少期から、異性愛規範やジェンダー規範への逸脱に過敏に反応していたが、その反面「小学生くらいから女装願望」を持ってもいた（倉田ほか1997: 107）。幼少期から中性的、あるいは性別不明瞭なキャラクターなどを避けてきたのは、自らの中に無意識的に近いものを感じ取っていたためであり「近親憎悪以外の何ものでもなかった」という。[18]その根底には、男性が好きである自分は、本当は女性なのではないかと疑いつつもそれを否定し、そして悩むという、性別二元制と異性愛規範を侵してしまうことへの恐れと不安があった。だからこそ、男性的な肉体を晒すとともに、その肉体に「非日常的」なメイクを施すドラァグクイーンなど70年代のアメリカのゲイシーンは、若き日のマーガレットさんの中に深く刻まれていく。

1960〜70年代、東京のゲイバー界隈は「非女装」の男性同性愛者と、「女装」の異性装者に分離していく（三橋2008）。それは『薔薇族』が、男性的な男性同性愛者としてのホモを擁立し、ゲイボーイなど女性的・中性的な男性同性愛者像を排除していく時期とも重なっている。

そんなマーガレットさんにとってパーティーでの女装は、幼少期から押し殺していた女装願望を再認識し、自身の中の女性性を受け容れ、解き放つための最初の一歩となる。その後、クラブイベントにも参加するようになり、パーティーシーンで女装を重ねていく。マーガレットさんは大学生になって女装の楽しさに開眼した後、95年からマーガレットを名乗り、その後ユキヒロさんとの出会いを経て「BLENDビューティーズ」の一人として名を馳せていく。かつて嫌悪感と性欲が隣り合わせであった男性との性行為は、いつしか「〔非日常の〕女装を始めたら〔ゲイとして男の姿での〕セックスも楽しめる」までに変化していく（小倉2019b: 150）。これは分裂していた女性性をめぐる葛藤から解放されたことを表していると

---

17 ラッシュ　亜硝酸エステルを主成分とする薬物。合法（脱法）ドラッグ。ポルノショップでは「芳香剤」や「ビデオヘッドクリーナー」などの名目で販売されていたこともあった。日本では2006年に指定薬物に決定され、販売等が違法化された。吸引後、軽い酩酊感や血管拡張作用があり、筋肉も弛緩するため、主にアナルセックスの挿入時の痛みを和らげる目的で使用されていた（『バディ』1997年4月号、43ページ）。

18 2018年6月4日インタビューより。

いえないだろうか。

『バディ』創刊3年目にドラァグ（当時はドラッグと記載）の紹介記事がある。そこではリアルな女性を目指さないドラァグとは「化け物一歩手前までの過剰なしつらえ」を施した「女装するゲイ」であり、「既存の概念そのものをぶっ壊してしまおうというエネルギー」を秘めた「痛めつけられてきたゲイの作り上げた、防衛策であり武器」としての「ゲイの伝統文化」であると定義している（『バディ』1995年11月号、358ページ）。そして「ゲイの伝統文化」という「武器」を手に、ゲイ男性によるドラァグを含む非男性的なゲイへの嫌悪を、異性愛者によるゲイ差別と同列であると痛烈に批判する。かつて自身の周りから非男性的な存在を忌避、あるいは排除していたマーガレットさんにとって、いつしか女装は「分断されてしまう『個』の救済のための愛の行為」に昇華されていく（『バディ』1997年1月号、36ページ）。自らが手掛けるゲイ雑誌の中で女性性を排除するかつてのホモ言説を論難することは、かつてのマーガレットさん自身を解放することでもあったと言えるだろう。

4――カルチャーの生成――開花する「ゲイ的」な生き方

マーガレットさんは『MLMW』のようなカルチャー色の強い雑誌を作りたいと志していた。ここで述べられているカルチャーとは何を指していたのだろうか。その答えの一助となる語りが「90年代を振り返る」という対談の中にある。マーガレットさんは「劇団フライングステージ」の活動に触れながら、カルチャーという言葉そのものには実態がないため「『これがカルチャーなんですよ』と言ってあげる人がいないと、カルチャーとして成り立たない」からこそ、表現されたものを「ゲイ・カルチャー」として取り上げることの重要性を主張する（小倉ほか1999: 88）。ゲイによる／ゲイに関する活動や表現された様々なものを、カルチャーだと規定していくことの積み重ねがゲイ・カルチャーを成立させるのだとすれば、マーガレットさんにとって『バディ』の刊行とはゲイ・カルチャーの構築の実践そのものだと解釈できる。

自らの手で特定の活動や表現をカルチャーとして規定するという、いわば文化の創造を担っていた自覚があるからだろうか、マーガレットさんは自身の『バディ』における仕事を「現実を現実風に盛りつけ」た「ファンタジー」であり、「ねつ造」だと語る（小倉2019b: 151）。それは単なる自嘲ではなく「人間ってファンタジー以外では生きられない」という自身の体験から学んだ哲学でもある。

「ファンタジー」として「ねつ造」されていくゲイ・カルチャーとは何を指していたのだろうか。ゲイ・カルチャーの輪郭を辿ることは、「ゲイ」とは何を指し、またどのような生き方を仮託されてきたのかを明らかにすることでもあろう。90年代の日本ではクィア概念が紹介され、アイデンティティの脱構築が議論されるようになるが、マーガレットさんはそれでも自身が「ゲイ」だと認識することの重要性を指摘する。

> 「アイデンティティなんてカッコ悪いじゃん」という現状の中で、『バディ』は「ハッピーとか陽気で楽しいとか、シュガーコーティングしてでも、とにかくアイデンティティを持ちなさい」ということをやってきた（小倉ほか1999: 94）

かつてはゲイとホモの間で揺れ動いていたマーガレットさんであったが、90年代には自らのセクシュアリティを「ゲイ」だと公言している（倉田ほか1997：106）。この「ゲイ」とは、前節で述べた分裂した自己の統合を模索する過程を経た結果から導出されたものであり、女性性や性的欲望を受け容れ、肉体と精神を統一させることで成立する主体である。その主体に基づいているからこそ、以前の男性同性愛者から分離・排除されてきた女性性や女装は、楽しい「伝統」あるカルチャーとして「僕らのハッピー・ゲイ・ライフ」に組み込まれていく。そして、この「僕ら」は広がりを持ってより多くの人を巻き込んでいくことになる。

日本では、90年代のドラァグクイーン草創期から、ゲイ男性だけではなく、女性もクイーンとして活躍してきた歴史を持つ。マーガレットさんはドラァグクイーンの写真集『THESE』の対談の中で、かつて自らがつけた「女装するゲイ」という定義から、男性の同性愛者に限定されない「〝ゲイ的なる生き方〟とか〝ゲイ的なる嗜好〟を持っている人がやる女装、というか異装」へドラァグクイーンという言葉の意味や定義を広げる必要性を主張している。[19] 対談で語られた〝ゲイ的なる生き方〟は重要であるためそのまま引用したい。

「〝ゲイ的なもの〟はと言うと、〝マリーアントワネットの豪華な世界と、ゲロ吐いてる姿を瞬時にひっくり返すことのできるエネルギー〟っていうことなのかしら。〝男と女〟というこの二分法的な価値観を瞬時に逆転させる力を持った人こそが、僕は〝ゲイ〟だと思うのよ」（『THESE』より）

ここで語られる〝ゲイ〟は規範的な価値観を逆転させることに自覚的な「生き方」や「嗜好」というスタイルの問題であり、セクシュアリティやジェンダーによって定義されない。だからこそ〝ゲイ的なもの〟は破壊的エネルギーそのものであり、またそれらを内包する存在でもある。マーガレットさんは、クイーンとは社会の規範や制度からはみ出た「気持ち悪い」存在として規範や制度を揺るがす「とても政治的な存在」であり、それを自覚していることがクイーンの条件であるという。[20] そんな存在が、夜のクラブやパーティーシーンにおいて、「なんでこの人、こんなすごいカッコして来てるんだろう」と、周囲の人々に思わせることが「化け物」の本業である、というのがクイーンとしてのマーガレットさんの矜持なのだ。

それは今回のインタビューのルチアーノさんについての語りにも見ることができる。「ひどい」ショーを行うシス女性の（バイオ）クイーンであるルチアーノさんは、「ひどい」そして素晴らしいドラァグクイーンの一人であり、〝ゲイ的なる生き方〟をする人物だと解釈することができよう。

この新しい〝ゲイ〟という解釈によってゲイの輪郭を広げたマーガレットさんは、男性への性的欲望を基軸にしたゲイというセクシュアル・アイデンティティを核としない新しい生き方／スタイルの提案を目指していく。それが1999年に「ゲイのためのまったく新しいスタイル・マガジン」を掲げ創刊

19 マーガレット・ルチアーノ・ホッシーほか「緊急討論ドラァグの真実」『THESE』デラフィック、1998年。

20 「『新潮45』問題を古いゲイ3人が考えた（1）内から、外から、バックラッシュが始まった?!」『BuzzFeedNews』2018.10.25 配信。

された雑誌『ファビュラス』（テラ出版）であった。誌面には、同性カップルが直面する保険や住居スペースの賃貸契約といった、当時はまだ多くの読者にとってリアリティを伴っていなかったであろうゲイの「生活」の問題が取り扱われており、マーガレットさんの目指す生き方としてのゲイ＝スタイルを垣間見ることができる。また、女性のモデルも起用されており、「今日のあの男、なかなかイケたわね」と横にいる男性と話す二人の姿からは、ジェンダーに囚われない〝ゲイ的なもの〟の匂わせが仕掛けられている（『ファビュラス』2号（2000年）、22〜23ページ）。

この〝ゲイ〟なる生き方を共有しうる人であれば、誰もが楽しめることを目指し企画された『ファビュラス』は、ゲイ・ライフをビジネスとつなげ、コミュニティへ還元することも構想されていた。「ライフ＝生活を成り立たせるのは、まず『銭』であり、「その『銭』がまわりまわってでも、自分の得（またはゲイコミュニティにとっての利益）になるような」動きを生みたいとして創刊されたこの雑誌は、マーガレットさんの目指していた到達点であり、新たな出発点でもあっただろう（『ファビュラス』1号（1999年）、53ページ）。しかし、あまりにも時代が早すぎたのかもしれない。従来のゲイ雑誌についていた広告主の意向もあり、既存誌と同様にアダルト広告を掲載したため、大手企業との提携が難しくなり、第4号をもって休刊となった（小倉2019a）。その後マーガレットさんは編集という職を辞することとなる。

おわりに

本章では、マーガレットさんにとって「ゲイ」というアイデンティティがいかにして構築されたのかを、「分裂」と「解放」を足がかりに辿ることを試みた。それは、肉体と精神、性的欲望と嫌悪、自身の内にある女性性の忌避、という３つの分裂を、女装・ドラァグクイーン、ゲイ雑誌の編集・カルチャーの生成（＝スタイルの確立）によって超克する過程そのものであった。そこでは、ゲイ雑誌においてタブーであり、批判・排除されてきたＨＩＶ、ゲイリブ、女性性／女装を、ゲイ雑誌というビジネスと接続し、循環させることが構想されていた。それは70年代のリブにはなかった、あるいは実現できなかったモデルであり、80年代以降の消費中心となる社会の変化に対応させた「カッコイイ・楽しい」新しい「カルチャー」であった。

マーガレットさんは、「人間ってファンタジー以外では生きられない」という持論のもと、『バディ』では読者に実現できそうな「現実を現実風に盛りつけ」るいわば「ファンタジー」を提供していたと語る（小倉2019b: 151）。ゲイとして懸命に生きようともがく中で、自身の分裂に向き合い、得た体験を「ファンタジー」化したものを「カルチャー」として既成事実化する媒体が『バディ』であり、より発展させたものが『ファビュラス』であったと言えるのかもしれない。

マーガレットさんは２０１６年にブックカフェ「オカマルト」を開業するが、目指していたのは資料アーカイブをビジネスとして回るよう運営することであった（２０２１年閉業）。「『自分が何者であるか』ということに悩まないゲイたちが増えていけば、つながりがどんどん希薄になり、残しておくべき記憶や資料が失われてしまう」[21]。自分が何者であるのか悩まない時代が到来しつつあるのであれば、それは

21 前掲、「ゲイ雑誌『Badi』をつくった編集者たち 第２回 小倉東（マーガレット）後篇」。

喜ぶべきことだ。しかし、価値観はまた変わるかもしれない。私たちは歴史を残し、引き継いでいくために、ビジネスとコミュニティとその遺産をつなげることをあらためて考える必要があるだろう。

第Ⅲ部

ケンタさん

ケンタ　本名，桑木昭嗣。1976 年，札幌市西区にて生誕。中学 3 年生の時に初めてゲイバーに行き，高校 1 年生の時にはそこで出会った人のつながりから性的マイノリティの活動団体「札幌ミーティング」に参加をし始める。1996 年，札幌で初のプライドパレード「レズ・ビ・ゲイプライドマーチ札幌」の開催に携わり，以降もパレードの主要メンバーとして活躍。1997 年，ゲイナイトを開催する団体「Qwe're」を結成，同年にはゲイバー「Cafe & BAR BREAK」も開店（2000 年閉店）し，社会運動とビジネスの二足のわらじを履く。2000 年，ゲイバー「HEARTY@CAFE」を開店。一方でパレードからは 2006 年の第 10 回パレードを最後にいったん退くが，2013 年には復帰し，「レインボーマーチ札幌ファイナル」を開催する。2015 年，キッチンバー「7 丁目のママ」を開店。2018 年からは STV ラジオ『Knock on the Rainbow』においてパーソナリティーとして活動。2023 年 1 月現在，満 46 歳。

語り手――ケンタさん
聞き手――斉藤巧弥
脚　注――斉藤巧弥
構　成――斉藤巧弥
扉写真――STV ラジオ提供

第5章　ケンタさん口述

——ケンタさんへのインタビューは、２０２０年の冬と２０２２年の夏にケンタさんが経営するゲイバー「HEARTY@CAFE」にて行いました。インタビューに先立って、ケンタさんが所属されていた団体「札幌ミーティング」が発行していたニュースレターやケンタさんから提供頂いた札幌の歴代のゲイナイトのチラシなどを拝見しています。またインタビューは、聞き手の斉藤がこれまでに行ってきた研究（ゲイ雑誌、札幌の運動の歴史など）の知見や、マーガレットさんに実施したインタビューの内容、これまでのケンタさんとの個人的な交流の中で伺っていたお話なども参考にしながら実施しました。

セクシュアリティの気づき

——本日はインタビュー、よろしくお願いします。生い立ちからこれまでの活動についてお伺いできればと思います。ケンタさんは札幌出身ですよね？

そう、生まれたのは西区。途中で手稲区に行って、また西区。

——めちゃくちゃベタな質問からなんですけど、最初にゲイであることに気づいたのはいつで、それはどういうきっかけだったのですか？

明確に気づいた時、ということ？　それともうっすら気づいた時ってこと？

――そのへんのすべてを含めて「この時期に男の子が気になっていたな」ということや、そのあとで「自分はゲイなのだな」と気づくまでの流れは覚えていますか？

小学校5、6年のときに男の子に興味を持って、男の子を目で追いかけていて、中学に入ってすぐにゲイ…ゲイという概念じゃないよね。「男が好きなんだ。ホモなんだ」と自覚をした。あれいくつなんだろう…中学2年生ぐらいのときに男性と初体験をしたの。

――中2で？

うん。当時あった伝言ダイヤル[1]で。

――伝言ダイヤルの情報はその時どこから得たのですか？

当時、深夜に『夢で逢えたら』[2]というバラエティ番組をやっていたの。清水ミチコ、野沢直子、ダウンタウン、ウッチャンナンチャンが出ていたのだけど、そこでホモネタがあって、ゲイ雑誌の『さぶ』[3]が出てきたの。「こんな雑誌があるんだ」と思って、次の日に札幌市内の書店に電話をしまくって「『さぶ』はありますか」って聞いたら、札幌駅のほうにあって、買いに行ったその号が伝言ダイヤル特集だったの。

――電話をしまくるときに、特に抵抗はなかったのですか？

電話だし、分からないしと思って。

――実際にお店に行って買うときも、特に抵抗はなかったのですか？

抵抗はあったわよ。1時間ぐらいグルグルしていた。

——それがゲイについて情報を得た最初の機会ということですか？

そうだね。

——それまでは男の子は気になっているけど、特に何も情報はないという状態でしたか？

なかったね。

——『さぶ』を読んだときにどんな気持ちになったか、感想を覚えていますか？

確か『さぶ』はすごく文字が多かったんだよね。小説とか。

——結構小説っぽいですよね。

大興奮はしたけど、それよりも何よりも「伝言ダイヤルというものを活用すれば、同じ人に会える」という好奇心のほうが強かったよね。雑誌の感想より。

1　**伝言ダイヤル**　ボックス番号と呼ばれる6から10桁の番号と暗証番号を入力することによって、電話回線を利用して伝言の録音と再生をすることのできるサービスである。インターネットなどの普及していない1980年代終盤〜90年代当時は、このサービスを利用してコミュニケーションをとり、出会いを求めるゲイ男性が多かった。

2　**『夢で逢えたら -A SWEET NIGHTMARE-』**　1988年10月から1991年11月までフジテレビで放送されていたコント番組。放送当初は深夜2時台に関東ローカルで放送されていたが、若い世代の圧倒的な支持を得て、半年後には土曜日の11時30分からの放送となった（吉田2010: 75）。

3　**『さぶ』**　1974年11月創刊、2002年2月号をもって廃刊となったゲイ雑誌。小説などの文芸的、空想的な投稿によってコンテンツが支えられていた（石田2018）。

――そのあとは伝言ダイヤルを使って初体験をしたんですね。それが中2？

中学2年生だった気がする。いや、中1の冬かな？　中1の冬か中2の冬だった気がするんだよな。

――そのぐらいの年齢で、ということですね。そのあとはずっと伝言ダイヤルを使って他の人と会っていたということですか？　それとも何か別の、たとえばバーに行くなどはしていましたか？

伝言ダイヤルをしばらくやっていて、中3の冬に、年齢をごまかして初めてゲイバーに行った。16歳と言って。

――中3だから、15歳ぐらいですかね。

高校入学って何歳になる？

――高校入学は16になる年かな。高3で18歳になりますもんね。

「コミュニティ」との出会い

15歳でバーに行ったんだね。そこで知り合った18歳か19歳ぐらいの人と仲良くなって、その人が「しろくま堂」[4]を紹介してくれたの。そこでゆー子さん[5]という人と出会うのだけど、そこからゆー子さんがすごくよくしてくれて、さらに同い年ぐらいの友達を紹介してくれたわけ。そこから札幌ミーティング[6]につながったんだと思う。

――それが90年か91年あたりですか？

そうだね。

――そこからゲイバーには結構行っていたのですか？

月1回とかかな。

——でも高校生ですもんね。

高校生だけど、私はお年玉をすごくもらっていたのね。お金はあったのよ。だけどゆー子さんと仲良くなって、そういうことにゆー子さんは厳しくて、だから回数はそんなに多くなかったの。

——厳しいというのは、お金の使い方や遊び方に対してということですか？

「まだ高校生だから、そんなに出歩いちゃダメよ」とか。

——バーに行き始めて、そこから札幌ミーティングにつながるまでの間に、「孤独だな」「嫌だな」というような葛藤はありましたか？

学校生活ではあったよね。要は、〔ゲイバーでは〕親とは別の〔普段出会わないような〕大人と接するわけじゃん。だから〔ゲイバーで会う大人と比べて〕同い年ぐらいの同級生が「子どもっぽいな」と思ったし、学校が常に自分の居場所ではなかったね。

4　**しろくま堂**　1988年2月5日に札幌で開店したゲイショップ。ゲイ雑誌の広告では「ホモ書店」(『アドン』1988年4月号）として宣伝されていたが、書籍のみならず、ゲイ向けポルノビデオなども扱っていた。現在は閉店（閉店時期は不明）。

5　**ゆー子**　通称名。故人。ゲイショップ「しろくま堂」の店員をしていた男性。イベントにおける奇抜なパフォーマンスから、「変態道」を極めてきたと評されることもある（伏見2002: 85）。

6　**札幌ミーティング**　1989年に結成され2000年代後半まで活動をしていた、札幌の性的マイノリティの活動団体。詳しくは第6章を参照。

――いわゆるノンケの会話についていけないという感じですか？

もちろんそうだけど、たとえばカミングアウトをしていない自分もよくないが、自分のセクシュアリティを当時は性癖と思っていたけど、それを解放できない場所は自分の居場所ではない、というのがあったよね。同じ仲間がいる場所のほうが気が楽だし、楽しいし、っていうのがあったね。

――初めてゲイバーに行ったときの感想というか、そのときの心境はどんな感じでしたか？

「自分一人じゃないんだな」という感情かな。

――初めてのゲイバーには、一人で行ったのですか？

一人で行ったよ。扉を開けるのに2時間ぐらいかかったよ。

――そういう話はよく聞きますよね。ちなみに、それはどこのお店ですか？　今もあるところですか？

ないない。「B・J（ビー ジェー）」というお店だったけどね。

――そこはどんな雰囲気でしたか？　お客さんや店員さんは。

若い人が多いし、年配の人もいるし、ミックスされている感じだった。カッコイイ人が多かったよね。

――そうなんですか。そこで「しろくま堂」を紹介してもらったという話でしたっけ？

そう。18歳の友達にね。

――ちなみにゲイバーに行く前に、伝言ダイヤルで仲のいい友達はできましたか？

できない。もう、ワンナイト。

――それをずっと繰り返したと。

その当時は携帯やメールがないから、教えるとしたら家電（いえでん）しかないから、そんなことはできなかったよね。

――会った人から「これからも仲良くしていこう」ということも特になかった？

あったよ。電話番号を渡されて「いつでもいいから連絡して」ということはあったけどね。連絡はしなかった気がするな。

――やっぱり家電ということが大きかったんですか？

そうだね。伝言ダイヤルをやっているうちに、同じ人と偶然に2回会ったということはあったけどね。

――札幌だから〔コミュニティが狭いので〕という事情もあった、ということですね。しろくま堂でゆー子さんという人に出会った。そこからさらに人づてで札幌ミーティングに入った、ということですね。

そうだね。いろんな人伝いにね。

札幌ミーティングとの出会い

――札幌ミーティングに入ったのは何歳のときですか？

高校1年生かな。

――めちゃくちゃ早いんですね。90年代の最初ということは、札幌ミーティングができたのと同じぐらいに入った感じですかね。札幌ミーティングは、おそらくこれまでのゲイバーと全く違う雰囲気なわけですよね。雰囲気はどんな感じでしたか？　ゲイバーに行くのとはまた違う感じがありましたか？

今で言うとホムパ〔ホームパーティー〕みたいな感じなんじゃない？　派手さはないけど、ちょっとほっこりするような。お酒を飲まない場所だし。

──その当時の活動拠点は「ミニコミ喫茶ひらひら」[7]ですよね。そのときの札幌ミーティングは、基本のメンバーは何人ぐらいでやっていました？　ケンタさんが行くときにだいたいいる人たちはどれくらいでしたか？

10人ぐらいだった気がするけどな。

──ケンタさんが最初にそこで関わった活動は覚えていますか？　たぶんいろんなことをやっていたと思うのですけれども。

高校生だったから、ニュースレター[8]に何かを書きなさいということだったような気がするけど。

──何かを企画するというよりは、ニュースレターを書いたり。

あとはニュースレターを折ったり、発送作業を手伝ったり、そんなんだった気がするけどな。

──いろいろお手伝いをしていたということなんですね。

そうだね。それと同時に、別のベクトルでゆー子さんつながりの札幌ミーティングの人ではない、違う友達もできてきていたから、札幌ミーティングにどっぷりという感じではなかったけどね。

──札幌ミーティングでの活動や交友に加え、ゆー子さんのつながりからできた友達の輪でも遊んでいたという感じですか？

そう。その中に親が自営でお店をやっている方がいて、そこのお店に入ってバイトをさせてもらったりとかした。もちろんセクシュアリティは隠してね。

──普通のバーで、ということですか？

和菓子屋さんだったけどね。あとはゲイの美容師さんが仲良くしてくれて、面倒を見てくれていて、その人の家でよく鍋をみんなで食べたり。

交友関係の広がりと周囲からの批判

——途中から札幌ミーティングにどっぷりの状態にはなったんですか？

ならなかったよ。別にそういう気はなかったよ。

——札幌ミーティングでも活動しながら、もうひとつのゲイの友達とも遊んでいたという感じだったということですね。

そうだね。でも片一方のほうはあんまり札幌ミーティングのことを良く思ってはいなかったけどね。

——どんな反応やコメントをもらっていたわけですか？

「圧力団体だ」、「ゲイなんて日陰で暮らしていくべきものなのに、それを日なたに持っていこうなどと

7　**ミニコミ喫茶ひらひら**　ウーマンリブに携わっていた東由佳子氏によって「自分たちのミニコミを気がねなく置ける場所をつくりたい」という思いから、１９７４年に開店している。フェミニズムのグループをはじめとし、様々な社会運動家によって利用されていた。しかしその後、情報交換の様式などが変化したことをひとつのきっかけに、１９９８年3月に閉店した（『北海道新聞』１９９８年4月24日）。

8　札幌ミーティングが毎月発行していたニュースレターのこと。１９９１年9月に第1号が発行され、２００４年12月の最終号（第１３５号）を迎えるまで、ほぼ毎月発行されていた。２０００年11月号（１０８号）まではＢ５サイズで、２０００年12月号（１０９号）からＡ５サイズに変更された。モノクロ印刷で、各号の平均ページ数は25ページほどであった。

いうのは無理な話だ」というのは小耳に挟んではいたよ。

——そもそも当時の札幌ミーティングはどれくらいの知名度があったんですか？

ある程度の知名度があったんじゃない？　すごくたとえが悪いけど「某宗教団体の人だ…」みたいなノリなんじゃない？

——ある程度名が知れていたということは、〔札幌ミーティングが〕活動をしていることがみんなに知られていたということですよね。

コミュニティの中ではね。その当時のコミュニティなんて、今よりも狭いわけだから。

——そうですよね。そんなに団体やイベントがあるわけでもないし、人間関係も結構限られていて狭かったのかなというイメージはあります。札幌ミーティングに反対する人たち、いわゆるリブに反対する人たちは、すごく多かったのですか？

多かった。

——リブをやっているほうがマイノリティというか、肩身が狭い感じだったんですか？

偏見の目で見られるということはあったけどね。たとえばゲイバーで誰かに色をこかれたとして、そのゲイバーのママが「この子は札幌ミーティングの子よ」と言うと「えっ」って〔そのお客さんが反応をする〕。

——でもケンタさんは札幌ミーティングにもいながら、もうひとつの…

対極にある人たち。

——対極にあるような人たちと遊んでいたわけですよね。そこで先ほどのように何かを言われたことはあったわけですよね？　「札幌ミーティングなんて」というような。それ自体の葛藤はなかったのですか？

あんまりなかったかな。その当時は自分の中でうまく整合性がついていなかったんだろうけど、今になって考えると、活動云々ではなくて、人として良いか悪いかで考えていたんだろうね。札幌ミーティングのことを偏見の目で見る人はいるけれども、そこで活動している人たちが悪い人たちかといったらそうではなくて優しい人たちだったし、それはそれ。札幌ミーティングに異を唱えている人も、それはそれで良い人たちだったから、それはそれ。

――意見の違いという感じですか？

まあそうだね。ただ、札幌ミーティングに入っていない人には、「どこかでちゃんと足を洗ったほうがいいわよ」〔いつかは抜けたほうがいいよ〕とはすごく言われていたけどね。

――普段の友達といるときは、あえて札幌ミーティングの話をしないようにしていたのですか？　それともあえてそこは話をして、こっちに引っ張ってやろうということは。

ミーティングの話自体はしないけど、ミーティングに入っている友達の話は普通にしていたよ。

――もちろんそれは「ミーティングの友達で」ということを言った上で？

うん。まだ高校生だったから、札幌ミーティングとは何ぞや、ということを語れなかったしね。

リブへの気づき

――その時点では、ケンタさんとしては札幌ミーティングを「リブ団体」という肩書で捉えていましたか？

高校３年生ぐらいになってきたら、リブ団体という認識は出てきたけど、高校１、２年生ぐらいではそこまでの認識はなかったよ。

――友達づくりに行くような場所、ということですか？

とか、「この団体はゲイに日の目が当たるような活動をしているんだな」という程度。だから高校の部活の延長線上のようなものとしか認識していなかったけど。

――そうなんだ。その当時、90年代の最初はいわゆるゲイ・ブーム[9]のようなものが出てきたわけじゃないですか。そういう話題はどこでもありましたか？　府中青年の家裁判などは？

札幌ミーティングの中でしかなかったよ。

――普段の友達とは、あるいはゲイバーでは全くそういうことには触れられない状態だったということですか？

いわゆる社会問題化したものや、90年代に巻き起こったゲイ・ブームは、ノンケがつくり出したものじゃない？　女性誌だったりで。そことゲイコミュニティはすごく乖離していたよ。

――「ノンケがつくり出したものだ」というイメージが強かった、ということですか？

今となればね。その当時は分かっていなかったけど。

――これも今となればの話なのかもしれないですけれども、僕の印象では当時はアカーなど、他の地域でも活動団体やコミュニティサークルのようなものが出てきて、いろんなレベルがあるでしょうけど、ザ・リブをしたというようなイメージがあります。そうした印象まではなかったということですか？　当事者が社会運動として結構盛り上がっていった、というような印象は。

たぶん私が高校生のころまでは「時代を変える」というような壮大なことはあまり考えていなかった

のだと思う。〔だから「リブ」という認識枠組みが薄かったのだと思う。〕

――HIVの話などは？

もちろんあったけど、世の中を変えるのではなくて、自分のために自分を変えたいというか、安心させたいがためにやっていた活動だったのではないかな。僕は。

――社会のためにというよりは、自分のためにという。

そう。

――そのスタンスはずっと変わらないんですか？

変わらなかったけど、ミーティングに深く入っていけば入っていくほど、やっていることがもしかしたら社会のためになるのかもしれない、という認識が徐々に芽生えていった。だから高校3年生ぐらいのときに、高校生の当事者サークルをつくろうと思って「LR Station」[10]というのを札幌ミーティング内

9　**ゲイ・ブーム**　1991年2月の女性雑誌『クレア』の「ゲイ・ルネッサンス'91」という特集が起爆剤となり、95年ごろまで続いたブーム。多くの雑誌やテレビが追随したが、その下地は1980年代までのボーイズラブ市場の形成やニューハーフのメディア進出などによって作られていたと考えられる（石田2019）。

10　**LR Station（エルアール ステーション）**　札幌ミーティング内に結成された、高校生から18歳までの社会人と学生向けの交流会。1995年4月から札幌ミーティング内で活動を開始している。札幌ミーティング内の小グループのようなものは「ブランチ」と呼ばれていたが、**LR Station** もそのブランチの一つであった。活動終了時期は不明だが、札幌ミーティングのニュースレター内には、1997年9月から12月は活動ができていないとの記述もあった。

図表5-1　LR Station 広告

出所：『札幌ミーティングニュースレター』1995年6月号。

に立ち上げたの（図表5－1）。たぶんそのくらいから、私の中で何かが変わってきたんだろうね。

——ケンタさんがそれを立ち上げた？

うん。たとえば自分が孤立をしていたから、同じ悩みを持っている当事者がいるだろうな、という感じの理由だったけどね。

——そこからケンタさんの活動が始まったのですか？　一つのターニングポイントというような。

自発的に自分で何かをやろうと思い始めたのは、それがきっかけだったかもね。

ゲイナイトの始まり

——そこからケンタさんはゲイナイトにも携わるようになっていきますよね？　札幌ではまず札幌ミーティングがゲイナイトを始めたと伺っていますが、そのあたりのことを伺ってもいいでしょうか。最初は札幌ミーティング内のジュニアブランチ[11]がゲイナイトをやっていたという話を聞いたことがあります。あれはケンタさんがやっていたのですか？

手伝いをしていた。

――〔ケンタさんが高校3年生の〕第1回のときからですか?

うん。お手伝いで入っていたな。KMDナイト[12]（図表5－2、図表5－3）。

――KMDの名前の由来は「ケツマンコダンサーズ」[13]だったと聞いたことがあります。その名前が付いた流れとかってあったんですか?

流れなんてないよ。夜、みんなでお酒飲んでいて決まったというだけの話。

――そうでしたか。KMDナイトを始めるきっかけはなんだったんですか?

たぶん資金集めのためだったと思うけど。活動資金の。[14]

11　**ジュニアブランチ**　札幌ミーティングへの新しい参加者がゲイリブについて学ぶために設置されたブランチ。1991年8月から1997年12月まで活動をしていた。月数回の定例会で種々のテーマで交流をしたり、文集を作成したりしていた。

12　**KMDナイト**　札幌ミーティングが実施していたゲイナイトの名称。KMDという名称が使用されるのは、第2回の開催からである。

13　**ケツマンコ**　主にゲイ男性の間で使用されるスラングで、肛門のことを意味している。1990年代に使用されるようになった言葉であると言われている。KMDナイトの命名においても、その言葉の新しさを取り入れた側面があるように思われる。

14　KMDナイトが開始されたきっかけは、当時の資料では、「札幌ミーティングのメンバー向け行事と対外的なイベントとくっつけて何かやろう!」というメンバーの意見であったとも語られている（『札幌ミーティングニュースレター』1995年2月号、8ページ）。よって、必ずしも資金集めが唯一のきっかけではなかったと思われる。ただそれでも、KMDナイトが札幌ミーティングの大きな資金源であったことは、次のような事実

図表5-2　第1回ゲイナイト 広告

17th(Sat.) DEC
OPEN;19:00　CLOSE;22:00
3,500yen-
FREE DRINK
PLACE
AL'S BAR
B1F HOSUI BLD. S7 W2 Chuo-ku SAPPORO
WARNING!! THIS SPACE FOR THE USE OF LESBIAN & GAY ONLYxxx.
ATTENTION!!
・当日は8種類のDRINK(ARCOHOL&SOFT)がFREE（但 PARTY時間内）
・PARTY終了後 AL'S BAR に居残り自由、ENTRANCE FREE。
・バンダナでMOTIONかけかけ大作戦
友達募集中の人→BLUE系のバンダナを身につけて下さい！
恋人・CRUISINGの人→PINK or RED系のバンダナを身につけて下さい！
・気になる人がいても声をかけられない人はSTAFFがセッティングします。
・B.G.M.はHOUSE系を中心に GAY TASTE いっぱいの選曲なので、踊り狂っても良し CRUISING、雰囲気を楽しみながらお酒を飲んでも良し、楽しみ方はアナタ次第。
Presented by... G.S.NETWORK

出所：『札幌ミーティングニュースレター』1995年1月号。1994年12月17日開催。

図表5-3　第2回ゲイナイト 広告

Gay
Nite'95
Ultra
"KMD"
Night

TITLE:GAY NITE '95 ULTRA KMD NIGHT
DATE:29th (sat) JULY
TIME: OPEN 7:00PM　CLOSE:11:00PM(or 0:00AM)
PLACE:AL'S BAR S7W2 HOSUI BLD. B1F
FEE:¥3,500 前売り¥3,000(チケット制)
FREE DRINK!
SPECIAL GUEST: 'DJ OHTA' from 新宿2丁目
ATTENTION
・入場料のみで8種類のＤＲＩＮＫ（アルコール＆ソフト）がＦＲＥＥ！
・ＰＡＲＴＹ開始２時間後にＨＵＮＴＳＨＯＴ－ＧＡＭＥ締切り！！
・気になる人がいても声がかけられない人はＳＴＡＦＦがセッティングします！
・新宿２丁目を中心に活躍しているＳＰＥＣＩＡＬ　ＧＵＥＳＴ 'ＤＪ　ＯＨＴＡ'がＵＰＰＥＲ　ＨＯＵＳＥでＯＰＥＮからＣＬＯＳＥまでＰＡＲＴＹをＢＡＣＫ　ＵＰ！！
ORGANISED BY KMD

出所：『札幌ミーティングニュースレター』1995年7月号。1995年7月29日開催。

――それは東京などでやっているから、じゃあこれを札幌でもやってみよう、というような思いなどはあったのでしょうか？

もちろんそういう背景はあったと思うよ。その当時、札幌ミーティングはたまたま18から20歳くらいの若い子がいっぱいいたから、要は勢いのある塊になりつつあったから「じゃ、やろうか」というふうになったということじゃないかな。

――札幌ミーティングが主催でもお客さんは札幌ミーティングのメンバーだけではないですよね。それでいろいろ〔お客の一般のゲイからゲイナイトに対して〕批判はなかったんですか？

ゲイバーから「ボランティア団体がやってどうするんだ」というのはあった気がする。要は「商売の分野に踏み込んでくるなよ」という背景があったんじゃないかな、ゲイバーのママたちが。客を奪われるというのがあったんじゃない？

——客を奪われるし「ボランティア団体のくせに金を稼ぐのか」というところですか。

だから今と昔は違うよね。「ボランティア団体は金を稼ぐものじゃないだろう」という。今だったらＮＰＯなどが当たり前にあるけど、そういうものがない時代だし。

——Qwe're[15]が20周年のときのQwe'reのグループＬＩＮＥで、ケンタさんがこれまでのQwe'reのことを振り返って書いてメンバーに送った文章があったと思うのですが、「土曜日に開催するとお客さんが取られるから、ずっと日曜開催だった」〔土曜日にゲイナイトを開催すると、ゲイバーのお客さんがゲイナイトに取られるという苦情がゲイバーから入るので、ずっと日曜日に開催していた〕ということを書いてましたよね。

うん。Qwe'reが主催のものはね。

からも分かる。KMDナイトは１９９９年の10回目の開催をもって休止となったが、その理由として、「KMDがなくても財政的に大丈夫というのがわかったためと、一度に多くの人材を必要とすることから、廃止が決定しました」（『札幌ミーティングニュースレター』２０００年10月号、14ページ）と語られている。よって逆説的に言えば、ある時期まではKMDナイトの収入に財政的に依存していたということが分かる。

15　Qwe're（クイア）　ケンタさんが設立した、ゲイナイトを企画・運営する団体。１９９７年に結成されてから現在まで活動中。

—Qwe're は、ということなんですか。KMD は?

土曜日にやっていたよ。

—なぜ土曜日にできたのですか?

KMD ナイトなんて年に1回か2回ぐらいしかなかったから。

—それは許容されていたというか、見て見ぬふりをされていた?

札幌ミーティングが、ゲイバーとそこまで密接じゃなかったからじゃない? Qwe're は私が「HEARTY@CAFE」[16] の前身の「BREAK(ブレイク)」というゲイバーを始めたときにスタートしたの。だから実質、Qwe're =ゲイバーみたいなものになっていたの。だから他のゲイバーの意向をくまなきゃいけないね、という話になっていたの。

ゲイバーからのゲイナイトへの批判

—ゲイナイトとゲイバーとの関係で言うと、Qwe're のゲイナイトと比べて札幌ミーティングの KMD ナイトは、わりと自立的に自由にできたということなのですか?

ゲイバーの顔色をそんなに窺わなかった。でも〔宣伝のためには〕ポスターを貼ってもらわなきゃいけないから、そういう部分では気にしなきゃいけないけど、開催に関しては、〔顔色を窺わなければいけない〕ということではない。〔KMD ナイトは〕多くても年に2回と決めていたからね。Qwe're は年に2回じゃなくて、3か月に1回やろうかとか、KMD より回数を増やそうというふうに考えていたから、日曜日にしていたんだな。

――そういうことなんですね。KMDのポスターをバーに貼ってもらうときに、いろいろ言われるのですか？

そうだね。

――それはどういうふうに交渉していたのですか？

1杯飲んだら貼ってくれる、というような話だった。

――そうなんですか。じゃあそこはゆるいんですね。

たとえば今はパレードのポスターを郵送で送っても貼ってくれるところもあるだろうけど、[17] 当時はそんなことでは貼ってくれなかったよ。「あんた、お金も落としに来ないで『貼ってくれ』ってどういう了見よ」という話だもんね。

――みんなで飲みに行っていたのですか？

たぶん、分散して行っていたんだね。そこらへんはあまり記憶にないんだけど。

――飲みに行ったときに、札幌ミーティングのメンバーであるということで、はねのけられるようなことはなかったのですか？

KMDナイトに関しては、ないと思う。

――普段、飲みに行ったときには？

---

16 HEARTY@CAFE（ハーティー・カフェ） 2000年にケンタさんが開店したゲイバー。現在も営業中。

17 現在の札幌におけるLGBTQのプライドパレード「さっぽろレインボープライド」の活動についての言及である。さっぽろレインボープライドは毎年、開催の宣伝のために、作成したポスターやフライヤーを札幌のゲイバー全店に郵送している。

露骨にはなかったかもね。

——露骨にはなかった、というのは、少しはあったということですか？

当時の〔ゲイバーの〕ママ[18]たちの中には「ミーティング系[19]の客だ」という見方はあったんじゃない？「いかにも系[20]」の他に「ミーティング系」というのがあったわけだから。

——そういう言い方ができあがっていたのですか？　それは札幌だけで？

うん。

——それでも運動に対する理解を求めて、ゲイバーや一般のゲイに働きかけをしていたんですか？

札幌ミーティングはそんなにしていなかったと思うよ。そこらへんのケアをしようという概念はそこまで強くなかったと思う。

——札幌ミーティングのほうは、とりあえず自分たちがやれることをやっていくという感じですか？〔一般のゲイに働きかけて運動に対する理解を得ようとするよりは〕リブとして社会に対して抗議活動をしたり、ミーティングの中で交流や議論をしたり、単発でイベントを開いたりすることがメインだった、ということですか？

そうだね。その途中で札幌ミーティングのメンバーが**B・J**に店子として入ったりはしていたけど、それで風向きが変わったかと言ったら、正直なところ微妙だった気がする。ゲイバーのママたちが変化してきたかといったら、そうではないけどね。ただ、ミーティングに若い子が多かったから、そのお客さんが取れる、と**B・J**のママは踏んでいたと思うけどね。ミーティング系だろうが、お金に「ミーティング系」と書いてあるわけではないので。

解放を求め上京

——ケンタさんがオープンしたゲイバー「BREAK」について聞いてもいいでしょうか。BREAKを始めたきっかけや、どのようなお店だったのかなど。その前に、ケンタさんが高校を卒業してから東京へ行ったというお話も聞いたことがあるのですが、そのへんをもう少し詳しく聞いてもいいでしょうか。どういう理由で東京に行き、どういう理由で戻ってきたのか。

単純にセクシュアリティをカミングアウトして働きやすい仕事って何なのかなと思ったら美容師だったから、美容師になりたいなと思っただけよ。でも行ってみたら美容師ってそんな単純なことで務まる仕事ではないわけよ。キツいから。それで夢破れて二丁目のバーで働いて、でもこんなことしていてもどうしようもないなと思って札幌に戻ってきた。

——札幌に戻ってきてからは何をされてたんですか？

アルバイトとかしてたよ。ラーメン屋で働いてみたり、ノンケのお店で働いてみたりも。そうしていた時に、「Fine」[21]っていうゲイバーのママに働かないかって誘われたの。

18　**ママ**　ゲイバーのマスターのことを「ママ」と呼ぶこともある。

19　**ミーティング系**　札幌ミーティングに所属し活動をしているような人々を（侮蔑的なニュアンスを含め）指し示すために使われていたとされる言葉。

20　**いかにも系**　見た目、服装、立ち振る舞いなどが「いかにもゲイ」のように見える人を指し示す言葉。ゲイ雑誌の表紙に登場する風貌の系統などがこれに当てはまる。

21　**Fine（ファイン）**　1996年4月25日に札幌で開店したゲイバー。閉店時期は不明。

――そういう流れだったんですね。その時にはもう親御さんへのカミングアウトはしていましたか？

うん。19歳でね。

――それは東京に行く前ですか？　戻ってきた後ですか？

戻ってきてから。

――カミングアウトのタイミングは何かあったんですか？

バレただけ。

――バレた。それはどういうきっかけで？

こういう紙〔LGBT関係のチラシ・書類〕をゴミ箱に捨てていたら親が見てたって感じ。

――じゃあお母さんとかお父さんのほうから最初話が来たという感じなんですか？

うん。

――その後のご家族との関係はどんな感じだったんですか？

2年間くらいはあまり良くなかった。でもそこからは仲良いよ。

――いろいろお話をしていく中で理解をしてもらったって感じですか？

そうだね。

――お母さんとかお父さんとか何か家族関係で運動とかに影響を受けたことはありますか？

ない。家族関係を考えることが運動のきっかけになったというのはあるけど。たとえばカミングアウトされてさ、自分の息子がゲイで不幸な姿を見てたら、親だって嫌だろうよ。だったら闘いたいなって思ったというのは一つあるけどね。不幸じゃないよって。

——今でも結構考えたりしますか？

そんな強くは考えないけど、考える一つではある。

——その当初は結構強く考えていたんですか？

全然。一つって感じ。

ゲイバー「BREAK」の開店

——BREAKはどのタイミングで始めたんですか？

BREAKに関しては1997年に開店する前に、さっきのFineというお店で働いていて、とにかく若者が集まり、カラオケも50曲待ちとかになっている状態の人気店だったの。そのノリにちょっと限界だなと思っていて、きついなと感じていた時に、その当時の札幌ミーティングのメンバーから「ゲイバーをやるから一緒にやらないか」というお話を頂いたの。それがきっかけかな。それでどうして引き受けたかというと、Fineで限界を感じていたというのと、その当時ゲイバーがものすごくクローゼットな空間だったから。Fineでは少しだけ、セクシュアリティをオープンにしてもいいんだよという空気感は醸成されてきた。けど、もうちょっと強いメッセージというか、カミングアウトをしたいと言っている当事者の肩を押してあげられるようなお店があったほうがいいなと思っていて、その時にちょうどゲイバーの開店に声をかけてくれたその人も札幌ミーティングをやっていたという関係で、そういうところで考えが合うかなと思って引き受けたというのが理由かな（**図表5－4**）。

——Fineで限界を感じていたっていうのは、それはクローズド過ぎるっていう意味の限界ですか？　それと

図表5-4　BREAK広告（開店当初）

出所：『バディ』1997年12月号, 516ページ。

もすごくお客さんがいっぱいい過ぎて騒がしくて、そのノリにケンタさんがついていけなかったという限界ですか？

後者のほうが強いけど、いわゆる若い世代がゲイバーで自己解放するということはやれるようになってきたけど、そこでの自己解放だけで終わるというところに限界を感じたってことかな。

――その時にちょうどその方もゲイバーを始めたいと。

そう。だから、軽いノリといえば軽いノリかな。

――その後、2000年ぐらいまでやっていたと聞いていますけれど、普段の運営というか営業みたいなのはお二人でどういうふうにされていたんですか？

一緒にやり始めて1年でお互い方向性が違い過ぎるということが分かってきたので、もうその時点でビルの契約が3年だから、3年経ったらもうやめましょうという話にはなっていた。

――じゃあ、先をその時点でわりと決めてたんですね。

決めていた。

――それはケンタさんがBREAKをそのまま引き継ぐということにもならなかったんですか？

開店時のお金の出どころが彼だったから自分が引き継ぐというのはないし、BREAKというイメージがついちゃっているところで、自分がやりたい店にはならないって思った。

――ちなみにどういうイメージだったんですか？　その当時のゲイバー界隈で。

世間からはリブ系の店って言われていたんじゃない？　あそこに行くと、カミングアウト強制されるとか。

――一応そこはミックスバー[22]だったんですか？

ミックスバー。

――じゃあお客さんの層としては？　一般のというか、必ずしもリブ系のお客さんでない人たちもたくさんいらっしゃったという感じでしょうか。

たとえば自分を馴染みにしてくれているお客さんだったらリブとは全く関係ないゲイのお客さんは来るよね。でも、彼は比較的そういう〔リブ系の〕お客さんが多かったけど、反対にド隠れの人も来てたのかな。だから幅広かったけどね。彼はカフェをやりたいと言っていたから。だから、「Cafe & BAR BREAK」だったわけよ。

――じゃあ昼間もやっていたんですか？

昼間というか夕方からね。だけど彼も料理ができるわけじゃないから、じゃあ食べ物が出るかといったら出るわけでもない。たぶん彼は最初からカフェをやりたかったんだけど、カフェだけじゃきついと

22　**ミックスバー**　性別やセクシュアリティを問わず誰でも入店できるゲイバー。

思ったから自分を誘ったんじゃないかな？

――ではカフェの時間帯は経営をお任せし、バーの時はケンタさんという感じですか？

当初の予定では彼は24時上がりで、そこから自分〔ケンタさん〕は一人でやるっていう感じだったんだけどね。

――分業みたいな。

だけど24時の段階で混んでいたら帰れないよね。

――そうですよね。営業時間はずっと夕方くらいから、深夜を超えたら通常のゲイバーの時間帯みたいな感じなんですか？

うん。

――それが一応2000年に閉店して、その後すぐHEARTY@CAFEのオープンですか？

そう。

――それはどういう意図でオープンしたんですか？

BREAKが終わる時に、本当は東京の『バディ』に入りたいと思って東京へ行こうかなと思っていたんだけど、ゲイバーをもうちょっとやりたいなとも思っていたの。それでゲイバーを2、3年やって後悔なくなった段階で東京に行ったほうがいいかなって思って店を出したって感じ。

――HEARTY@CAFEのコンセプトはその当時はどのように考えてお店を出したんですか？

それは名前から察してほしいところだけど、お客さんと中の人がハートのあるお付き合いができるようにという意味でのHEARTY@CAFE。あとは、若い世代が楽しめるお店って感じかな。

――そうですか。それでBREAKとQwe'reが同じ年の立ち上げですよね。そこには何か意図はあったんですか？

たまたま偶然。

――たまたまなんですね。何かあんまりその背景を知らないと、意図的にそこを合わせたのかなという感じがしますけれども、必ずしもそういうわけでもないと。

タイミングがちょうど合致したというだけの話じゃないかな。

――逆にタイミングがたまたま合致したことによって良かった点というか、何か相乗効果みたいのってあったりしたんですか？

ゲイナイトにとっては発信基地になるよね。情報の発信基地が作れたみたいな感じにもなるし、お店にとってもゲイナイトで宣伝ができるから相乗効果だよね。

ハッテン場の経営

――この時期、ケンタさんはQwe'reとBREAKとHEARTY@CAFEの経営・運営をずっとされてきたという感じですか？

あとハッテン場やってたかな。

――そうなんですか。それは何ていう名前のハッテン場ですか？

その時なんだったかな。忘れちゃったな。「SUBMISSION（サブミッション）」かな。

――聞いたことあります。それが始まったのはいつなんですか？

覚えてないな。２００1年か２００2年だった気がするな。[23]

――それを始めたきっかけは何ですか。

当時のハッテン場がコンドームの無料配布をしてなかったから。コンドームを無料配布するハッテン場を作りたいなと思っただけ。

――SUBMISSIONはいつ頃までやってたんですか。

２、３年やって閉めた気がするな。儲からなさすぎて。

――そうなんですか。勝手な印象では、儲かるのかなという感じがしましたけれど。

今考えると設備に金をかけなさすぎて客があまり来なかったっていうのがあるよね。だから客を呼びたいんだったら、設備にある程度金を投資しないとダメなんだなというのが反省点だったけどね。

――この当時、札幌でハッテン場って数店ですかね。これを2、3年で閉めてしまって、その後からハッテン場の経営は全くしていないって感じですか？

その後また1、2年経ってから「SPIKE（スパイク）」っていうハッテン場を出したんだよな。

――２００4、05年ぐらいですかね。それを出したきっかけは何なんですか？

ちゃんと商売がうまくいくよう反省点を踏まえて儲かるお店を作ろうと思ったからかな。同時に、コンドームの無料配布がなかったから。

――ああそうか。SUBMISSIONがなくなってしまったから。

SPIKEは儲かったんだよ。

――それは設備をちゃんとしたってことですか？

うん。

Qwe're の立ち上げと札幌ミーティングの限界

――BREAK の開店と同じ97年にゲイナイトを主催する団体として、札幌ミーティングとは独立して「Qwe're」を立ち上げたということですが、きっかけはなんだったのでしょうか。

私は札幌ミーティングに限界を感じ始めてきていたの。

――それはいつごろですか？

それこそ高校2、3年ぐらいになってきて、リブ活動だという認識が芽生えてきてから。

――結構早い時期なのですね。

そう。そこで徐々に自分の考えも変わってきていて、「自分たちがオープンになって露出をしていかないと、カミングアウトがしやすい状況ができていかないのだ」ということを理解はしてきたわけ。それに伴って、札幌ミーティングはいろんな真面目な活動ばかりをしてきたけど、かたやカミングアウトをしていない友達も僕にはいたわけじゃない？　真面目な活動ばかりをやっていて、その人たちが変わっていくかといったら変わっていかなかったわけ。ますます態度が硬化していったの。なんとなく「真面目なことばかりしていても、人って変わらないんじゃないかな」と思ったの。楽しいことを享受させながが

23　全国のゲイバーやハッテン場をまとめた『男街マップ２０００年版』（２０００年4月20日発行）にはすでにSUBMISSION の情報が掲載されている。

ら、人を変えていくという方法のほうが早いんじゃないかと思ったんだよね。札幌ミーティングのやり方を私は否定していなかったし、それはそれで素晴らしかったけども、そことは違う活動をやりたかったんだよね。だからQwe'reを立ち上げたというのが理由の一つ。

――新しい活動というか、札幌ミーティングとは違う活動がケンタさんにとってはゲイナイトだったということなのですね。

うん。とにかくKMDナイトで、みんな本当に楽しそうにしていたから。

――ケンタさんの中では「ゲイナイト自体は札幌ミーティングの中ではできない」という割り切りがあったということですか?

限界があると思った。ただ、資金稼ぎという面ではやらなきゃいけないし、そこは協力していかなきゃいけないと思ったけど、一つの遊びとして考えたときには限界があるなと思ったよ。〔今はケンタさんが単独オーガナイザーとしてQwe'reのゲイナイトは開催されてきているが、〕当時はオーガナイザーも持ち回り制だったしね。〔だから必ずしも自分のやりたいようにはできたわけではない。〕

――KMDは年に1回か2回なのかもしれないですけれども、Qwe'reとKMD自体は特に対立はしなかったのですか?

「それをやりたい」ということをちゃんと言ったからね。Qwe'reをつくったときは、私と当時ミーティングに入っていたカンちゃんという人と、ミーティングには入っていなかったけどミーティングに近かったヤスコちゃんという人の3人でやり始めたんだけど、その3人の統一の意見として、もっと遊び場を増やしたいよね、遊びたいね、と。だったら自分たちでやるしかないかもね、というのがQwe're

を作ったもう一つのきっかけだった。だけどKMDナイトに支障がないようにはするとか、KMDナイトがあるときには開催しないとか、そういう配慮はしていたよ。と同時に、パレードも1996年にスタートしていたから[24]、あるところから私の中では活動が札幌ミーティング・パレード・Qwe're の3つになっていくんだよね。

ゲイナイトの戦略と役割

——これまでケンタさんが開催してきたゲイナイトを見ていると、いろんなテーマがあったことが分かるんですが、その中でも「MUSIC ALIVE」というのがすごい回数をやってたなという印象がありました。これはどういったイベントだったのでしょうか？

すごいやっていたのかな。一時期やっていたのかな。

——一番盛り上がっていたのかなみたいな感じを受けていて、〈情報として〉すごい見ることがあるなと思ったんですけども、一応それのテーマとかっていうのはケンタさんが全部考えていた？

うん。

——MUSIC ALIVE はどういう…

24　札幌におけるLGBTQのパレードは「レズ・ビ・ゲイプライドマーチ札幌」という名称で1996年に始まった。ケンタさんは札幌の第1回（1996年）から第10回（2006年）、レインボーマーチ札幌ファイナル（2013年）に実行委員として携わる。第7回（2003年）では実行委員長を務めている。

その当時はゲイナイトにHOLEとMUSIC ALIVEというタイトルを使っていたんだけど、ゲストを呼ぶパーティーの時にHOLEという名前にしていたの。MUSIC ALIVEというのは地元の子しか使わない時に使っていたんだと思う。だから回数が多く感じているのかもね。

――そう言われると納得する感じがします。一時期からMUSIC ALIVEって言葉はたぶん使わなくなっていますよね。それはどうしてですか？

分けるのが面倒くさくなったんだろうね。意味を感じなくなったんだと。

――そこから基本的にHOLEになったということなんですね。ちなみにHOLEという名前もKMDと似たような由来ですか？

ケツの穴という意味。KMDはケツマンコだから、その入口に入るという意味でHOLEってしたんだと思う。

――ケンタさんがゲイナイトにお客を入れる戦略とか、時代によってテーマを変えてきたというようなことがあったら教えてもらえますか？

そんな強いこだわりは自分はない。その時のコミュニティの雰囲気とか傾向とか、そういうのを見つつちょっとずつ変えていくとかかな。たとえばオネハ[25]とかドラァグクイーンばかりをフィーチャーし続けた時に絶対それの反動ってあるので、いきなりメンオンリー[26]をやったりとか。

――一年の中で強弱をつけるというか、テーマの差を結構つけていくということですか。

そうそう。だからパレードの時とかも前夜祭としてゲイナイトはやるけども、前夜祭って基本ミックス〔来場者の性別を限定しないゲイナイト〕じゃない。でもミックスが嫌なゲイの層というのがいるわけよ。

どういう層か分かる?

——エロ系が好きな層ってことですよね。

そう。そういう人たちは前夜祭に来ないし楽しめないってことじゃない。だったら、前夜祭の裏で脱ぎ系のメンオンリーをやっちゃったりとかすると、その層はそっち行けるよね。それをすることによって相乗効果が生まれるじゃんね。そういうノリというか、なんとなく風を読みながらやっていた感じかな。

——ケンタさんの個人的な観測でいいんですけど、97年からQwe're をやっていた中で、ゲイナイトの役割って変わってきていますか? 客層が変わってきているとか、あるいは何を求めにやってくる人が多くなっていったのか、みたいなことは。

役割はコミュニティの活性化じゃないかと思う。コミュニティにも層があって、たとえばパレードとかの層が上の層、上澄みだとしたら(笑)、そこだけ今盛り上がっていても地殻・地盤のほうが盛り上がっていなかったら、それってトータルで盛り上がっているってことにならないじゃんね。だから、ゲイナイトに来る層というのは、そこの地盤の層だと思っていて、それが大切にしなきゃいけないコミュ

25　**オネハ**　「オネエ・ハウス」の略語で、ゲイナイトなどでかかる定番のダンスミュージックを指す言葉。オネハの特徴としては、自然と手が上がってしまうノリであること、シンプルなサビで一緒に歌いたくなること、リミックスであること、「女の業」を歌ったものであること、と説明されることもある(『ファビュラス』3号(2000年))。

26　**メンオンリー**　男性だけが入場可能な、主にエロチックなテーマを掲げるゲイナイト。

ニティという部分だと、自分は思っていて、そこを盛り上げさせないと上のほうも振動して盛り上がっていかないということ。イメージとしてはね。

――そのための、ケンタさんなりの戦略というのはあったりしましたか？　エロ系とかにつながるのかなと思ったんですけれども。

幅広い層が楽しめるイベントで、その中にどういう真面目なものを入れていくかという仕掛けを考えるということかな。

――別の人からは、昔のナイトはもうみんなもうハチャメチャに踊っていたけれど、時代が下ると話す人が多くなってきたと聞いた記憶があるのですけれども、そのあたりってどう思います？

時代の変化的に言ったら〔逆で〕話す人が多かった。そこから踊るようになってきた。踊る人も増えたけど、まあまあ母数が増えたから話す人も増えてきたってことだと思うけどね。だからとにかく本当にゲイナイトの初めの頃っていうのは、踊る人が少なかったってこと。どう踊ってどう楽しんでいいかが分からないからだと思うけどね。

ドラァグの政治性

――先ほど、「幅広い層が楽しめるイベントで、その中にどういう真面目なものを入れていくかという仕掛けを考える」というお話がありましたが、運動の目的や戦略としてはどのようなことを考えていましたか？

私の中でずっと根本的にあったのは、ゲイナイトに関しては商売の部分とリブ的な部分を融合させたい、それを具現化したいという思いがあったの。ゲイバーもそう考えていた。

――「具現化」するときのリブ的なものとは、具体的にはどういうものになるのですか？

たとえば札幌ミーティングでやっていたようなこと。〔イベントで〕ブースを出すとか。札幌ミーティングのメンバーが「おい、ゲイたちよ、カミングアウトしようぜ」と言うよりは、ドラァグクイーンやGOGO BOY[27]に言わせたほうが見た目的にもやっぱりいいし、イケメンが言っていると「そういうふうにしたほうが楽しめるのでは」と思うのではないのかとか。でも、本人が思っていないのにそれを言わせるのはちょっと違うので、ドラァグクイーンやGOGO BOYに「ゲイ・レズビアンがカミングアウトをしやすい状況をどうつくっていくかということを考えろ」ということは、当時すごく言っていたよ。だからイメージとしては、ドラァグクイーンたちが手綱を引いてゲイの人たちを引っ張っていくイメージで、「本当に考えてクイーンをやりなさいよ」と。「まぎれるんじゃないんだよ。半歩先に行って、引っ張っていくのよ」って。「そのときに自分たちの発言ひとつにも、何に重きを置くかを考えて発言をしなさい」とか、よく言っていた。

――その当時は、札幌のドラァグクイーンたちはドラァグであることの意識が強かったのですか？　今もそうかもしれないですけれども。

うん。今より強かったと思うよ。

27　GOGO BOY（ゴーゴーボーイ）　ゲイ男性向けのナイトクラブのステージなどにおいてパフォーマンスを行う男性。露出の多い衣装と「男性的」な肉体によって会場を盛り上げる。

――ずっと強かったですか？

ドラァグクイーンというプライドが、すごくあったと思う。

――リブの一つとして、ちゃんとドラァグをやろうという意識が強かったということですか？

札幌のクイーンはそうだね。その感覚はたぶん、日本全国にはなかったと思う。クラブはクラブ、リブはリブと分かれていたから。それが融合されているのが札幌だから「札幌のパレードは楽しい」というふうになってきたわけ。そこに垣根がないというところが。商売をやっている人とリブをやっている人は、全国的に距離があったの。たとえば今『札幌ゲイバーマップ』[28]ってあるけど、あれを最初につくったのはQwe're なのね。それはゲイバーとクラブイベントを融合させたかったからなの。

――融合させていこうというのは、最初から札幌ミーティングにあったわけではないですよね。

札幌ミーティング自体に？

――はい。

札幌ミーティングに融合なんていうあれはなかったよ。

――そこはやっぱりケンタさんが「これ〔ゲイバー、リブ、クラブイベントの融合〕はないから、ちゃんとやっていかないといけないな」ということで率いていった感じですか？

そうしないと、変わる速度が全然違うと思うのね。真面目なことだけをやっている速度と、融合させて何かをやっていく速度だったら、融合させていくほうがいいなと。それに共感する人の数が増えていくからね。

――当時ドラァグクイーンをやっていたのも、みんな札幌ミーティングのメンバーだったということですか？

KMD のときは、全員が全員ではないだろうと。半々ぐらい。

――僕はその当時のドラァグクイーンの状況をあまり知らないのですけれども、リブの中でドラァグをやっていこうというのも札幌特有だったのですか？

そうだね。だってドラァグクイーンという存在自体がリベレーションだと思っていたから。

――東京はどちらかというと、ドラァグは本当にクラブの文化であって、別にリブとは全く関係のないただのお楽しみでやっている感じだった、ということですか？

多くはね。中には、たとえばマーガレットのようにそういうものを分かっている人もいたし、ブルちゃん〔ブルボンヌ〕[29]みたいな人もいたけど、そうじゃない人は大多数だったよ。

――札幌のドラァグクイーンたちの間では、ちゃんとリブと融合させていこうという意識を強く持ってずっとやってきた、という感じですか？

あった。だからパレードでフロート[30]に乗せるとき、マイクパフォーマンスをさせるときも、くだらな

28　**札幌ゲイバーマップ**　札幌のゲイバーやハッテン場などの情報についてまとめたフリーペーパーのこと。最新号は第8号である。2022年のプライドパレード「さっぽろレインボープライド2022」においては、レズビアンバーやトランスジェンダーのバーなども含めた「LGBTQフレンドリー飲食店マップ」として、さっぽろレインボープライド2022の公式マガジンに掲載された。

29　**ブルボンヌ**　第3章215ページ脚注10を参照。

30　**フロート**　装飾が施され、パフォーマーが搭乗する車両のこと。パレードを行進するこのフロートからはメッ

いことを言っていたら私は怒鳴っていたし。「何しゃべってんだよ。盛り上げろよ」って。

──札幌のパレードにおいてのドラァグクイーン批判みたいなのってありましたか？

ちょろちょろあったよ。

──それに対してのケンタさん的な対処というか対応、スタンスみたいなものはどういうものでしたか？

そんなもの着たい服着て着たい格好して参加すればいいじゃないというだけの話。それだけ。

ツールとしてのパレード

──これまでの話だと、ゲイバーからの運動への視線は肯定的ではなかったというお話ですが、どこかの段階でゲイバーがフレンドリーになってきた、寛容になってきたところはありますか？

それはね、きっかけはパレードだと思う。ミーティングの活動で寛容になってきたのではなくて、パレードを通じて寛容になってきたということだと思う。ゲイバーとの関わりはね。

──1996年の第1回のパレードのときは、ゲイバーとの関係はどんな感じでしたか？

ゲイバーとの雪解けを考えていくと、札幌ミーティングがあって、Qwe're のゲイナイトがあって、そこから同時進行でパレードと Qwe're のゲイナイトが出てきたわけ。あるところから KMD ナイトは開催されなくなってきちゃうから。KMD ナイトがなくなって、Qwe're のゲイナイトが出てきた。Qwe're は3年間、ゲイバーに配慮をして土曜日開催に踏み切りませんでした。お歳暮とお中元は贈り続けました。ミーティングは贈っていなかったから。それで、なんとなく「〔札幌ミーティングではなくてゲイバーをやっている〕あんたたちがやっているのだったら」という雰囲気になってきました。パレードもスタートしました。徐々に雪解けしていったという感じかな。1回目のパレードを1996年に開催したときは、ゲイバーにポスターを持っていったら「目の前でポスターを捨てられた」って言っていたメンバーがいたよ。「こんなものをやったって、どうしようもないじゃない」みたいな。それこそ相変わらずの「ゲイは日陰にいてね」という。

――パレードの話をもう少し聞きたいのですが、1996年に札幌ミーティングがパレードを始めていると思いますが、その後は主催形態が少し変わってきていますよね？

パレードも、確か3回目まではミーティングの主催だったのかな？「主催：札幌ミーティング」となっていたのは、確か3回目までじゃない？「セクシャルマイノリティ・プライドマーチ」が3回目だったよね。確か4回目か5回目で完全分離したんだよな。私たちとか当時の若いメンバーが札幌ミーティングを抜けたの。そして別途実行委員会として、パレードだけをやる団体として主催してきたんだと思う。

――先ほどもお話のあった、ミーティングに限界を感じたということなのですね。

ミーティングを通じてリブ活動をやるのではなくて、パレードというツールを活用しながらリブ活動をしたい、と私たち〔今現在の〕40代世代が思い始めたということなんだね。

セージが読み上げられたり、音楽が流されたりすることによって会場が盛り上げられる。札幌では2トン・4トントラックがフロートとして使用されてきた。東京では車両ではなく「梯団」（断続的な人のまとまり）を指すため、用法にはバリエーションがある。

――それは先ほど言われた、もっと楽しい活動からいろいろやっていこうよという方向性があったということですか？

そう。真面目なことばかりやっていたって変わらない、という。

――1回目のパレードはすごく「ザ・抗議活動」みたいな感じでしたよね。[31]

完璧にデモ行進だよね。あんなのにゲイバーのオカマが来るかといったら、来るわけがないのよね。私もちょうど21歳のときにさっきのBREAKをスタートしているから、どちらかというと軸足が半分ゲイバー業界になっちゃっているんだよね。だから現場の状況がすごく分かったわけ。このままじゃダメだ、という。

ゲイバーとの雪解け

――パレードをやるときに、ゲイバーとの関係に関してはどのようなことを考え、どんなことを戦略的にやってきたのでしょうか？

まずゲイバーに対しては誠意を見せなきゃいけないじゃない。実行委員会側もゲイバーのことを考えていろいろ動いていますっていう。だから、たとえば〔近畿日本ツーリストとタイアップして本州から札幌のパレードへの〕ツアーを組んでゲイバーのクーポンをつけることをやろうとしたりとか（**図表5-5**）、いろんなことを試したよ。結局失敗しちゃったけど、それは。1か月前に予約を入れないといけないけど、オカマが1か月前に予約なんかしないってことだよね。[32]で、あとはゲイナイトとかを通じて、まず自分たちの影響力を強くしないとコミュニティに波及されていかないから、そのゲイナイトをやりつつ、っていう感じかな。それで今度は、東京の人たちがいっぱい来るようになると、それに感化されるのよ、ゲイバーのママ、当時の若手のママたちっていうのが。そうなってくると、パレードとのつながり・距離が短くなっていき、じゃあゲイバーでフロートを出そうかという話になったときに、実行委員会が全面的にバックアップしますとか、仕掛けを作っていた。

——その中でパレード〔を運営する人たち〕も、運動に対する考え方が変わってきた？

〔考え方というよりは〕やり方。でも根本は札幌ミーティングが今までやってきたことを踏襲しているんだよ。ただ、

図表5-5　ツアー広告

出所：『第5回レインボーマーチin札幌公式ガイドブック』(2001年)。近畿日本ツーリストとレインボーマーチ札幌のタイアップによって企画された。

31　初期の札幌のパレードでは街宣車などから強い口調で主張が発せられていた。当時の映像を確認すると、「もう私たちを踏みつけないでください。私たちのことを無視しないでください。私たちのことを特別視しないでください」（1996年〔第1回〕）、「道庁で日曜出勤している方々、私たちはゲイ、バイセクシャル、レズビアンです。北海道はもっと同性愛者の人権について勉強して知識をつけなさい。窓から顔を出しなさい」（1997年〔第2回〕）というような発言が確認される。

32　ゲイは時間にルーズであったり、事前に予定を決めて遊ぶというよりは気分によって決めるというようなイメージが当事者内であったりすることを意味している。

見せ方・やり方を変えたいということなの。

——ゲイバーで最初にフロートを出そうとなった時の流れって知っていますか？

NARUSEとかがゲイバーに行ったりとかして、フロートを作る・出るんだよねとかって言って、じゃないかな。

——「バディフロート」[33]とかのお話をしてって感じですかね。

当時勢いのある人たちが来札することによって受ける刺激ってあるじゃない。地元の人がいくら説得してもダメだけど、外から来た人がそういう風を運んでくることだってあると思っていて。

——NARUSEさんの影響力、知名度は、当時のゲイバー界隈でも高かったということですか？

有名ＤＪ、スターＤＪだったからね、ゲイ業界で。[34]

——ゲイバーのママさんたちの中でも少なからず、すごいな、みたいな。

デブ専ナイト[35]とかでもＤＪやってたわけだから。

——NARUSEさんの影響力が一定程度あったんですね。そこからゲイバーのママさんたちもちょっと変わっていったので、ゲイバーフロートも出そうみたいな話につながっていったと。

ゲイバーのママが肯定的になってくれればそれが今度お客さんに波及していくわけだし、それを聞いたお客さんは否定しつつもその話を聞くだろうし、フロートが出れば、それを見に来てよと言われたら、見に行く人もいるだろうし。

——今までのお話を聞いていると、ゲイバーのママさん側からアプローチしてお客さんに波及させる方法と、〔ゲイナイトなども経由させつつ〕ゲイバーのお客さんにアプローチしてそれをママさんへと波及させる方法の双方向性があったのかなという印象を受けましたが。

そう。両方向から機運を高めていくってことを地道にやっていたってことだよね。あとはパレードの前夜祭となるゲイナイトで、パレードの実行委員会が作ったゲイバーのクーポンを配ったりとか。Qwe're が協力してそれを配るってこと〔Qwe're が築いてきた関係性があるから、実行がしやすいし理解が得られやすい〕。

33　**バディフロート**　２０００年の東京のパレードにおいて初登場したフロート。ゲイ雑誌『バディ』の出資によって企画された。札幌では２００１年から２００６年まで参加していた。

34　**M☆NARUSE**　東京のゲイナイトなどで活躍をしてきたＤＪ。「ゲイＤＪの代名詞」、１９９９年は「NARUSEイヤーだったとも言える」（伏見2002: 99）と評されることもある。１９９９年の札幌のパレードにおいて「ＤＪフロート」（ＤＪブースを載せ、そこからクラブのように音楽がかけられるフロート）の出展を企画した。このフロートが日本のパレードにおける初のフロートと呼ばれることがある。このフロートの「成功」によって、「バディフロート」が翌年の東京のパレードに登場し、２００１年には札幌のゲイバーのアドトラック、２００２年には「ゲイバーフロート」が札幌のパレードに登場した。１９９９年のパレードに関しては、パレード後にNARUSE氏が札幌のとあるゲイバーに行った際のエピソードが『バディ』に掲載されている。「そこのマスターは今までパレードなんてリブっぽいから興味なかったそうなのだが、たまたまナルセくんの友達ということで見に行ったらものすごく感動して、『あんなお祭り騒ぎだとは思わなかった。あれだったらアタシもやりたい。来年は自分でトラック出すから。お客にも声かけてあと１００人は増やすわ。あんた回してちょうだいよ』と言っていたそうだ」（『バディ』１９９９年12月号、28ページ）。こうしたエピソードからもNARUSE氏の影響力を窺い知ることができる。

35　**デブ専ナイト**　「デブ」の男性と「デブ」が好きな男性をターゲットに開催されるゲイナイト。ゲイナイトの中では比較的ポピュラーなテーマ。

でも、クーポンを使う人はほとんどいなかった。

——それは単純に配れなかったから使わなかったたってこと？

違う違う。オカマはクーポンを使うなんて貧乏くさいことをしたくないってことよ。

——（笑）じゃあそれ以降、そういうクーポンを使って巻き込んでいくという企画はもう一切やってないんですか？

うん。でも、その時に気がついたのが、観光客が増えれば増えるほどゲイバーに行く母数も増えていくんだということ。だから、何もしなくても、もうそこで経済が回るようになっていたのよ。今までそこまで回っているというふうに思っていなかったから、こっち側はいろいろやろうとしていたけど、実は回っていた。

——パレードに合わせて、道外からお客さんが十分来ていたと。

要は最初の頃は活動家しか来なくて、活動家ってのはあんまり飲みに出ない人が多くて、出ても特定の店だけ。でも、気がついた時には活動家以外の層も来るようになっていたってことだよね。

——いわゆる活動家じゃない人を札幌に呼び込むための戦略としてやっていたことはありますか？

だから、それがゲイナイトよ。ゲイナイトでゲストを呼ぶと、そのゲストの友達が遊びに来るとかさ。パレードの前夜祭に出るから一緒に行こうよと言ったりとか。NARUSEが出るらしいよ、バビエ（バビ江ノビッチ[36]）とかあのへんがこの日は札幌に集結しているらしいよってやったら、要はクラブで遊ぶような層が来るよね。日本の中で一番楽しいのは、その日は札幌なんだから。

——それはケンタさんも意識して戦略的にやっていたということですか？

そうそう。だからそこが商売とボランティアの融合よ。それが仕掛け。

――そのへんからコミュニティ全体の雰囲気のようなものが変わってきたという印象はありますか？

変わってきた。だからゲストを呼ぶときも、当時のアッパーキャンプ[37]のような今をときめくようなドラァグクイーンやパフォーマーを呼んでみたりする。そうするとその人たちが今度はゲイバーに行くようになったわけ。来たついでに「ゲイナイトだけじゃなくてゲイバーも行きたいね」「延泊して楽しもう」という遊び方を道外の人がするようになってきた。そうするとゲイバーにもお金が落ちる。儲かる時期になった。そこから態度が変わってきたの。

――結局、お金ってことですか。

そうだと思うよ。ゲイバーだってビジネスだもんね。よく考えたらそうだった。ゲイ、LGBTがクローズドであればあるほどゲイバーは儲かるの。ナイトビジネスだからね。夜だけ自分たちのセクシュアリティを解放できればいいんだもん。ゲイバーとしても。デイライフで楽しまれたら、ゲイバーの必要性なんてないじゃない。それはそうだなと思った。

コミュニティに寄り添う

36　**バビ江ノビッチ**　東京で活動するドラァグクイーン。バビ江氏がメインキャストであるゲイナイト「PINK HOUSE X」は札幌でも2002年3月23日に初開催され、以降も確認できる限り2012年まで定期的に開催されてきた。

37　**アッパーキャンプ**　第3章273ページ脚注58を参照。

——東京の運動とかも見ていると、全国的に運動の流れ・変化として、僕がこういうふうに考えていたというのがあるのですけれども、90年代はわりと「ザ・リブ」のような感じでやっていて、90年代末ぐらいから「もうちょっと楽しいやり方でいろいろやっていこう」という流れがあって、それが２０００年代に続いていくのかなという感じがしていました。〔その一方で〕札幌ミーティング自体は活動を停滞させていくというイメージがあるのですけど。

若者が抜けてからね。

——ケンタさん的には、その理由は、〔札幌ミーティングの〕やり方に誰も付いてこなくなったということだと思われていますか？

うん。[38] だってたとえば区民センターを借りて「なんとかセミナー」「なんとかフォーラム」、大学を使って「なんとか研究会」をやったって誰が来るのよ。それこそ今で言う「意識高い系」は行くかもしれないよ。

——でも「雪まつりフォーラム」[39] をやっていましたよね。あれはどんな感じだったのですか？ 人は結構来ていたのですか？

来ていたけど、ゲイバー系の人は一切来ていなかったわよ。

——今もそうかもしれないですけれども、似たような顔がいつもいるような感じということですか？

そう。だから前もパレードと大学がコラボしていろいろやっているじゃん。[40] そういう意識が高い系の人たちは行くかもしれないけど、ここ数年パレードでずっと思っているのが、ゲイバーで遊んでいるような子たちをどうにか変革しようという視点が全くないな、と思っている。大学になんて絶対に行くわけないもん。そこの作戦が何もないんだなと思っているけどね。だからコミュニティが盛り上がらないんだなと思っている。仕掛けをつくらないから。

——ケンタさんの中に、コミュニティに寄り添って活動するというような、一つの軸があったということをQwe're の20周年のＬＩＮＥの中に書いていた記憶があるのですけれども、それが今のようなことなのですか？

うん。

——いわゆる真面目系だけではなくて、そういうことに興味がない人をいかに引き寄せていくかという。

うん。何かを変えたい、動かしたいと思っている人たちに、求心力がなかったら絶対に変わらないか

38　札幌ミーティングから若者が抜けていった背景には、インターネットといった新たなテクノロジーの普及によって、こうした団体を経由せずとも当事者と出会うことのできる機会が増えたという事実もあるように思われる。

39　**雪まつりフォーラム**　札幌で毎年2月に開催される雪まつりに合わせ、１９９１年から２００２年までの間に札幌ミーティングによって開催されてきた講演会や演劇の招致のこと。たとえば、「ゲイライツｉｎ札幌」（１９９２年2月9日）、「劇団フライングステージ札幌公演『夜のとなり』」（１９９６年2月25日・26日）、「子供と暮らす女性カップル：多様化する家族のすがた」（２００１年3月20日）などが開催されていた。

40　２０１８年の「さっぽろレインボープライド２０１８」に合わせて、北海道大学の応用倫理・応用哲学研究教育センターとの共催で開催された公開シンポジウム『「ＬＧＢＴ」はどうつながってきたのか？』のこと。スピーカーとして鈴木賢氏（明治大学法学部教授、北海道大学名誉教授）、清水晶子氏（東京大学大学院総合文化研究科教授）および石田仁が登壇した。

ら。その求心力をコミュニティの中で付けるにはどうしたらいいか、ということを考えないとね。最近みんなコミュニティのことではなくて、対外・対ノンケのことしか考えていないような気がするの。その視点はもちろん大事なんだよ。昔にはなかったことだし。

——そうですね。90年代からの運動の変化を、ケンタさん的にどういうふうに見ているのかということが気になっていたのです。先ほどと同じ話になるのですが、90年代はわりと対社会ということが強かったのかな、という感じがして。それが90年代末から、理由は分からないですけれどもあまりうまくいかなくなっていって。

ノンケの中のゲイ・ブームも去っていったしね。

——そういう社会的な関心も大きくなくなっていったということですか？

うん。ただ、〔ノンケの間での〕社会的なゲイ・ブームがあったおかげで、波及効果としてコミュニティの中でのゲイ・ブームみたいなものが起こった。

——コミュニティの中のゲイ・ブーム、というのは？

たとえば、僕ら40歳世代より上の世代というのは、隠れて生きていくという選択肢しかなかった。でもちょうど僕らが若かったときにノンケ業界の中で起こったゲイ・ブームがあって、それに乗ったゲイたちが「そうか。自分がゲイだから、ゲイということを主体的に考えて生きていくという選択肢もあるんだ」と言って、ゲイを楽しむようになった。自分のセクシュアリティを。そういう側面が90年代から続いてきた側面もある。ノンケ業界からのゲイ・ブームだったから〔ノンケの間ではそのブームは〕下がっていく。でもゲイコミュニティはノンケが起こしたゲイ・ブームによってボンと爆発をし、上がっていった。反比例だよね。だったら盛り上がっているコミュニティを今盛り上げないと、というのが90年代末から２０００年代だったのだと思う。

——２０００年代からの札幌や全国の運動の動きは、ケンタさんはどういうふうに捉えていますか？

とにかく、どうやったらゲイであることを楽しめるかというところで、日本全国が切磋琢磨していた気がする。

——対社会よりは、対当事者でコミュニティを盛り上げていくという。

そこからはゲイコミュニティの中で、いろんな文化が生まれてきたんじゃないかな。

——たとえば？

ビデオボックス[41]が廃れて、全裸デイ[42]が出てきたり、クラブイベントでもレザーパーティー[43]が出てきたり、趣味趣向を凝らしたものが出てきたり、ゲイバーの種類も多様化してきたよね。アンダーウェア

41　**ビデオボックス**　ビデオテープやＤＶＤを視聴するための個室を時間貸しで提供する業態のこと。異性愛者向けのサービスとして登場し、アダルト作品の視聴のために広まった。１９８０年代末にはゲイ向けのビデオボックスが登場し始めた。１９９０年代には他の客との交流に重きを置いたシステムが登場し、ハッテン場としての機能を備え始めた。以降も様々なタイプのハッテン場が登場する中で、ビデオボックスは衰退していった（『バディ』１９９７年12月号、24〜25ページ）。

42　**全裸デイ**　ハッテン場におけるドレスコード。屋内の有料ハッテン場の中には曜日ごとにテーマやドレスコードを設定するものもある。全裸デイとは全裸がドレスコードとなっていた日のことである。

43　**レザーパーティー**　レザーがドレスコードのクラブイベントのこと。レザーというのはただの革製品のことではなく、ゲイ・カルチャーやＳＭにおける特有のレザー衣装を指す。

バー[44]が出始めたり。

パレードに札幌市長を呼ぶ

——これは今までで最大の成果だな、本当にやって良かったなという印象に残ることって何ですか？

パレードで、市長を呼べたことかな。[45]

——2003年ですね。

そこから行政との関わりがすごく変わってきたから。

——行政への働きかけというのも、2003年からやり方を変えていたということですか？

それまでのパレードは、目的やスローガンを掲げていたわけよ。たとえば住宅のあれをどうのこうのするとか、セクシュアルマイノリティへの差別を解消させるために働きかけますとか。[46]そうは掲げながらも、全然行政とかに働きかけていなかったからね。それを2003年の7回目のときに正したんだよ。「政治的なものとお祭り的なものを融合したパレードにしたい。政治的なことに関しても、ただスローガンを掲げるのだったら意味がないので、具体的にやれること・実行できることをやろう」って。それが、市長を呼ぶということだったんだけど。どこかに風穴を開けないと、行政は動かないからね。

——やり方は工夫しましたか？　というのも、確か2003年に上田市長を呼ぶときも、ドラァグクイーンを引き連れて札幌市役所に行ったという話だったじゃないですか。そういうことを結構考えてやっていたのですか？

メディア対策でね。全部考えていた。

——どんなことがありますか？　ドラァグクイーンを連れていったというのはすごく分かりやすい目立つメディア対策ですよね。他に人を引きつけるために考えてやったことは？

「どうすれば炎上するかな」とか。

——パレードが？

だって「ドラァグクイーンを連れていった」って言ったら、コミュニティの中から絶対に「あんな差別を助長するようなものを連れていって」という議論が巻き起こるじゃない？　巻き起こることによって、パレードへの関心は高まっていくわけじゃない。

——実際にドラァグクイーンを引き連れて市長に依頼に行ったというのは、結構炎上はしましたか？

2ちゃんねるなどには書かれていたね。しめしめっていう感じだった。

——他に炎上したことはありますか？

たくさんあるんじゃない？　もう覚えていないけど。2ちゃんねるは当時すごく炎上していたよ。

——2ちゃんねるが流行っていた時期ですもんね。活動全般に対して、常に2ちゃんねるでいじられていた

44　**アンダーウエアバー**　下着一枚になることがドレスコードのゲイバー。

45　2003年のパレードでは、パレード後の集会に当時の札幌市長であった上田文雄氏が参加してスピーチをした。以降も2015年の退任まで、集会への参加やメッセージの寄稿（回によってはボイスメッセージの寄稿）をしていた。

46　第1回（1996年）の札幌のパレードでは「『第1回レズ・ビ・ゲイプライドマーチ』の主張」として、「教育現場における差別解消」「職場における差別解消」「住宅利用における差別解消」の3つが掲げられていた。

というか炎上している感じだったのですか？

私は「上田市長の隠し子」って書かれていた。「だから呼べた」とね。

――そうなんですか。「炎上させてやろう」という思いがあったんですね。

これは商売から学んだんだけどね。HEARTY@CAFEとかも2ちゃんねるですごく叩かれていた。でも叩かれれば叩かれるほど売上げが上がるの。「なるほど。叩かれると注目を浴びるんだな」と思ったの。良い意味でも悪い意味でも。もちろんそれで離れていくお客さんもいたかもしれないけど、「これを運動にも結びつければいけるんじゃん？」と思ったね。

――毎回のパレードで、何かしら炎上させようということを常に考えていたということですか？

うん。「これが炎上したらいいね」って。

――他の地域、といっても昔は東京ぐらいしかパレードはなかったと思いますけど、そういう傾向は札幌だけだったのですか？ 炎上させて注目を集めようというのは。

それを考えていたのは、札幌だけだったと思うよ。

――もし仮にケンタさんが〔今〕パレードをやるとしても、同じような手法でやりますか？

今はしない。たぶん、今のパレードで炎上したら、結構終わりに近いと思っているから。炎上を挽回できるぐらいのパワーがないと、炎上商法って使わないほうがいいんだよね。

――昔だったら、炎上しても挽回できた？

だって求心力があるから。

――パレードの今のあり方として足りないものは、一番は先ほど言ったコミュニティに対する働きかけ〔一般のゲイに興味関心を持ってもらうための戦略」というところになってきますか？

うん。

――そこがあれば、今のパレードももっと変わってくると。

変わるだろうね。ただ昔の再生産をしろとは思わないの。たとえば歩行者天国を使ってやっていくというのは新しいやり方だし、すごく面白いとは思う。[47] ただ、いろんなアイディアマンがいないと面白くはならないだろうね。

リベレーションからムーブメントへ

――これは別の人から個人的に聞いたお話でこれまでの話とも関わる点なのですが、おそらく90年代末から2000年代に入ったくらいの当時の運動の中のキーワードみたいなもので、「リベレーションからムーブメントへ」みたいな言葉があったというふうに聞いたんですけれども、これはありました？

そこまで強くスローガン的にやったことは記憶にないよ。ただ、結果的にそうなっていたというのはあるかもね。札幌ミーティングからパレードを分離させたのがそういうことなんじゃないの？　だから、札幌ミーティングというのはリベレーションというのがすごい強かったわけじゃない。でも、自分たち世代がやりたいのは、リベレーションはもちろんだし、それが基本にあるんだけど、ムーブメントを作っていかないと物事とか人々が動かないというところに行ったってこと。それを言いたいのかもね。

47　２０１９年、２０２２年のさっぽろレインボープライドは、札幌市中心部の歩行者天国において開催された。

――あえて聞くと、そのリベレーションとムーブメントの説明はどういうものになりますか？

リベレーションって何となく社会と闘うというようなイメージがすごく強いの。だからたとえば今日やろうとしていた抗議活動[48]もリベレーションだと思うわけよ。ムーブメントというのは、コミュニティの中でどういうふうに歴史を動かしていくかというか、物事を動かしていくかということじゃないかなとは思っているけどね。

――大きいスローガンとしてあったわけではないけれども、結果としてそういう動きだっただろうなっていうのがケンタさんの見解ですか？

そうだね。

――今から考えてみたらケンタさんもそういう言葉を使っていなくても、無意識的にそういうことをされていたという感じなんですかね？

リベレーションってなんかちょっとオナニーっぽいなって思ってたの。一部の意識の高い活動家が声高らかに、がなって何かいろいろやっているけど、そこに肝心の当事者コミュニティがついてきているかといったら、ついてきてなくて、置き去りのままで、何かそれってしっくりこないなって。今も感じているけどね。〔最近の運動の流れは〕すごく時代が逆戻りしているような気が今はしてるけど。

――じゃあケンタさん的にはリベレーションからムーブメントへという大きな流れは、日本というか札幌の運動の中にあったという認識でしょうか？

そう言われたらそうかも。

――このムーブメントに関して、また最近は逆戻りしているかもみたいなお話でしたけれども、ざっくりと

２０００年以降って一応言うのであれば、そのムーブメントの中の変化としてここがこういうふうに盛り上がっていたというような感覚はありますか？　ゲイとレズビアンとかとではそれぞれちょっと違うのかもしれないんですが、特にここが盛り上がっていたなど。たとえばパレードが盛り上がったとか…だからそれがゲイナイトもパレードも政治的な主張も盛り上がっていた２００５年を真ん中にした前後6、7年じゃないかな。すべてがすごく融合された時代というか。

―２００５年を真ん中にしたというのはパレードの10回前後ということですね。

マーガレットさんとの関わり

―ここまでのお話を聞いていて感じるのが、並行してインタビューをしているマーガレットさんとの戦略の類似点なんですね。ケンタさんとマーガレットさんは長いお付き合いがあると思うのですが、お二人の出会ったきっかけはどういったものでしたか？

『バディ』だよ。

―一番最初にお会いしたのはいつ頃なんですか？

記憶にないわあ。90年代後半じゃない？　95、96、97年とかあたりじゃないかな。

―僕の印象として、ケンタさんの運動の方向性と、マーガレットさんの運動の方向性が結構似ているのか

48　自民党の会合において、ＬＧＢＴに関する差別的な内容の冊子が配布されたことに対する抗議活動。札幌でも実施予定であったが、安倍元首相の暗殺事件を受けて中止となった。

なと思っていて。マーガレットさんにお話を聞いたりとか、いろんなところで書かれているのを見ての印象なのですが、マーガレットさんも運動の方向性として「楽しい」とか「カッコイイ」というところをやっていかないとダメだと思ったと言っているんです。それがケンタさんにこれまでの聞いたインタビューの中のお話ともすごく似ているなと思っているんですが、それはたまたま似ているのか何かお二人の影響関係みたいなのがあったり…

ない。

——全くないんですか。たまたま運動の方向性がかぶっているという感じですか？

うん。

——ケンタさん的にはマーガレットさんと運動の方向性がかぶっているとか似ているなとか、一緒にやっていけるなみたいな感覚みたいなのがあったりしました？

特別意識する感覚はないけど、言われたら似ていたかもね。

——うまくたまたま合致していたという感じなんですかね。

マーガレットさんも現場をちゃんと見ていたってことじゃないかな。

——そうなのですね。少し札幌のパレードに関してマーガレットさんから聞いたことで確認をしたいことがあったのですがいいでしょうか。マーガレットさんからのお話の中で、「札幌のパレードは第1回の開催からニューハーフの人が歩いていてすごいと思った」とあったのですが、おそらくそのニューハーフのことと思われるお店「LaLaToo」[49]との関係性みたいなのはその当時どういう感じだったんですか？

ないよ、全くない。協賛企業の1つというだけ。

——あ、そうなんですか。それは何もつながりないけれども、協賛をお願いしに行ったら協賛をしてくれたということですか？

うん。

——第1回の札幌のパレードでニューハーフの人が歩いていたという点に関しては？

LaLaToo の人は歩いてないよ。

——歩いていないですよね。僕も当時の映像など見ていても歩いている記憶がなかったので。

歩いていない。協賛するだけ。

——いわゆるニューハーフの集団みたいなので、1回目でも初期のパレードでも、参加して歩いてニューハーフのことをアピールしていたみたいな、そういうことってありますか？

ない。

——じゃあそこはマーガレットさんの見間違いですかね。

だと思うわ。

男性優位社会への気づき

——ちょっと話が変わりますが、これまでのお話の中でケンタさんが「コミュニティ」という言葉を使うと

49　LaLaToo（ららつー）　札幌にあるニューハーフショークラブ。１９９８年ごろまで店名は「ららつぅ伍」。１９９６年から現在まで継続的に札幌のパレードに協賛をしている。

きは、おおよそゲイバーやゲイのコミュニティについてお話ししてくれてきたと思いますが、ケンタさん的にはレズビアンのコミュニティのような、レズビアンに対する何かしらの活動というのは、どういうふうに考えていましたか？　基本的にケンタさんの活動はゲイを対象とするもの中心にやっていたのですか？

私は日本全国のレズビアン業界の様子が分からないので札幌ぐらいでしか考えられないのだけど、90年代、札幌ミーティングの中には女性が追いやられる状況があった[50]。だからたびたびゲイのメンバーと女性がもめている姿を札幌ミーティングでも見ていたの。でも若いなりに話を聞いていると、女性たちもすごくクレーマーっぽいなと思っていることは多々あった。だからちょっとゲイ寄りの考えだったのかもしれない。「女性は甘えている」というか。若いときにレズビアンのメンバーとその話をしたことがあって、私もやっぱり「女は結局ゲイに甘えているじゃない」と言ったの。たとえば何かイベントをやるにしたって、ゲイコミュニティからの協賛が主で、レズビアンはやっぱり稼ぎがないじゃんって。その段階でわがままを言うのは間違っているんじゃない？　という話をしていたの。それで大げんかになったんだけど、私が変われたきっかけって、そのレズビアンのメンバーからの一言だったの。「LGBTコミュニティにも男女差別が存在する。ゲイは、ゲイであるということで差別をされているけども、男という男性優位社会の上に乗っかっているじゃん」と言われたの。「そうかも」ってストンと落ちたんだよね。確かにそうだ、って。ゲイだとカミングアウトすれば差別を受けるけども、カミングアウトをしなかったらそうだよな、と。男性優位社会の上に乗っかって、女性よりも給料が良くて、出世もできて。だからゲイ産業は発達したんだと思うしね。女よりお金を持っているから。「立場は一緒じゃないの？」〔ゲイとレズビアンの置かれている立場は違うんだ〕って思ったのね。Qwe're もね、ゲイナイトと言いながら特別な企画以外はミックスにしていたんだけど、Qwe're は稼げたのよ。日曜日に２００人も入っていたし、会場代も当時は超安かった。余力があったの、体力があったのね。あるとき Qwe're が落ち着いて、Qwe're も最初は３人で始めたんだけど、仕事があったりで３年目に２人抜けちゃったの。それで３年目からは自分１人で主催として始めるのだけど、私はゲイナイトで稼いだから「レズビアンに投資する」って言ったの。「レズビアンナイトをやらないか」ってそのレズビアンのメンバーに振ったの。最悪赤字だったとしても、ゲイナイトをやれば補塡できるからと思ってやり始めたんだよね。でもそれは、そのレズビアンとけんかをしたおかげで、女性との格差の存在が分かったから、男であるゲイが引き上げてあげないとダメなんじゃないかなと思ったんだよね。レズビアンナイト、最初の頃は赤字だったよ。

レズビアンナイトの始まり

――レズビアンナイトはどのぐらいの頻度でやっていたのですか？

赤字が多いから年に２回にしていた。女性のパフォーマーも揃っていなかったしね。

――ゲイナイトとはお客さんのノリがやっぱり違うのですか？

50　当時のメンバーであった河中優郁子は２００３年の段階で過去の札幌ミーティングについて振り返り、「男性会員数を逆転しそうなほど女性会員数の多かった時代もあった当会でも、『ゲイ主導』『女性蔑視』を理由に、多くの女性たちが会をやめ、独自にサークル・イベントを模索していったこともある」（河中2003: 37）と記している。

全然違ったよ。だってゲイナイトは日曜日にやって２００人入るけど、レズビアンナイトをやったって50から60人だったから。

——会場は同じところを使ったのですか？

うん。それで、女性のパフォーマーもいない。それはそうだよな、レズビアンだって女のパフォーマーが見たいよな、ゲイだったらＧＯＧＯ ＢＯＹがいるのに、とか考えたよ。じゃあ女のパフォーマーをつくらなきゃいけないと言って、私が当時仲が良かったノンケの女の子がいてね、その子に「バイセクシュアルだということにして、踊らない？」と声をかけたの。その子がまた友達を連れて来てくれて「ハニーガール」[51]というものが生まれるわけよ。衣装代も出してあげたりいろいろして、ハニーガールが人気を博して、ようやくレズビアンナイトに１００人ぐらい入るようになってきた。だから採算が乗るようになってきたということはあった。

——始まってから乗るようになったのは、いつごろですか？

２００３年か２００４年ぐらい。スタートして2年目か3年目。

——すごく速いペースで変わってきたんですね。

〔Qwe're という〕母体があったからね。さっきのレズビアンのメンバーとはよく衝突したよ。やっぱり彼女は基本は運動系の人なので、彼女が出してくる企画がすごく泥臭かったりすると「これはダメよ」と結構言っていた。「そんなんじゃお客さんは楽しまないよ。別にパーティーにリブを享受しに来たいわけじゃないんだから」、「もっと女の子の露出を増やして」とかさ。

——ゲイとレズビアンの対立のようなものは札幌ミーティングの中で、解消というのは難しいのかもしれないですけれども、最終的に折り合いは付いていったのですか？

根本的な折り合いは付かないで終わった、と僕は思っているの。

——折り合いが付かないで、ケンタさんやそのレズビアンのメンバーなどの若い世代が抜けたということですか？

うん。その若い世代の中でも、たとえばレズビアンナイトとゲイナイト、パレードの中でのレズビアンとゲイの闘いが引き続きあったよ。でもけんかしたことによって、ゲイがレズビアンを引き上げてあげなきゃいけない構図というのは、その当時、別のゲイのメンバーなどとよく話をしていた。「気づいたんだよね」と。だからそこはある程度ゲイも引き上げないといけない。その覚悟はしなきゃいけない。そうでないと、共闘することはできないと思う、と。ただそのレズビアンのメンバーにも言ったけど、「ずっと引き上げられる存在では、私は女性は社会に出ていけないと思っている。レズビアンも出ていけないと思っているから、自助努力は必要だと思うよ」って。だから、どちらかが納得させなきゃいけないし、どちらかが尻を叩かないといけない、という構図ではあったけどね。

——レズビアンやバイセクシュアルの女性は、わりと早い段階から札幌ミーティングにいましたよね。

いたね。

51　**ハニーガール**　札幌における当時のレズビアンナイト「ULTRA honey!!!」における女性パフォーマーのこと。ハニーガールの「ハニー」はイベント名から。「ULTRA honey!!!」というイベント名自体の由来はケンタさん自身も覚えていないとのこと。

――溝のようなものが見え始めたのはいつごろですか？

最初からあったよ。私が入った当時から。

――じゃあケンタさんが札幌ミーティングに入った時点で、いわゆる世代差のようなものは。

今となればあったよね。でも、そういう人もいなければいけなかった時代背景だったとは思っている。そうでないと、ミーティングをけん引することはできなかったと思うし。でも私がレズビアンナイトを始めたときに、当時札幌ミーティングに入っていたレズビアンに文句を言われたことはあるけどね。

――なんと言われたのですか？

Qwe're としてレズビアンナイトをやっていたから、「当事者でもないケンタさんが、レズビアンナイトを主催するというのはどうなの？」と。でもそれは彼女に言ったけど、「私は主催としては Qwe're でやっているけども、オーガナイザーとしては当事者のレズビアンを立てている」と。結局、ゲイで稼げたお金で女性を引き上げる機会をつくってあげなければ、女性はいつまでも今のままな気がするの。でもそれは、ゲイに媚びたくないというか、そういう姿勢でやっているあなたの活動がすべての結果なんじゃないんですか、と言い返したことがあるけどね。「あなたのやり方が正しいとは、僕は思わない。でもそれは、いつか歴史が解決するんじゃない？　答えが出るんじゃない？　僕はそれを間違っているとは思っていないから、今のまま続けるけどね」と。でも僕はその結果としては、今でも正しかったと思ってはいるけどね。だから今のレズビアンナイトに結びついていると思っているし。

――Qwe're も基本的にはミックスナイトだった、ということですよね。でもレズビアンナイトはレズビアンナイト〔として参加者をレズビアンに限定して〕でやっていったということですよね。最初のほうのゲイナイトには「ゲイは踊る文化で、レズビアンはしゃべる文化だ」という対立があったと聞いたのですが、それはQwe're のミックスナイトでもずっと続いたのですか？

でもQwe're のミックスナイトは、基本的にはゲイが主体の中にレズビアンが遊びに来られるというスタンスにしていたから、あまり女性視点は入れていなかったよ。ただ、さっきのレズビアンのメンバーがビアンナイトを始めてからは、やっぱり女性の部分もあるから「Qwe're のゲイナイトでも座れる席を増やしたほうがいいと思う」と言われて、そうかと思って増やしたけど。

――〔Qwe're の普段のミックスナイトとレズビアンナイトは〕棲み分けはしていた、ということなのですか？

その彼女とは建設的な意見のぶつかり合いがちゃんとできていた、ということかもしれない。「それ何？」みたいな不毛なけんかではなくて。たとえば「今回はゲイ主体でやりたいから、ちょっとそれは無理だわ」「ああそうか」みたいな。でもレズビアンナイトのお客も増えてきたから「やっぱり女の子が増えるね」「そう。だから席を増やしたほうがいいよ」「そうだね」という。

運動の世代交代

――レズビアンナイトも含め幅広く活動に携わってきたケンタさんですが、運動の戦略とは違う側面で、ケンタさんの運動への関わり方はこれまでの活動歴の中で変化などあったのでしょうか。

２０００年代の後半に、さっきのドラァグクイーンの話に少し戻るんだけど、「怒鳴り過ぎているから、ものが言えない」って言われたことがあるの。「意見が言えなくなってきた」って。「あ、そうか、それは独裁になっちゃうな」と思って。自分もいろんなことをやってきて、ネタがなくなっていくし、「独裁のままだったらよくないな」と思ったの。私が「右」って言ったら全部右になっちゃうとか。だからあんまり怒鳴らなくなった。そこから変わってきたのかもね。でも、この判断はずっと迷っていたけど、「独裁だったほうがよかったかもしれないな」って思っている。「独裁のやり方を変えればよかっただけなんだな」と思ったけどね。けど私も若かったからそれがうまくやれなかったのよね。なんか「世代交代しなきゃ」っていうのはすごく強くあったんだよね。パレードも2006年に10回目を迎えて、「もう世代交代しなきゃ」と言ってやめちゃったし。やり尽くした感があったんだけど。

——そうなんですか。もうこれ以上新しいことはできないなと思った、ってことですか？

だってミーティングから独立してパレードをやり続けて、フロートを札幌で初めて出して、市長も呼んでいろいろやって、参加者も1000人を超えて、あとは何があるんだろうって思っちゃったんだよね。だったらもうこんなカラッカラになっている人は、中心的になってやるよりも、新しい斬新なアイディアを持っている若い世代にバトンタッチをしたほうが、新しい文化・新しいものが生まれてくるんじゃないかなと思って。そこに自分が居続けたら、たぶん空気が良くないなと思ったの。だから抜けようと思ったんだけどね。

——世代交代。ケンタさんがパレードから引っ込んで、結果としてそのあとの流れはどう評価しますか？

何も作戦がなかったんだな、と思った。もしかしたら無理くりバトンタッチしただけだったな、って。ただ開催し続けるためにやっていた、消化試合みたいなパレードだったのかな。

——以降札幌でのパレードが一時的に休止することになった2013年の「レインボーマーチ札幌ファイナル」では再度実行委員として活動されていましたが、それはどうしてですか？

ファイナルのときはちょっと違って。あれは私たちがまた戻ってやったんだけど、残っている予算を消化しなきゃっていう事情があった。だったらもうやりたいことをやって、打ち上げ花火のようにやりましょうっていうことでやった。

――そういうことだったのですね。世代交代の評価は、ケンタさんの中ではまだはっきりしない感じですか？

失敗という評価ではあるよ。

――失敗ですか。独裁という言い方かどうかは別としても、ケンタさんが引っ張っていたほうがよかったんじゃないかという感じですか？

12、13、14回（２００８～２０１０年）くらいまでパレードの実行委員をやっていたメンバーもこのファイナルに携わっていたんだけど、「ケンタくんとかと一緒にやりたかった」って最後に言われた。「それだったらもっと面白いことがやれた気がします」って言われたときに、「ああそうか」って思ったけどね。

――これまでのケンタさんの活動・運動歴の中で、そこは一つの後悔ですか？

最大の後悔かもね。もしそこを抜けずになんとか頑張っていたら、今よりはもっと違ったことになっていたかなという気がする。それが良い意味で変わっていたのか、悪い意味で変わっていたのかは分からないけど。だけど自分のことだけを考えたら限界だったから。

――自分のことだけを考えたら限界だった？

限界だった。もう自分自身がカラッカラだったし。

――基本的にやりたいことはもう全部やったし、という。

やったし、いろんなものを犠牲にしたから。商売などをひっくるめてね。だって半年間、パレードだけで何もできなくなっちゃうわけじゃん。だからよく他のゲイバーからは「パレードやって儲かるのはあんたのところだけよね」って言われたけど、実行委員をやらずに地道に商売をやっているほうが、トータルでならしたら儲かるからね。その一瞬の数日間だけうちは儲かるかもしれないけど、ならしたら全然儲かっていないわけじゃない。うちも雇っている人が増えてきたから、その人たちの生活を考えていかなきゃいけない。だから経営者としての仕事もちゃんとしていかなきゃいけないから、やっぱりやめるという選択肢以外になかったんだよね。稼げなかった10年間を取り返したい、というのもあったしね。

——そこからまたどこかで、もう1回自分がパレードをやっていきたいという思いは出てきはしなかったのですか？

しなかったね。

——もう交代してしまったので、それはそのままいこうということですか？

ダサいじゃん。

——1回やめたのに「やっぱり戻ります」っていうのは。

今戻ったところで、何かアイディアを提案しました、じゃあケンタさんやってください、ってことになると思っているの。ただ負担が増すだけだな、って。

——他にも、これまでの活動や運動の中で、これをやっておけばよかったな、こうやっておけばよかったという後悔はありますか？　あのときこうしておけばよかったのかな、こういうやり方だったら別の結果になったのかなということを考えることはありますか？

後悔ねえ。基本、ない。ないかも。世代交代はものすごく失敗したし、唯一の後悔と言ったらそれだけだけど。しなきゃよかった、そういう気にならなきゃよかったな、と思っているけどね。ゲイナイトにしても。

――ゲイナイトに関する世代交代というのは？

できなかったというのがあるかな。したかったけど、世代交代をしたときにまとまらないだろうなと思っちゃった。

――結果として、しなくてよかったという評価ですか？

そうだね。

活動のエネルギー

――最後の質問となりますが、ケンタさんは活動歴がすごく長いじゃないですか。でも中には活動から離脱したりフェードアウトしてしまう人もいるわけじゃないですか。ケンタさんがずっと活動を続けてきたエネルギーはなんなのですか？　どこかでへたばったときはあったのですか？

パレードの協賛取りしているときは、よく精神安定剤を飲んでいたよ。つらくて。協賛が取れなくて取れなくて。今と時代が違ったしね。続けられた原動力は2、3個あるんだけど、自分はゲイ産業で商売をしてきたじゃない？　たとえばゲイバーの周年パーティーをやります、3周年を迎えられました、ありがとうございました、って言うけど、〔感謝しながらお客からは〕お金を取るじゃん。3000円飲み放題とか。それって本当の感謝ではないなと思っていて。でも支えてくれた人たちに還元できることってなんだろうといったら、そういうパレードなどを通じて暮らしやすい社会をつくることが、自分なりの一つの還元の仕方だなというのがあったの。ゲイの人たちからお金を頂いて生活をしている。その上でボランティアとして違うことをやっていくという観点を一つ考えていたというのと、生まれてきた意味を知りたいというか、意味が欲しかったのかもね。ゲイとして生まれてきた私に何ができるんだろう、と。子育てもしないし、っていうのがあったから。死ぬときに「後悔はないな」という死に方をしたいみたいな。

——社会に対する強い怒りみたいなものが原動力になっていたりはしないのですか？「何だろう、この社会は」「なんでこんなに差別されて生きていかなきゃいけないんだ」という、強い怒りがエネルギーになってきたことは？

なかった。というか、持たないようにしていたのかも。それを持っていたら、たぶんすごく攻撃的な人になるなと思っていたから。怒りを手法として使うことはあるよ。でも疲れちゃうじゃん、ずっと怒っていたら。自分は続かないなと思っていたから。怒りを持ってやるとすごく先鋭化しちゃうというか、本来味方になる人まで敵に回しちゃうなと思っていて、僕はそれはとりたくなかったな。

——そもそも人生の中であまりそうした強い怒り自体を感じてこなかったというよりは、戦略的に感じてこなかった／使っていなかったという感じですか。

戦略的に使わないようにしていたかな。それがもう板に付いちゃったってことかもしれない。

——お話を聞いていると、社会への怒りというのは、ケンタさんが札幌ミーティングに入った当時の年長世代の特徴のような感じもします。

いい見本だったんだろうね。良い意味でも悪い意味でも。社会に対しての怒りはもちろんあるけど、

「だって自分たちだって動いていなかったじゃん」って思っている。

――動いていなかった、というのは？

権利を認めさせるような動きを、私たちはしていたのかと言ったら、していなかったわけじゃん。ノンケたちは気づいていないかもしれないじゃん。勝手に怒ったって「何を怒っているの？」となっちゃわない？　と思っていて。自分たちのことだけは棚に上げて、人様にだけ怒るって、おかしくない？　そこは意見がよく割れるんだけど、自分たちの責任というものを考えないといけないんじゃないのかなとは思っているの。「そもそもその責任を感じること自体が間違っているんだ」って言われるのね。「本来は本当に差別があるべきじゃない」って言っているけど、だって今、その社会に生きちゃっているんだから。分かるけど、そこを言っていたってどうしようもない。気づいていないんだったら、気づいてもらうことをしていかなきゃいけない。気づかせることをしていかなきゃいけないわけだし、と思っているから。

――ありがとうございます。終わりのほうでは、ケンタさんの視点から見た運動の現状への評価や、運動のためのエネルギーのありかを伺えて、私自身もエンパワーメントをされました。これまでされてきた運動の戦略などは、地域を問わず参考になる内容だと感じました。それではインタビューはこれで終わりにします。長い時間お付き合い頂き、ありがとうございました。（了）

第1回インタビュー：２０２０年２月10日実施。HEARTY@CAFEにて。
第２回インタビュー：２０２２年７月９日実施。HEARTY@CAFEにて。

左から斉藤・ケンタさん。斉藤撮影。2023 年 2 月 24 日
「HEARTY@CAFE」(札幌市中央区)にて。

第6章　リベレーションからムーブメントへ
——札幌の運動と「ゲイコミュニティ」

斉藤 巧弥

はじめに

個人的なケンタさんとの関わり、そして私自身の「コミュニティ」との関わりについてから話を始めることを読者にはお許し頂きたい。

私が初めてケンタさんとお会いしたのがいつであったのか、はっきりとは覚えていない。しかし少なくとも、ケンタさんとの交流の機会が増えていったであろう時期が2016年2月からであることは想像される。その時から私はインタビューにも登場する、ケンタさんのゲイナイトの受付係としてイベントの手伝いをしてきたからである。ちなみにそのきっかけはケンタさんからの直接の誘いではなく、当時受付をしていた人からの紹介であった。またこの時期は私が修士課程の真っ只中であり、札幌の性的マイノリティの運動にも興味関心を持ち始めていた時期でもあった。運動について調査をしたりケンタさんと知り合いになることを意図してはいなかったが、偶然にも私はケンタさんとの交流の機会を増やすようになっていった。あるときケンタさんから「今後のゲイナイトについて考えたいから」と、焼き肉に誘われたことがあった。結局その日は、話し下手の私からたいした内容を引き出せなかったのではないかと思うのだが、こうした行いに、「現場を見る」というケンタさんの運動観が表れているように思われる。

この解説では、札幌における性的マイノリティの運動について、特に「ゲイコミュニティ」[1]との関わりという点からケンタさんのインタビューの内容をまとめつつ、見取り図を示すことを目的とする。加えて、インタビューには含まれていない追加の資料も適宜参照しながら、若干の考察を加えていく。南定四郎さんとマーガレットさんのインタビューも合わせて読んだ読者であれば、この両者との間には異なるかたちで運動の連続性があることを感じ取ったことであろう。

解説のタイトルにもしている通り、ケンタさんの運動は「リベレーションからムーブメントへ」という大きな潮流としてまとめることができる。この大きな変化を念頭に解説を進めるが、その前に、札幌ミーティングについて、日本の性的マイノリティの運動における札幌の立ち位置について、そして札幌における運動でのケンタさんの立ち位置についてまとめておきたい。

1 札幌ミーティングについて

日本の性的マイノリティの運動を辿る時に、どこから話を始めるべきだろうか。ここでは本書に収録されている南さんの運動との関わりから始めるのが最も適切であろう。

南さんは1984年に設立した「IGA日本」の活動として日本各地でセミナーを開催しており、「第1回IGA札幌セミナー」が「ミニコミ喫茶ひらひら」（札幌市北区）で1986年2月16日に開催された（具体的なセミナー内容は不明。『アドン』1986年5月号、90ページ）。その後も同年6月22日に第2回（ゲイ映画鑑賞）、8月10日に第3回（ゲイ映画鑑賞）、10月10日に第4回（エイズについての勉強会）が開催されている（『アドン』1986年5月号、90ページ、86年6月号、90ページ、86年9月号、137ページ、86年11月号、94ページ）。第2回のセミナーにおいて、毎週水曜日の19時から21時まで「ひらひら」で会合を行うこと、その時間帯には電話ホットラインを開設することが決定し、その数か月後には「水曜日のホットラインおよび定例ミーティングもすっかり定着し、『水曜の夜7時、喫茶「ひらひら」に行けば必ず仲間がそこにいる』といえるところまでたどりついた」と語られている（『アドン』1986年11月号、104ページ）。この、札幌ミーティングより前に存在したグループのメンバーは6人であり、少数ながらも活動が行われていたが、代表の東京転勤によって活動は自然消滅してしまった（『アドン』1986年9月号、101ページ、『札幌ミーティングニュースレター』1996年1月号、29ページ）。

1　「ゲイコミュニティ」という言葉には批判的検討がされており（森山2012）、素朴にこの言葉を使用することには留保が必要である。しかしケンタさんのこれまでの活動において「(ゲイ）コミュニティ」という言葉が一つのキーワードになっているため、本章ではその点を強調するためにもこの言葉を使用している。

南さんの設立した「ＩＧＡ日本」は「ＩＬＧＡ日本」へと名称の変更を経ながら、日本各地でのセミナー開催を継続してきた。１９８９年2月26日に札幌サンプラザ（ホテル、コンサートホール、文化教室などを含む複合公共施設）で、エイズをテーマとしてセミナーが開催された。その時の参加者はわずか４人のゲイ男性であったが、ひとまず彼らによって新しいグループが立ち上げられ、休止状態であった札幌での活動が再開された（『アドン』１９８９年5月号、１１２〜１１３ページ、『札幌ミーティングニュースレター』１９９６年1月号、29ページ）。これが「札幌ミーティング」の設立である。設立メンバーの鈴木賢は、「札幌ミーティングは１９８９年に、ＩＬＧＡ日本の札幌支部として、ぼくもふくむ北海道大学の４人の大学院生が集まって始まりました」（永易2002: 18）と語る。「最初の2、３年は内輪のお茶会的な集まりといった程度の活動を繰り返していた」ことが「札幌ミーティング」という名称につながった（鈴木2003: 40）。

１９８９年といえば、元号が昭和から平成へと変わった年だ。昭和天皇の体調不良による自粛ムード、そして崩御。平成への改元は、単に時代の名称が変わっただけではなく、確かに新しい時代の幕開けであると感じられていた。「天皇の死」は、家族的に想像される国民の「祖父の死」であり、昭和を通して想像されてきた国民共同体の終わりでもあった（吉見2009: 115-116）。その「異性愛的な共同体」の終わりが見え始めた時、札幌ミーティングは生まれた。

札幌においては、１９９３年に設立されたＨＩＶ／ＡＩＤＳの活動団体「レッドリボンさっぽろ」を除けば、札幌ミーティングは１９９０年代から２０００年代にかけてほとんど唯一の活動団体であった。だからこそ、ゲイナイト、パレード、当事者交流会、抗議活動、映画祭、電話相談などといった、考えられる活動を手広く担う団体であった。１９９５年には「同性愛者のための家であり学校」である事務所を構えるようにもなった（鈴木2016: 336）。

札幌ミーティングの会員には運営会員、一般会員、協賛会員、ニュースレターの購読会員などの種別があり、中心的な運営を担う会員からニュースレターの購読のみを行う会員までがいた。それぞれの内訳を含む会員数の詳細な推移は不明だが、１９９３年1月での会員数は55人（『アドン』１９９３年4月号、１５６ページ）、１９９４年の段階では約50人、ニュースレターの購読者は約１２０人（『北海道新聞』１９９４年11月21日）、１９９５年の段階では札幌ミーティングの事務所に「40人ぐらいが出入り」し、ニュースレターは２００部発行している（『北海道新聞』１９９５年3月29日）という記録がある。

繰り返すように、当初から札幌ミーティングはＩＬＧＡ日本の支部という位置づけであった。そのため、インタビュー内においては「札幌ミーティング」と呼ばれているが、結成時の正式名称は「ＩＬＧＡ日本・札幌ミーティング」であった。しかしその名称も１９９６年11月24日に「北海道セクシャル・マイノリティ協会ＨＳＡ札幌ミーティング」へと変更された。その理由は以下のように語られている。

> 札幌ミーティングはＩＬＧＡ日本の加盟団体としてスタートしましたが、94年頃からＩＬＧＡ日本に加盟している他団体はほとんどが活動を止め、実際に残っていたのは札幌だけという状態でした。95年からはＩＬＧＡ日本の年次総会も開かれず、会費も徴収しないという事実上の解散状態にありました。また、世界組織としてのＩＬＧＡにも代表を派遣することなく、ほとんど連絡も途絶えるというありさまでした。こうなった以上、札幌だけがＩＬＧＡ日本を名乗り続けるの

は不適切であり、誤解を招くと判断し、名称変更はここ2年来の懸案事項でありました。(『札幌ミーティングニュースレター』1996年10月号、16ページ)

この名称変更が1996年11月であったというタイミングは、第2章で解説されている東京の第3回パレードでの出来事をきっかけとしていることは容易に想像ができる。しかしそれ以前からもILGA日本の機能不全が認識されていたことは留意しておくべきだろう。こうして札幌ミーティングはILGA日本を離れ独立した団体になっていった。

以上の経緯からも分かるように、札幌ミーティングは南さんの運動の延長線上に登場したものであり、だからこそここに南さんと札幌の運動との、そしてケンタさんとのつながりもあると言えるのである。

2 ―― 日本の性的マイノリティの運動における札幌の立ち位置

札幌ミーティングは2000年代後半ごろまで活動をしていたが、札幌ミーティングを含め、その当時の札幌の活動はどのように評価されていたのであろうか。たとえばゲイライターの伏見憲明さんは、2004年に札幌の活動について次のように評価している。

札幌は人口百七十七万人、日本で五番目の大都市である。しかし、ゲイムーブメントという意味では、人口では上回る大阪や名古屋以上にアクティブで、九〇年代後半からはゲイパレードまで開催されている先進都市だ。近年は、ネットワーク内でのゲイリブ団体とゲイバーなどとの連携も上手くいっていて、さながらゲイコミュニティの実験都市として時代の先端を走っている。（伏見2004: 322）

また文化人類学者で活動家でもある砂川秀樹さんは、南さんによる東京でのパレードが一度休止となり、その後２０００年に自身が復活させたことに関して、「２０００年に東京でのパレードが復活したのは、札幌でのパレードの継続があったからと言っても過言ではないだろう」（砂川2003: 141）と語っている。パレードに関することとして、１９９７年にはクィア・スタディーズ編集委員会による「クィア・スタディーズ大賞」の「アクティヴィズム部門」において、札幌ミーティングが表彰されている（クィア・スタディーズ編集委員会編1997: 40）。表彰状には、「貴団体は地方都市において初めてクィア・パレードを企画、実行し、これを成功されました。このことによりクィア・ムーブメントに顕著な功績を残されましたので、ここに表彰します」と記されている。このように札幌での活動は、地方都市での活動ではあったものの、他地域に比べても活発であり先進的と評価されていたのみならず、一定の影響力をもった運動であったことが窺える。

急いで補足をしておくが、ある運動の歴史を取り上げることの意義が、それがもっていた影響力によって担保されるということをここで言いたいわけではない。そうではなく、札幌ミーティング結成以降の１９９０年代という同時代に南さんやマーガレットさんによる活動が展開されている中で札幌の活動が生じていたという点、そしてこれらの間に、あるいは背後にあるつながりや影響関係の存在を想定しつつインタビューを読み解くことで、複数の語りを深く理解できるのではないか、ということを強調しておきたいのだ。本書がまさにこの3人の語りを収録しているということの意義がここにある。

そしてマーガレットさんとケンタさんはインタビューで語られていたように、1990年代後半に『バディ』をきっかけとして知り合っている。ケンタさん自身の運動の考え方は、偶然にもマーガレットさんと合致する点が多かった。運動に対するビジョンを共有することはなかったが、協力関係にあったことは確かであった。マーガレットさんが「スーパーバイザー」という肩書きで1990年代に『バディ』編集部に関わっていた時は、誌面において積極的にパレード特集を組んでいたこと、第1回の札幌のパレードからマーガレットさんは参加をしていたこと、パレードにおいてマーガレットさんや『バディ』が表彰をされたこと（後述）、『バディ』フロートが登場したことなどがその証拠である。

ケンタさんは札幌ミーティングが結成された2年後の1991年からそこに参加するようになった。当初はそこを友達づくりや、部活の延長線上のような場としてしか捉えていなかった。そうしたケンタさんが札幌ミーティングを「リブ団体」と捉え始め、自分のための活動から人のための活動へと足を踏み出したのには、インタビューを見る限りは必ずしも明確なきっかけがあるわけではなく、自然な気づきであったと言える。そこからケンタさんは、札幌ミーティングの活動を少しずつ自身の活動へと接続させ、また換骨奪胎することで、新しい運動を作り上げてきた。ケンタさんはこの札幌ミーティングにおいて、高校1年生である1991年から、団体を抜けることになる2000年前後（24歳前後）まで活動をしていた。ケンタさん自身、札幌ミーティングの活動が手広いのと同じように幅広い活動に携わってきているることから、活動の基盤には札幌ミーティングでの経験があることを窺わせる。他方私は2018年から、この原稿を執筆している現在（2022年12月）まで、札幌における性的マイノリティのパレードである「さっぽろレインボープライド」に実行委員として関わってきた。その中で感じてきたのは、本書のインタビューでも語られていたような思想が継承されていることであり、様々なかたちでケンタさんが現在のパレードにも協力をしてくれていることでもたらされる恩恵であった。ケンタさんのこれまでの運動の経験や思想は、今の札幌の運動の中にも根づいている。

3 「楽しい」運動

ケンタさんは、常に戦略的に運動を展開していた。特に、札幌ミーティングの活動に限界を感じ、独自の路線を進もうとしたことは重要な転換点であった。ケンタさんがその時に運動に取り入れたのが、ゲイバーというコミュニティの現場感覚と、そこことのつながりであった。

ケンタさんは相反する2つの人間関係に深く関わる生活をしていた。一方では札幌ミーティングという活動団体において活動をし、運動のビジョンを共有できる人間関係に身を置いていた。しかし一方では、運動には批判的な友人関係の輪もあり、かつゲイバーの経営を始めたことによって、既存の友人関係以外でも運動に対する批判的姿勢をもっている人々とのつながりに身を置くようになっていた。このような2つの領域に身を置くのは、おそらく当時は（そしておそらく現在でも）珍しいことであったと思われる。こうした状況において、一方を非難したり冷笑したりするのではなく、その双方の現場感覚というものを感じ取り、運動に取り入れるという姿勢をケンタさんは持ち合わせていたからこそ、新しい運動を目指すというアイディアを持つことができたのであろう。

そしてそのアイディアというのが、ゲイバーや、必ずしも運動と接点のない（そして運動に批判的な）一般の多くのゲイ男性を運動に巻き込んでいく「楽しい」運動であった。念のために補足しておくと、この楽しいというのはケンタさんを含む運動の中心メンバーが運動を楽しむということではなく（もちろんそのような側面もあったであろうが）、運動が楽しいものであるという印象作りを行うということであった。

注意しなければいけないのは、ケンタさんはゲイ男性にただ単に楽しさを享受させることを目指していたのではなかったということだ。「ゲイとして生きるというのは楽しいのだ」というメッセージを発信して当事者の自己肯定感を高めることだけを目指していたのではないのだ。それ自体は重要なことではあるが、ケンタさんが目指していたものには、それを経由することで社会を変えるというビジョンが含まれていた。だからこそケンタさんは、札幌ミーティングに限界を感じていたと言いつつも、札幌ミーティングのやり方を捨て去ったのではなく、「見せ方・やり方を変えたいということ」と語るのである。ここにケンタさんの言う、ゲイバー・ゲイナイト・パレードの融合、運動とビジネスの融合、パレードにおける「政治」と「祭り」の融合、あるいはリベレーションからムーブメントへの変換があるのだ。

今回のインタビューにおいては、いかに楽しい活動を行うかという点が少々強調されていた（その点を強調するような聞き方を私がしてしまっていた）側面がややあるが、ケンタさんは「政治的」な活動にも多分に取り組んでいた。たとえばケンタさんが最大の功績として語っていた、２００３年のパレードに当時の札幌市長である上田文雄氏を呼びスピーチをしてもらったことは、まさに行政や市に対する直接的な働きかけであり、「リベレーション」のひとつだった。よって解説のタイトルとした「リベレーションからムーブメントへ」というのは、ケンタさんの言葉でいうところのリベレーションをやめ、ムーブメントに移行していったというより、リベレーションとムーブメントの融合であり、ムーブメントの中にリベレーションを取り込んでいくという転換と言えるだろう。

ちなみに、「リベレーション」、「ゲイ・リベレーション」、「ゲイリブ」、「リブ」といった言葉は現在、あまり耳にすることはないが、１９９０年代においてはゲイやレズビアンの運動を言い表す言葉としてよく使用されていた。たとえば雑誌『インパクション』（インパクト出版会）の１９９１年／71号や『imago』（青土社）の１９９５年11月号での特集「ゲイ・リベレーション」、『札幌ミーティングニュースレター』の１９９８年６月号での特集「世紀末のゲイリブ」、関西の団体「G-FRONT 関西」が発行する機関誌『Poco a poco』の１９９８年春／夏号における特集「リベレーション」などに、この言葉の普及が見て取れる。これらの言葉がいつから日本で使われ始め、いつ頃使われなくなっていったのかということについては詳細な調査があるわけではないが、１９９０年代にはよく使用された言葉であった。

4 ― ゲイ・ビジネスと運動の融合

ケンタさんの運動は、ゲイ・ビジネスとの融合という側面もあった。ゲイ・ビジネスというのが何を指すのかは明確な共通理解があるわけではないが、ここでは、主にゲイ向けの様々なビジネスでありかつ、その実施者がそのビジネスを通して生計を立てているものと考えよう。

まずケンタさん自身がビジネスパーソンであった（もちろん現在においてもそうである）。ゲイバーの経営、ゲイナイトの企画・運営、ハッテン場の経営、そしてインタビューには出てきていないが現在のビジネスとして、女装好きな人向けのバー「7丁目のパウダールーム」の経営、ドラァグクイーンが従業員である飲食店「7丁目のママ」の経営などといったビジネスに手広く携わってきた。ここでは特にゲイバーとパレードとの関わりを考えてみたい。

ゲイバーをパレードに巻き込んでいくという時に、それが意味するのは単にゲイバーや「ゲイコミュニティ」を巻き込んでいくということではなく、「ゲイ・ビジネス」を巻き込んでいくことでもあった。いわばパレードと「経済」の関係性がここに生じてくる。ケンタさんはゲイバーをパレードに巻き込む時の戦略としてコミュニティの機運を高めていくことを重視していたが、パレードによってゲイバーに経済的利益を生み出すことも強調していた。言い換えるのであれば、初期のパレードにおいてもパレードの商業的側面があったということだ。

パレードを含め昨今の性的マイノリティの運動に対しては、その商業主義化について批判がされることがある。たとえば毎年6月の「プライド月間」とされる期間に様々な企業が性的マイノリティへの支援を表明することには、単に「マーケティング」であり企業の「利益」の増大をさせるためだけに実施されているという批判がなされることがある（松岡2022）。この商業主義化に対する批判点は、当事者を疎外しないか、企業側が得る収入が性的マイノリティの当事者にどれだけ還元されるのか、という点にもあると言えるだろう。

こうしたパレードの商業主義化の論点と、ケンタさんの実践してきたビジネスと運動の融合は少々異なるものである。確かにパレードの初期段階からその運営にあたってはいわゆる一般企業からの協賛を募ることを資金集めのひとつとしており、現在のパレードに見られるような一般企業との連携はあったと言える。たとえば１９９６年（第１回）の札幌のパレードのパンフレットには、性的マイノリティにフレンドリーとして世界的にも知られている「アブソルートウオッカ」の全面広告が掲載されている。だがケンタさんが特に実践してきたのは、ゲイ・ビジネスとの融合、ゲイ・ビジネスの活性化、そしてコミュニティの活性化であった。

ゲイバーがパレードに協力的になっていった理由のひとつは「お金」であったと語られているが、これは少々表現を変えるのであれば、パレードなどの運動によってゲイコミュニティ内でお金の循環が生じることが理解されていったということと言えるだろう。ケンタさんはコミュニティ内におけるお金の循環をきっかけにゲイバーと協力体制を作りつつも、最終的にはそれを経由して運動自体に共感してもらう流れを作っていたのだ。

5 —— 東京の運動との類似・相違

以上の戦略は、あくまでもケンタさんによる札幌での活動であったが、東京の活動との類似や相違はあるのだろうか。この点について、まずマーガレットさん／『バディ』と札幌のパレードの関係性について見てみたい。

マーガレットさんは１９９８年の段階で、「僕は日本でゲイ・リベレーションとゲイ・メディアをうまく結びつけて展開することを考えてきた」（『バディ』１９９８年６月号、１０４ページ）、「ゲイ・リブのメッセージを載せるメディアとしてだけでなく、『バディ』というメディアそのものを使ってゲイ・リブをやろうと決心した」(小倉ほか1999: 79) と語っているように、マーガレットさんがスーパーバイザーとして携わった『バディ』とは、運動そのものであった。特に大きな実践かつ転換点となったのは、1993年の創刊時は「強い男のハイパーマガジン」であったキャッチフレーズを、1997年に「僕らのハッピー・ゲイ・ライフ」へと変更したことであった。ここにおいて『バディ』とマーガレットさんの運動の方向性である「楽しさ」や「かっこよさ」がより明確となった。こうした『バディ』は日本でパレードが始まった当初から誌内においてパレードについて積極的に取り上げてきた。札幌のパレードが開催される時期には毎回のように事前・事後特集が組まれ、ゲイバーの情報も掲載されてきた。そして2001年から2006年の札幌のパレードには『バディ』の出資によって企画された「バディフロート」が登場することとなった。1997年11月の段階で実質的にマーガレットさん自身は『バディ』の編集から退いてはいるものの、その思想自体は引き継がれていったからこそ、『バディ』と札幌のパレードの協力体制が続いていったことは間違いないだろう。2006年の第10回となる札幌のパレードにおいては、札幌のパレードの支援者や団体を表彰する「レインボーマーチ功労賞」が発表されたが、その個人の部の一人としてマーガレットさん、企業の部の一つとして『バディ』の発行元であるテラ出版が表彰されている。マーガレットさん、『バディ』、ケンタさん、札幌のパレードは、協力者/並走者として運動の歩みをともにしてきたのだ。

それに加えて、2000年以降の東京のパレードとも札幌のパレードは方向性を共有していた。東京のパレードは、1990年代は「デモ」としてのパレードであったものが、2000年代には「祭り」

としてのパレードへと変化していったと指摘されている（堀川2015, 2018）。その方向転換は、東京レズビアン&ゲイパレードが第3回の時にパフォーマンスや参加の方法に制限をかけ（堀川2015, 2018）、その方向性などをめぐって衝突が生まれ、休止に至ったことが背景のひとつにある（第2章も参照）。

この休止をひとつのきっかけとして1997年には、パレードの「楽しさ」が制限されたことに不満を持っていたレズビアンたちが、一度限りではあったものの「ダイクマーチ」（東京）を開催した（CHU~2017）。そして2000年には砂川秀樹さんが「レズビアン&ゲイパレード」としてパレードを復活させ、南さんの時とは違う「祭り」としての楽しいパレードへと方向を転換したのであった。ケンタさんと南さんの活動に直接的なつながりがあるとは言いがたいものの、南さんや、ケンタさんが言うところの前世代の運動というのは、ケンタさんにとってはゲイコミュニティを疎外していくような運動と捉えられていた。

大枠では砂川さんのパレードとケンタさんのパレードには類似する方向性があるものの、ケンタさんの運動においては「政治」と「祭り」を融合することが明確に意図されていた。ここに見て取れるのは、札幌の初期の「政治」的なパレード —— ＩＬＧＡの日本支部として札幌ミーティングが始まり、かつしばらくは札幌と東京でしかパレードが開催されていなかったために、南さんの方向性に多少なりとも影響を受けていたと思われるパレードのあり方 —— に対して感じる限界と、それでもその「政治」の必要性も感じるという状況であり、そのいずれかを選択するのではなく、いかにしてその双方を運動内で実現することができるのかという挑戦であった。ここで強調したいのは、全体としての運動の傾向は札幌と東京に共通していたであろう中でも、その具体的な実践方法は各地域によって変わってくるという点である。そこに目を向けることによって運動への理解が深まり、今後の運動を進めるためのヒントや知恵を見出せるかもしれない。

たとえば、ゲイバーというコミュニティの存在がなければケンタさん自身もゲイバーを開店することにならなかった可能性もあるし（1995年の段階では、少なくとも札幌には20軒のゲイバーがあった。『男街マップ'95年版』海鳴館、4〜7ページ）、またその存在がなければゲイバーや一般の多くのゲイ男性を巻き込むという思考も生まれなかったかもしれない。つまりケンタさんの運動の思想が生まれた背景には、札幌の人口規模と、それを基盤とする一定数のゲイバーの存在という地域性があったと言えるだろう。札幌のようにゲイバーが1990年代から数十軒存在し続けてきた街と、ゲイバーが数軒であったりあるいは全くなかったりするような街においては、誰を巻き込むか、という検討のポイントも変わってくるはずだ。ケンタさんがゲイバーを巻き込むということに尽力したのには、札幌という地方都市の人口規模とそれによって可能となってきた一定規模のゲイバーの存在という、その地特有の環境と資源があったことも忘れてはならない。

6 運動における性的欲望

もう一つケンタさんの運動において重視されていたのが、ゲイ男性の性的欲望と運動との関係性であった。ケンタさんの中には、ゲイ男性が自由に性的欲望を楽しめないのであれば、運動は盛り上がっていかない、という姿勢があったと言えるだろう。たとえばパレードに合わせて開催するゲイナイトには、性別やセクシュアリティを問わず誰もが参加できるミックスナイトと、男性のみが参加できるエロ系のゲイナイトがあったこと、ゲイコミュニティの盛り上がりとして、様々な欲望の形（全裸ディやレザーパーティーなど）が語られていたこと、ケンタさんはハッテン場経営の経験もあったことなどは、ゲイ男性の欲望の重要性を認識してきたことの表れである。インタビューにおいても触れられていたゲイバーフロートとして、「北海道ゲイバー&クルージングスポット共同フロート」（「クルージングスポット」とはハッテン場のこと）なるフロートが登場した年もあったことも、その表れである。同様に年によっては、東京の大規模なハッテン場の協賛広告がパレードのガイドブックに掲載されてもいた。札幌のパレードでは、ハッテン場も何かしらのかたちで取り込まれていたと言えるだろう。

性的マイノリティの運動が主流化した現在においては、こうした性的な側面を運動に持ち込むことに対しては、当事者・非当事者を問わず批判的な意見を寄せる人が目立ち始めたように思われる。これだけ主流化した運動においては、行政機関や一般市民に「理解」を求めるための「配慮」をどう考えるのかという点が検討事項として生じてくる。あえて運動内の方向性の違いを対立として描くのであれば、一方では世間一般の規範をそれほどラディカルには変革せずに性的マイノリティの暮らしやすい社会を作ろうとする人たちがおり、そのもう一方では様々な性表現や欲望の可能性や、いわゆる「ハッテン」と呼ばれる不特定多数との自由な性行為の承認、あるいはモノガミーを超えた関係性の探求といった、さらなる性規範の変革を目指す人たちがいる。

ではケンタさんがとる方向性とはどちらであったのか。「いずれか」でも「どちらも」でもない方向性であったように私には思われる。西洋的な語法で考えるのであれば、リベレーションというと、性の解放というニュアンスがある。つまり、フェティシズムなども含め、先に触れたような多様な欲望の形までをも肯定し、表現することで、性規範をよりラディカルに変革していこうというニュアンスだ。しかしそもそもケンタさんの語法では、性の解放はリベレーションの中にではなく、ムーブメントの中に含まれている。つまりケンタさんにとっての性的欲望とは、単に解放されるものではなく、それが解放されることによって様々な動き＝ムーブ（move）を生じさせる道具の一つとしてみなされていたと言うことができるのではないだろうか。リベレーションというのが何かを開放＝解放することであり、ケンタさんがそれを「オナニー」にたとえていたように、自己満足や一時的な快楽としてイメージされるものであれば、ムーブメントとは多くの人を巻き込みながら波及していく一連の継続的な動きのことであり、それはまさに以下に見る「仕掛け」のニュアンスと連動している。

7　「戦略」と「仕掛け」

私はこのインタビューのやりとりを見返して、ケンタさんのある言葉の使い方に気づいたことがあった。それは微妙な言い回しであるものの、ケンタさんの活動の本質を表している言葉のように思えた。インタビューで問いを投げかけるとき、「どのような戦略を考えていましたか？」のように、私は終始「戦略」という言葉を使っていた。その一方でケンタさんは「戦略」という言葉をほとんど使わず、時にはそれをすぐに置き換えるかのように「仕掛け」という言葉を使っていることに気がついた。ここには一体、何があるのであろうか。

「戦略」と「仕掛け」の大きな違い、それは連鎖反応や波及効果をどこまで想定するか、という点ではないかと思う。「仕掛け」という言葉を使うときに、私たちは何を思い浮かべるであろうか。私が思い浮かべたのは、まずそれと近い言葉として「装置」であり、スイッチを入れたり何かしらの刺激を加えることによって、それ以降私たちがそこに介入をしなくても勝手に効果が進んでいく何かであった。たとえばドミノを思い浮かべてほしい。数千個を計算通りに並べたのであれば、最初に指でちょんとピースを1つ倒すだけで、その最初の差し手（move）によって、数千個のドミノが連鎖的に倒れていくし、最後のドミノを倒すまでに私たちはそこに介入する必要はない。あるいはより身近な例で考えるのであれば、コンピュータにも似ているかもしれない。コンピュータが動作する背後には膨大なプログラムや電子機器の配置があるが、何かを入力したりスイッチを入れるだけで、その配置に従って最終的な結果がもたらされる。

「戦略」と「仕掛け」の違いをもうひとつ述べるのであれば、戦略とはその内容自体がすべて外的に観察可能である一方で、「仕掛け」には、観察できないさらなる仕掛けがその背後にあるために、表面的に見える仕掛けとその根底にある仕掛けにズレが生じているものと言うこともできるだろう。少し言い方を変えるのであれば、戦略には1つの層しかない一方で、仕掛けには2つの層があるように思われる。またここで、コンピュータを思い浮かべてほしい。私たちはコンピュータが動く仕組みを観察することができる。Google の検索窓に調べたい単語を入れれば、多数の検索結果が表示される。しかしそれがどのようなプログラミングによって、どのような電子機器の配置によって可能となっているのか、多くの人は知らないし、知らなくても十分に運用ができる。つまり「仕掛け」というものには、私たちが見ることができる仕組みと、見ようとしなければ見えてこない、「本当」の仕組みがあると言えるだろう。その意味で私たちは、欺かれている。

ケンタさんが「戦略」を使わずに「仕掛け」という言葉を好む時、以上のような働きを想定していたのではないだろうか。つまり「楽しい」運動を行うことは、表面的には、「楽しさ」を享受させることであり、運動の印象を変化させ当事者を巻き込んでいくことであったが、その背後にはそれによって連鎖反応が生み出され、政治的な社会変革が生じるというもうひとつの仕組みがあった。多くの人々は、自分たちがゲイナイトやパレードで楽しんでいるとき、それがどのような社会変革につながっているのかを意識することは少ないかもしれない。実はそれが「政治」につながっていたとしても。その意味でケンタさんはまさにトリックスターであった。

おわりに

本章前半では札幌における性的マイノリティの運動について、補足資料なども用いながらまとめ、後半ではケンタさんのインタビューをまとめつつ、考察を加えた。ケンタさんはパレード、ゲイバー、ゲイナイトといった多様な方向から「コミュニティ」へのコミットメントを絶えず行ってきた人物であった。先行世代の運動の限界を乗り越え、ムーブメントを作り、コミュニティを活性化させ、社会を変えるための「仕掛け」を作り出してきた。ここに収録されているインタビューは、札幌というフィールドで社会を変えるために活動をしてきた、一人の活動家／ビジネスパーソンのライフヒストリーでもある。

日本の性的マイノリティの運動という広い文脈から考えると、札幌の運動はしばしば「地方都市」の運動という表現で言及されることがあった。あるいは札幌の運動について言及するときは、必ずと言っていいほど「札幌の」という表現を欠くことはなかった。それは、東京の運動について言及するときに、わざわざ「東京の」と一言加える必要が多くの場合はないのとは対照的である。その意味で、私が札幌の運動を記述する意図は、２０２２年に杉浦郁子さんと前川直哉さんが著した『「地方」と性的マイノリティ――東北6県のインタビューから』（杉浦・前川2022）の中で両者が言うのと同じように、ないことにされてしまいがちな「地方」の運動から多様な地域性を浮かび上がらせることであり、歴史を記述・継承するということである。もちろん札幌は「地方」であるのと同時に、十分「都市」でもあるが。いずれにせよ、日本の性的マイノリティの運動を考えるにあたっては、東京だけではない地域での活動の多様性にも目を向けないといけない。

昨今の日本では、各地での運動が一層の盛り上がりを見せており、特にパレードの開催数が目立って増加している。そして多くのパレードは「祭り」としての表現方法をとっている（パレードではなく「フェスタ」という名称を使う地域もある）。こうした全体としての傾向が見えている時、私たちはそれぞれの地域での独自の状況や実践を見落としがちである。東京の運動の戦略が他地域で通用する保証がないのと同じように、札幌の戦略が他地域では通用しないかもしれない。他地域の運動において、本章で触れた論点がいかにして発現しているのか、人々が全体的な運動の傾向に対していかなる姿勢をもって対面していたのかに着目していくことは、日本の性的マイノリティの運動について論じる際の重要な点となることと思われる。

私たちが今後運動を進めそれを成功させるためには、どのような「仕掛け」が必要だろうか。

あとがき

本書はそのタイトルに「トリックスター」という言葉を含めました。

「トリックスター」とは、ある場において、既存の社会秩序を攪乱させ、文化を活性化させたり、関係性を再認識させたりする役目を果たす者のことです。南さんは新宿二丁目の中で循環型のゲイ経済を開始し、次いで、異性愛資本から奪還した出版事業という生産活動で利潤を得、その利潤を「サービス」のかたちで投入・提供することで、ゲイの意識や生活の変革を目指しました。マーガレットさんは、新しいゲイ雑誌の売上げを業界1位に導いたことで、リブとＨＩＶは扱わないとした編集タブーを昔日のものへと追いやり、南さんが最終的には対立した二丁目ビジネスとゲイリブとの融合を目指し、その種を札幌に蒔きました。また、字句通り「トリックスター」として世間には二元論的性別観を、ゲイには「ゲイ的なものとは何か」を鋭く問いかけました。ケンタさんは、ミーティングやセミナーだけでは運動の広がりに限界があることを早々と感じ、ゲイバー、クラブカルチャーといった余暇活動・消費活動に参加するゲイたちを運動に巻き込むための「仕掛け」を考え、運動とビジネスの両輪を駆動させてきました。もちろん、各人の〝運動と経済・文化を取り結ぶ〞実践は、それぞれ一人の成果ではなく、この本に書ききれなかった時々の盟友にも支えられていたでしょう。また、実践には成功も失敗もありますが、時代の制約も受けていたことでしょう。読了した皆様は、この3名が折々の社会やコミュニティにどうムーブメントを起こし、作り変えようとしたのか、思想や信念を含めて読み取ってくださったことと思います。

ところで2010年代半ばより、LGBTマネタイズ――LGBTにコミットすることでお金が生まれるという発想――が急に幅を利かせてきました。読者の皆様も、その状況に気づいていることでしょう。「気持ちに寄り添い、理解する」身振りで「LGBT市場」から利潤を上げようとするLGBTマネタイズと、当事者そのものの思想を鍛えることも含めた「コミュニティへの還元」を考えた本書の「トリックスター」3名の実践には開きがあるようにも思えます。この本は、コミュニティのあり方を真剣に考え、時に社会にあらがってきた3名の試行を追体験することで、現代のLGBTブームのあり方に対し、問いかけをする書でもあったのです。

本書ができあがるまでには、口述原稿のチェックや補足インタビュー、資料の教示など、南さん、マーガレットさん、ケンタさんから多大なご協力を頂きました。また、土屋ゆきさんからも資料を閲覧させて頂きました。その他、5名程度の方に、口述や解説の一部を読んで頂き、見解をもらいました。最後に、明石書店・担当者の上田哲平さんの尽力をなくして本書は世に出ませんでした。本書の刊行に関わりのあったすべての方々に深く御礼を申し上げます。ありがとうございました。

編著者

和暦	マーガレット（小倉東）さん	ケンタさん
R2		
R3	5 月,「オカマルト」閉店	
R4	ラジオ『マーガレットといっしょ』開始	
R5		

月 1 日時点のものである。

社会やゲイシーンでの出来事	南定四郎さん	西暦
新型コロナウイルス蔓延		2020
東京五輪（令和）開催		2021
	『空とぶ船』休刊。『レインボ・ジャーナル』発行	2022
		2023

注：本書に関係する事項を中心に取り上げた。また，特に断りのない限り，口述者の年齢は各年 1
出所：石田仁・鹿野由行・斉藤巧弥作成。

和暦	マーガレット（小倉東）さん	ケンタさん
H14		レズビアンナイト「ULTRA honey!!!」(第１回)開催。「第６回レインボーマーチ in 札幌」実行委員
H15		「第７回レインボーマーチ in 札幌」実行委員長。パレードに当時の札幌市長・上田文雄氏を招くことに成功
H16		「第８回レインボーマーチ in 札幌」実行委員
H17		「第９回レインボーマーチ札幌」副実行委員長。この頃ヵ，ハッテン場「SPIKE」開店
H18	９月，札幌レインボーマーチへ平井さんと参加，顕彰される。10月，関西レインボーパレード参加	「第10回レインボーマーチ札幌」実行委員。以降，パレードからはいったん退く
H19		
H20		
H21		
H22		
H23	この頃ヵ，「オカマルト」準備開始	
H24		
H25		「レインボーマーチ札幌ファイナル」実行委員
H26		
H27		ドラァグクイーンが週末に接客をするキッチンバー「７丁目のママ」開店。札幌市において「同性パートナーシップ制度」を作るための団体「ドメスティック・パートナー札幌」の設立（賛同呼びかけ人代表・鈴木賢）
H28	55歳。11月，「オカマルト」開店	
H29		女装サロンバー「７丁目のパウダールーム」開店
H30		STVラジオのLGBT情報番組『Knock on the Rainbow』放送開始，パーソナリティに抜擢される
H31 R元	東京レインボープライド2019参加	

社会やゲイシーンでの出来事	南定四郎さん	西暦
第３回東京レズビアン＆ゲイパレード（実行委員長：関根信一）		2002
ドロップインセンター「akta」開設		2003
mixi（ミクシィ），ゲイの間でブーム。NHK『ハートをつなごう』放映開始		2004
『クィア・ジャパン・リターンズ』創刊。第４回東京レズビアン＆ゲイパレード（実行委員長：おかべよしひろ）	73歳。共著『老いてなおステキな性を』刊行	2005
第１回関西レインボーパレード開催		2006
第６回東京プライドパレード（代表：東京プライド理事会）		2007
リーマン・ショック		2008
マッチングアプリ「Grindr」リリース		2009
第７回東京プライドパレード（代表理事：砂川秀樹）	５月10日，パートナーの郷里である沖縄に移住	2010
東日本大震災		2011
電通，初のLGBTウェブ調査。東京レインボープライド2012（以下，TRP。運営委員長：葛城佳世ほか）		2012
ピンクドット沖縄開催。TRP2013（代表：山縣真矢）		2013
TRP2014（代表：山縣真矢）	84歳。『同性愛を生きる』上梓。『霓』に寄稿（至現在）	2014
NPO法人「東京レインボープライド」設立。TRP2015（共同代表：杉山文野，山縣真矢），以降2018年まで毎年開催。一橋大学アウティング事件	この頃ヵ，ゲイの老後を考える会を発足	2015
野党「LGBT差別解消法案」提出		2016
	沖縄市社協のLGBT電話相談を担当。第１回LGBTQフォーラム	2017
杉田水脈『新潮45』「生産性」発言	第２回LGBTQフォーラム 台風で中止	2018
『Over』創刊。TRP2019（共同代表：杉山文野，山田なつみ）。「結婚の自由をすべての人に」一斉訴訟開始	２月，『空とぶ船』創刊準備号を発行。第３回LGBTQフォーラム	2019

和暦	マーガレット（小倉東）さん	ケンタさん
H3		16 歳だと年齢を偽ってゲイバーに初めて行く
H4	5 月,「SASHU」退社, 美容業のフリーランスとなる。『ゲイの贈り物』に執筆	16 歳。高校 1 年生で「札幌ミーティング」に入会
H5	32 歳。テラ出版へ。『ゲイのおもちゃ箱』刊行	
H6	『ゲイの学園天国！』刊行。ストーンウォール 25 周年パレード（ニューヨーク）参加	札幌ミーティングによる初開催のゲイナイトの運営に携わる。札幌ミーティングを「リブ団体」と認識するようになる
H7	『バディ』のスーパーバイザー（編集長代理）就任。「デパートメント H」の司会を担当（〜 2020)。『男性同性愛者のライフヒストリー』インタビュー協力	高校卒業後, 自分のセクシュアリティを隠さずに働ける仕事として美容師を目指し, 上京。美容師の夢を諦め札幌に戻り, アルバイトなどを始める。当事者サークル「LR Station」を札幌ミーティング内に結成
H8		札幌における初のプライドパレード「第 1 回レズ・ビ・ゲイプライドマーチ札幌」の運営に携わる
H9	『バディ』翌年 1 月号をもってスーパーバイザーを降りる	ゲイナイトを開催する団体「Qwe're」結成。ゲイバー「BREAK」開店。「第 2 回セクシャルマイノリティ・プライドマーチ札幌」実行委員
H10	37 歳。11 月『ファビュラス』創刊。	「第 3 回セクシャル・マイノリティ・プライドマーチ札幌」実行委員
H11		「第 4 回レインボーマーチ in 札幌」実行委員
H12	『ファビュラス』4 号をもって編集の職を辞する。以降 10 年間引きこもる（デパートメント H の司会は継続）	ゲイバー「BREAK」閉店。ゲイバー「HEARTY@CAFE」開店。この頃ヵ, ハッテン場「SUBMISSION」開店
H13		「第 5 回レインボーマーチ in 札幌」実行委員

社会やゲイシーンでの出来事	南定四郎さん	西暦
府中青年の家事件提訴。『CREA』ゲイ・ブーム。伏見憲明『プライベート・ゲイ・ライフ』。『らせんの素描』公開。『広辞苑』「同性愛」改訂	『インパクション』特集ゲイ・リベレーションに寄稿	1991
府中青年の家事件一審。スタンス・カンパニーが第１回東京レズビアン・アンド・ゲイ・フィルム・フェスティバル開催	62 歳。第１回東京国際レズビアン・ゲイ・フィルム＆ビデオ・フェスティバル開催，劇団フライングステージ旗揚げ	1992
『バディ』創刊。『二十歳の微熱』公開。『同窓会』放映	第２回東京国際レズビアン・ゲイ・フィルム＆ビデオ フェスティバル開催。単著『エイズとともに生きる』，共著『エイズなんてこわくない』刊行	1993
横浜 AIDS フォーラム開催。『ヴェガス・イン・スペース』公開。「S./N」発表。OLP 発足（前身の YLP は 89 年〜）	第１回東京レズビアン・ゲイ・パレード，以降第４回まで毎年開催	1994
阪神・淡路大震災。地下鉄サリン事件。『G-men』創刊。『プリシラ』公開。ゲイパーティー「BLEND」		1995
『アニース』創刊。ウェブサイト「MEN'S NET JAPAN」開設	64 歳。年末，砦出版廃業	1996
ダイクマーチ開催	この頃からヵ，全日本年金者組合新宿支部で機関紙作成	1997
『バディ』，マルディグラツアーを開催，「マチカドボーイフレンズ」開始。セクシャル・マイノリティ・レイバース・マーチ '98 開催	この頃からヵ，全日本年金者組合東京都本部の機関紙担当に（10 年間）	1998
『QUEER JAPAN』創刊。「DIVA JAPAN」開催		1999
「JULY PRIDE」開始。第１回東京レズビアン＆ゲイパレード（実行委員長：砂川秀樹）		2000
9・11 同時多発テロ事件。第２回東京レズビアン＆ゲイパレード（実行委員長：福島光生）。「東京レインボー祭」開催	69 歳。共著『エイズを知る』刊行	2001

和暦	マーガレット（小倉東）さん	ケンタさん
S47		
S48		
S49		
S50		
S51	15歳。ゲイ・ムーブメントの記事を読む。『薔薇族』を入手	6月6日　札幌市西区で生誕
S52	高校入学。『MLMW』購読開始	
S53	新宿・歌舞伎座の映画館で男性に触られる。リストカットを覚える	
S54	トム・ロビンソンの返信から雑誌『ぷらとにか』を知り，会合へ参加。ゲイ喫茶『祭』へ足を運ぶ	
S55	予備校へ通う。新宿界隈のゲイディスコで遊ぶ。JGC（旧ぷらとにか）の活動に携わる。RUSHを知る	
S56	19歳。和光大学芸術学科に入学。ゲイバー「クロノス」の店子になる	
S57	美容専門学校へ入学。女装の楽しさを知る（原宿のギャラリー，バースデー・パーティーなど）	
S58		
S59	昼は服飾関係のアルバイト，夜はゲイバー「BATS」の店子として働く	
S60	大学卒業。ヘアサロン「SASHU」に就職	
S61		
S62	26歳。父が亡くなる	
S63		
S64 H元		13歳。男が好きだと自覚
H2	29歳。自身の内面に変化を感じる	テレビ番組『夢で逢えたら』の「ホモネタ」をきっかけにゲイ雑誌『さぶ』を知る。伝言ダイヤルで出会った男性と初体験

社会やゲイシーンでの出来事	南定四郎さん	西暦
	40 歳。この頃すでに家族と別居。12 月『アドニスボーイ』創刊，自動車新聞社退職	1972
第 1 次石油危機	バー「カバリエ」の隠れマスターに	1973
『さぶ』創刊	5 月『アドン』創刊（版元はビデオ出版，編集請負）	1974
		1975
		1976
東郷健「雑民の会」設立	45 歳。7 月『MLMW』創刊。12 月『全国プレイゾーンマップ』発刊，以降年次刊行	1977
『The ken』創刊		1978
第 2 次石油危機。『Super Monkey』創刊		1979
		1980
『The ken』が『The Gay』に	9 月号より『アドン』の紙質が落ちる	1981
『サムソン』創刊	5 月 25 日，請負元のビデオ出版より独立	1982
沖雅也「涅槃で待つ」と遺し投身自殺		1983
	2 月ビル・シュアー来日。IGA 日本サポートグループ設立	1984
厚生省，日本人エイズ一号患者を発表	第 7 回 IGA 会議（トロント）参加	1985
『オトコノコのためのボーイフレンド』刊行。「ルミエール」開店。動くゲイとレズビアンの会（アカー）発足。『豊漫』創刊	第 8 回 ILGA 会議（コペンハーゲン）参加	1986
OGC 発足	第 1 回 ILGA 年次総会で会則が否決，1 年間休会に	1987
	「AIDS サポート・グループ」設立	1988
ゲイナイト「PRIVATE PARTY」。ベルリンの壁崩壊	「エイズ・アクション」設立	1989
	12 月 20 日，離婚	1990

名の年譜

和暦	マーガレット（小倉東）さん	ケンタさん
S6		
S20		
S24		
S25		
S26		
S27		
S28		
S29		
S30		
S31		
S32		
S33		
S34		
S35		
S36	8月23日　東京都練馬区で生誕	
S37		
S38		
S39		
S40		
S41	この頃ヵ，レインコートに描かれたキャラ絵を切り取る	
S42		
S43		
S44		
S45		
S46		

口述者３

社会やゲイシーンでの出来事	南定四郎さん	西暦
	12 月 23 日　樺太大泊町で生誕	1931
敗戦。樺太にソ連侵攻	13 歳。「解剖」を経験。母の郷里，秋田県に引き揚げ。市立中学 2 年（5 年制）に編入	1945
三島由紀夫『仮面の告白』		1949
朝鮮戦争	就職（秋田地検）。この頃風俗雑誌で同性愛の記事を読む	1950
三島由紀夫『禁色』		1951
『ADONIS』創刊		1952
	21 歳。上京。法政大学二部入学	1953
	横浜地検へ転勤。ニッポン放送音響効果団へ就職。ゲイバー「イプセン」に足を運ぶ	1954
	この頃，「アドニス」に行きＫくんと知り合う	1955
		1956
丸山明宏「メケ・メケ」ヒット	ニッポン放送退職。演劇出版社に就職。都立駒込単身者住宅へ入居	1957
	入居者総会が機縁で「社会主義研究会」を共同発足	1958
		1959
5 月，日米安保条約衆議院通過	6 月，安保改定反対のデモ参加	1960
		1961
	30 歳。演劇出版社を退職	1962
		1963
『薔薇』創刊。新幹線開通。東京五輪（昭和）開催	東京建設従業員組合就職。12 月 21 日結婚	1964
		1965
ジャン･ジュネ作『囚人たち』上演（堂本正樹演出）。東郷健『隠花植物群』		1966
美濃部亮吉都知事に初当選	ノイローゼで無断欠勤に。9 月，東京建設従業員組合退職	1967
	この頃，秋田で演劇巡業	1968
NY ストーンウォールの反乱，	横領の嫌疑をかぶせられ勾留	1969
大阪万博。三島由紀夫割腹自殺		1970
美濃部亮吉再選。東郷健参院選に初出馬。『薔薇族』創刊	『留置場学入門』上梓。実業家になったＫさんと再会	1971

124-132.

————，1993a,『エイズとともに生きる:バディ・システムを知っていますか』ポプラ社.

————，1993b,「日本のゲイ・アクティヴィズム 1984 〜 1994：アミーバー状ネットワークの直接民主主義」田崎英明編『エイズなんてこわくない：ゲイ／エイズ・アクティヴィズムとはなにか?』河出書房新社：36-47.

————，1996a,「同性愛者のファンタジーと政治（1)」『アドン』3 月号：13-25.

————，1996b,「同性愛者のファンタジーと政治（2)」『アドン』4 月号：20-29.

————，1996c,「インタビュー 日本のレズビアン／ゲイ・ムーブメントの歴史と戦略」聞き手・野口勝三『クィア・スタディーズ '96』七つ森書館：172-181.

————，1996d,「同性愛者のファンタジーと政治（8)」『アドン』11 月号：70-79.

————，2005,「同性愛者としての生と性」高柳美知子編『老いてなおステキな性を』かもがわ出版.

————，2014,『同性愛を生きる』TYPISA RECORD.

————，2016,「私の自叙伝」,「AIDS & SOCIETY」研究会配付資料，8 月 30 日.

森あい，2022,「ジェンダーけもの道をゆく:『おとこおんな』の幼少期から，地方での取り組み，同性婚訴訟まで」『日本Lばなし』第2集，パフスクール：42-53.

森山至貴，2012,『「ゲイコミュニティ」の社会学』勁草書房.

山内昇，1971,『留置場学入門』虎見書房.

山縣真矢，2017,「東京プライドパレード〜過去・現在・未来」大塚隆史・城戸健太郎編『LGBT のひろば』日本評論社：105-113.

矢島正見編，1997,『男性同性愛者のライフヒストリー』学文社.

————編，2006,『戦後日本 女装・同性愛研究』中央大学出版部.

吉田正樹，2010,『人生で大切なことは全部フジテレビで学んだ：「笑う犬」プロデューサーの履歴書』キネマ旬報社.

吉見俊哉，2009,『ポスト戦後社会：シリーズ日本近現代史⑨』岩波書店.

たもの」『日本Lばなし』第1集，パフスクール：36-45.
東郷健，1966，『隠花植物群：男と男の愛の告白』宝文書房.
————，2002，『常識を越えて：オカマの道，七〇年』及川健二構成，ポット出版.
永易至文，2002，「コミュニティの経験：札幌レインボーマーチ」『にじ』1(3): 17-25.
————，2022，『「LGBT」ヒストリー：そうだったのか，現代日本の性的マイノリティー』緑風出版.
長谷川博史／ベアリーヌ・ド・ピンク，2005，『熊夫人の告白』ポット出版.
伏見憲明，1992，『プライベート・ゲイ・ライフ：ポスト恋愛論』学陽書房.
————，2002，『ゲイという［経験］』ポット出版.
フリート横田，2022，「平井孝（雑誌「バディ」発行人）新宿二丁目文化のパトロン」『盛り場で生きる：歓楽街の生存者たち』毎日新聞出版.
堀川修平，2015，「日本のセクシュアル・マイノリティ運動の変遷からみる運動の今日的課題：デモとしての『パレード』から祭りとしての『パレード』へ」『女性学』23: 64-85.
————，2016，「日本のセクシュアル・マイノリティ〈運動〉における『学習会』活動の役割とその限界：南定四郎による〈運動〉の初期の理論に着目して」『ジェンダー史学』12: 51-67.
————，2018，「セクシュアル・マイノリティ運動論における《デモ／祭》枠組みの再考：砂川秀樹による『00年パレード』の理論に着目して」『部落解放研究』24: 111-131.
MARGARETTE, 2006,「Mac雑誌も娯楽が入っているものを買ってたけど，そのうち……」『MacJack』7: 100-103.
McLelland, Mark, Katsuhiko Suganuma, and James Welker eds., 2007, *Queer voices from Japan: first-person narratives from Japan's sexual minorities*, Lexington Books.
前川直哉, 2017,『〈男性同性愛者〉の社会史：アイデンティティの受容／クローゼットへの解放』作品社.
マツコ・デラックス，2005，『週刊女装リターンズ』主婦と生活社.
松岡宗嗣, 2022,「プライド月間に考えたい『ピンクウォッシング』とは？」『GQ JAPAN』(2022年12月4日閲覧，https://www.gqjapan.jp/culture/article/20220609-pinkwashing-1).
三橋順子，2008，『女装と日本人』講談社.
南定四郎，1972，『ホモロジー入門』第二書房.
————，1991，「戦後日本のゲイ・ムーヴメント」『インパクション』71:

風間孝, 2019,「クローゼットと寛容：府中青年の家裁判はなぜゲイ男性によって批判されたか」菊地夏野・堀江有里・飯野由里子編『クィア・スタディーズをひらく1 アイデンティティ，コミュニティ，スペース』晃洋書房：52-80.
河中優郁子，2003,「レズビアン三都物語：札幌」『にじ』2(6): 36-38.
クィア・スタディーズ編集委員会，1997,「第 1 回 クィア・スタディーズ大賞発表！！」『クィア・スタディーズ '97』七つ森書館：40-43.
倉田薫・矢島正見・丹羽將喜，1997,「左乳首のピアスは自分と向き合う証し：倉田薫さんの場合」矢島正見編『男性同性愛者のライフヒストリー』学文社：87-108.
弘文堂，2012,『現代社会学事典』.
斉藤巧弥，2018,「ゲイ雑誌『バディ』は何を目指してきたのか：編者の言説からみるゲイ・アイデンティティの形成」『年報社会学論集』31: 24-35.
Summerhawk, Barbara, Cheiron McMahill, and Darren McDonald eds., 1998, *Queer Japan: personal stories of Japanese lesbians, gays, transsexuals and bisexuals*, New Victoria Publishers.
鹿野由行・石田仁，2022,「戦後釜ヶ崎の周縁的セクシュアリティ」小西真理子・河原梓水編『狂気な倫理：「愚か」で「不可解」で「無価値」とされる生の肯定』晃洋書房：132-144.
島上宗子，2019,「頼母子講」信田敏宏ほか編『東南アジア文化事典』丸善出版：336-337.
下川耿史，1998,「ゲイバー事始」『極楽商売：聞き書き戦後性相史』筑摩書房：86-105.
菅原和子, 2008,「『声なき声』の思想と行動：戦後市民運動の原点をさぐる」『新潟国際情報大学 情報文化学部紀要』11: 41-57.
杉浦郁子・前川直哉，2022,『「地方」と性的マイノリティ：東北 6 県のインタビューから』青弓社.
鈴木ケン，2003,「非東京地域でのリベレーション」『にじ』1(4): 40-41.
鈴木賢，2016,「地方都市にも性的マイノリティが生きる空間をつくる」栗原彬編『ひとびとの精神史 第 9 巻 震災前後：2000 年以降』岩波書店：333-345.
砂川秀樹，2003,「『ゲイ・コミュニティ』の形成（1）：コミュニティ意識の高揚」『季刊セクシュアリティ』9: 138-141.
高橋透，2007,『DJ バカ一代』リットーミュージック.
高橋睦郎編，2003,『ありがとう さようなら』黒野利昭を偲ぶ会.
田亀源五郎，2017,『ゲイ・カルチャーの未来へ』Pヴァイン.
CHU 〜，2017,「理想のコミュニティは，どこにある!? 〜ダイクな私が探し

文献一覧

アカー（動くゲイとレズビアンの会）編，1992，『ゲイ・リポート：同性愛者は公言する』飛鳥新社．

石田仁，2005，「薔薇族・前夜：第二書房の実験的周縁性書群」『中央大学大学院 研究年報：文学研究科篇』35: 153-162.

――――，2007，「1965-72 年頃の第二書房：伊藤文学氏への聞き取り調査から」中央大学大学院文学研究科『論究』39: 41-58.

――――，2014，「全国にあった 70・80 年代の同性愛者向け宿泊施設」『薔薇窗』25: 41-76.

――――，2018，「ゲイ雑誌，その成り立ちと国立国会図書館の所蔵状況」『現代の図書館』56(4): 196-204.

――――，2019，「ゲイ・ブーム」『BEYOND』5: 14.

井田真木子，1994，『同性愛者たち』文藝春秋．

伊藤悟，1993，『男ふたり暮らし：ぼくのゲイ・プライド宣言』太郎次郎社．

伊藤文學，2001，『編集長「秘話」』文春ネスコ．

――――，2010，『やらないか！：『薔薇族』編集長による極私的ゲイ文化史論』彩流社．

NHK，2020，番組『逆転人生』「魂の解放！ LGBT パレードはこうして生まれた」初回放送日：2020 年 11 月 30 日．

大石敏寛，1995，『せかんど・かみんぐあうと：同性愛者として，エイズとともに生きる』朝日出版社．

大塚隆史，1995，『二丁目からウロコ：新宿ゲイストリート雑記帳』翔泳社．

――――，2009，『二人で生きる技術：幸せになるためのパートナーシップ』ポット出版．

小倉東／マーガレット，1996，「ドレスの裾を引きずって」『ユリイカ』28(13): 130-132.

――――，2019a，「紙から電子へと移り行く時代を先読みしたゲイ雑誌」『バディ』2019 年 1 月号，テラ出版：76-77.

――――，2019b，「ファンタジーを生きる」『統合失調症のひろば』春号：147-158.

小倉東・志木令子・関根信一・溝口彰子・伏見憲明，1999，「私たちの 90 年代：『ヘンタイ』は時代を創る」『QUEER JAPAN』1: 71-100.

大矢晃世・白川加世子・中東素子，1995，「アウトである／になること：東京レズビアン・ゲイ・パレードをめぐって」『imago』11 月号：52-69.

や

ら・わ

アルファベット

は

ま

た

な

さ

事項索引

あ

か

人名索引

鹿野 由行（しかの よしゆき） 第3章（聞き手・脚注），第4章

関西大学非常勤講師。博士（文学）。
1985 年兵庫県神戸市生まれ。専門はジェンダー／セクシュアリティ，都市研究。日本の男性同性愛者を含む周縁化されたセクシュアリティのローカルなコミュニティ，とりわけゲイバーや男娼に関心を寄せてきた。博士論文では，大阪のキタ・ミナミ・新世界の 3 つのゲイタウンが，地域社会との関わりの中でいかにして形成されたのかを明らかにした。現在は，繁華街などナイト・カルチャーに目を向け，日本におけるドラァグクイーンの受容過程とゲイ・カルチャーの女性性の関係に関心がある。主な論文に「ゲイ・ニューハーフをさまよう私」（『ジェンダーとセクシュアリティ――現代社会に育つまなざし』昭和堂，2014 年），「ゲイバーは不要なのか？――『若専』ゲイバーにおける新たなる戦略」（『日本学報』34 号，2015 年），「戦後釜ヶ崎の周縁的セクシュアリティ」（石田仁との共著，『狂気な倫理――「愚か」で「不可解」で「無価値」とされる生の肯定』晃洋書房，2022 年）などがある。

三橋 順子（みつはし じゅんこ） 第1章（聞き手・脚注）

明治大学文学部非常勤講師。
1955 年埼玉県秩父市生まれ，Trans-woman。専門はジェンダー＆セクシュアリティの歴史研究。とりわけ，性別越境，買売春（「赤線」）など。現在，男色の日本文化史を構想中。著書に『女装と日本人』（講談社，2008 年），『新宿「性なる街」の歴史地理』（朝日新聞出版，2018 年），『歴史の中の多様な「性」――日本とアジア 変幻するセクシュアリティ』（岩波書店，2022 年），主な論文に「LGBT と法律――日本における性別移行法をめぐる諸問題」（『LGBT をめぐる法と社会』日本加除出版，2019 年），「『LGBT』史研究と史資料」（『ジェンダー分析で学ぶ 女性史入門』岩波書店，2021 年）などがある。

［編著者］

石田　仁（いしだ ひとし） 序，第1章（聞き手），第2章，第3章（聞き手），あとがき

淑徳大学地域創生学部教授。博士（社会学）。

1975年愛知県生まれ。研究テーマは性的マイノリティ。博士論文では，戦後日本で「男が好きな男」の言説がどのように「女になりたい男」の言説と分離していったのかの変容を探究した。ゲイの出会いの文化と社会構造の変化に特に関心を持つ。著書に『はじめて学ぶLGBT――基礎からトレンドまで』（ナツメ社，2019年），編著に『性同一性障害――ジェンダー・医療・特例法』（御茶の水書房，2008年），共著に『LGBTのひろば――ゲイの出会い編』（日本評論社，2020年），『セクシュアリティと法――身体・社会・言説との交錯』（法律文化社，2017年），『セクシュアリティの戦後史』（京都大学学術出版会，2014年），『身体とアイデンティティ・トラブル――ジェンダー／セックスの二元論を超えて』（明石書店，2008年），『戦後日本 女装・同性愛研究』（中央大学出版部，2006年）などがある。

［執筆者］

斉藤 巧弥（さいとう たくや） 第3章（聞き手），第5章（聞き手・脚注），第6章

札幌国際大学観光学部講師。博士（学術）。

1991年北海道札幌市生まれ。1990年代以降の日本におけるゲイ男性の雑誌文化・表現文化，札幌における性的マイノリティの運動について研究をしてきた。主に性的マイノリティについての歴史的なトピックに関心を持っている。現在は性的マイノリティと観光についても歴史的側面・現在的側面から興味を持ち調査をしている。研究の傍らで2018年からは札幌のプライドパレード「さっぽろレインボープライド」に実行委員としても携わってきた。運動について研究をするときには，資料やインタビューから分かることと，自身も一人の実践者として運動内で感じ取る現場感をいかにすり合わせるか，ということをよく考えている。主な論文に「〈自由な自己主張の場〉としてのセクシュアルマイノリティのパレード：集合的アイデンティティと経験運動の視点から」（『新社会学研究』6号，2021年）などがある。

躍動するゲイ・ムーブメント
——歴史を語るトリックスターたち

A History of Japan's Gay Movement as Told by Three Community Pioneers

2023年4月10日　初版第1刷発行

編著者——石　田　　仁
発行者——大　江　道　雅
発行所——株式会社 明石書店
〒101-0021　東京都千代田区外神田6-9-5
電話 03（5818）1171　FAX 03（5818）1174
https://www.akashi.co.jp/

装　幀　　清水肇（prigraphics）
印　刷　　株式会社 文化カラー印刷
製　本　　協栄製本 株式会社
ISBN 978-4-7503-5558-0

（定価はカバーに表示してあります）